PROCRASTINATION

Why You Do It, What to Do About It Now

By Jane B. Burka & Lenora M. Yuen

拖延心理學

為什麼我老是愛拖延？
是與生俱來的壞習慣，還是身不由己？

珍・博克 & 萊諾拉・袁——[著]
洪慧芳——[譯]

各界讚譽

「想改掉拖延的惡習嗎？這兩位加州的心理學家從治療拖延者的實務中，找到了幾個根本的原因。」

——《今日美國》

「探索造成拖延的原因，以及多種拖延的型態……相當精采！」

——《健身》雜誌

「博克和袁兩位博士讓拖延者覺得好多了……拖延者在學習克服拖延的技巧後，除了績效變好，更享受生活以外，也得到許多額外的好處。」

——《紐約時報》

「拖延可能對生活的每個面向都有致命的影響……博克和袁為習慣拖拖拉拉的人帶來了希望。」

——《波士頓先鋒報》

「本書所要傳達的根本訊息是：做事遲緩的傾向既非惡習，也不是品格缺失，而是一種由恐懼引發的心理症候群。」

——《美國新聞與世界報導》

「作者筆觸幽默溫馨，條理分明，馬上就提出臨床有效的治療方法，毫不拖延。」

——《檀香山星報》

「作者覺得拖延並非懶惰造成的，對有些人來說，那比較像是一種心理障礙，使他們無法做該做的事情。」

——《聖荷西信使報》

「如果拖延已經讓你失去理智，本書有一些實用的工具可供你參考。」

——《奧克蘭論壇報》

「細探拖延的心理……最實用的部分是作者教拖延者如何戒除拖延的惡習……這本精采好書肯定可以幫助浪費時間與逃避任務的人改善自我。」

——《出版人週刊》

「精采的綜合論述……作者提出實用的建議，也教我們如何因應生活周遭的拖延者。」

——《圖書館期刊》

「為什麼我們會搬出一堆藉口，擱著事情不做？作者解釋這種行為的起因，教我們如何改善。」

——《流行商務》雜誌

「想停止拖延，提高生產力嗎？現在就讀這本書！」

——《職場女性》

謝辭

感謝所有來看診，以及參加我們拖延治療團體與研討會的人，謝謝他們讓我們有機會深入了解拖延的心理。聆聽他們的故事，了解他們內心的掙扎，協助他們改進，一直是我們工作上的一大樂趣。他們的文字、話語和故事都讓本書豐富許多。

我們也很感謝許多朋友與同仁的支持與鼓勵，讓本書得以順利付梓。凱洛・莫里森（Carol Morrison）提供睿智的編輯意見，時常為我們加油打氣。肯・萊斯（Ken Rice）大方與我們分享他對完美主義的豐富研究。謝謝寫作小組的成員芭芭拉・布拉斯德爾（Barbara Blasdel）、凱倫・彼柏斯（Karen Peoples）、萊斯利・羅素（Leslye Russell）提供我們心理指導和鼓勵，以及編輯建議和聯繫創意。感謝許多朋友的支持，以下如有疏漏，請多包涵。謝謝芭芭拉・卡普蘭（Barbara Kaplan）、葛森・施雷伯（Gerson Schreiber）、英格麗・塔伯（Ingrid Tauber）、凱西・德威特（Kathy DeWitt）、維吉尼亞・弗雷德瑞克（Virginia Fredrick）、貝絲・賀伯（Beth Herb）、安娜・穆霖（Anna Muelling）、林德曼讀書會的成員。也謝謝史丹佛大學專業女性讀書會的成員，持續敞開胸懷給我們鼓勵，對我們多次取消聚會展現莫大的耐心。我們的好友塔拉內・拉薩維（Taraneh Razavi）不僅對我們推心置腹，也把她美麗的濱海別墅借給我們，讓我們在那裡面對遼闊的太平洋工作了好幾個週末。拉薩維，沒有妳的慷慨大方，不可能有這本書的誕生。

感謝達卡波出版社（Da Capo Press）的編輯人員給我們熱情的指導與回應。我們的編輯強納森・克洛（Jonathan Crowe）自始至終都大力支持這本書的出版，他的溫和指導與尊重讓我們受惠良多。蕾妮・卡普托（Renee Caputo）正是我們需要的製作人，她做起事來明確、有效率又準時。珍妮佛・史威琳岡（Jennifer Swearingon）是很棒的文編，這本書有很多地方都是這兩位完美主義者的功勞，她們其中一位的母親就是英文老師。

我們非常感謝有保羅和里斯這樣的家人兼好友常在左右，帶給我們穩定的力量，總是大方地祝福我們。謝謝約翰、尼克、可洛伊和歐比的耐心、包容和編輯建議，你們是這世上最棒的家人，能和你們在一起是我們莫大的榮幸。

在本書的初版中，我們感謝聯邦快遞公司，謝謝他們讓我們在最後一刻趕上許多截止期限。這次再版，我們要感謝發明網路和「追蹤修訂」功能的人，這二十五年來實在進步太多了！

contents

目錄

12
1
2
3
4
5
6
7
8
9
10
11
?

contents

目　錄

12
1
2
3
4
5
6
7
8
9
10
11
?

contents
目錄

Part 2

contents
目　錄

作者序

作家理當非常了解自己撰寫的主題。我們對拖延心理的確有深刻的體悟：我倆都知道彼此做過哪些不方便公開的糗事，熬過無數個夜晚，為了博士論文痛苦掙扎了好幾年，繳了多次稅款的滯納金，為我們的拖延編造過種種的藉口（最極端的一次是家人過世）。

除了親身的拖延經歷，我們在工作上也和拖延者有多年的接觸經歷。一九七九年，我們在加州大學柏克萊分校的諮詢中心任職，運用個人所學，為學生開設第一個集體治療的課程。在這個拖延治療團體中，我們看到一些拖延的型態與主題一再出現。儘管每個人拖延的狀況各不相同，他們彼此之間還是有許多驚人的相似之處。例如，我們原本打算週一早上從九點開始治療到十一點，結果發現這計畫根本不切實際，因為十點以前沒半個人到場。

後來我們對外開放治療拖延的課程，讓社會大眾報名參加，這次我們再次見識到人性拖延的真相。在預定開課的前一週，我們差點就因為報名人數太少而取消課程。最後我們反而需要另外換間更大的教室，因為有三分之二的人趕在最後一刻才報名。

三十年來，我們在臨床心理治療和心理分析中接觸過許多拖延的個案，長期深入探索拖延的心理。患者對我們敞開心扉，吐露心聲，他們的勇氣讓我們從研究中受惠良多。

這些經驗讓我們更加肯定我們的想法：拖延主要不是時間管理的問題或品格缺失，而是一種

心理症候群。根本來說，拖延其實是個人自處的問題，反映出個人自尊的脆弱。我們在本書初版中提到，這是一種自我價值的認定問題。現在我們強調，自我價值的認定，源自於自我接納的能力，包括對我們的生理、歷史、環境、許多人類極限的接受度。

為什麼二十五年後的今天，我們覺得該是修訂本書的時候了？（編按：本書原文版初版為一九八三年，再版為二〇〇八年）我們想把拖延放在當今的文化背景中來探討，為我們既有的拖延論點增添新的觀念。如今我們除了對議題有更深入的了解，也增添了其他領域的新資訊，例如神經科學和行為經濟學，這些都有助於對拖延心理的了解。

二十五年前，拖延方面幾乎沒什麼研究，但現在已有研究釐清拖延的成因。卡加利大學（University of Calgary）的心理學家皮爾斯·史迪爾（Piers Steel）檢閱了近八百篇關於拖延的研究，其中包含我們一九八三年出版的書。他於二〇〇七年發表一篇評論，我們的著作是他引用的早期研究之一。史迪爾在報告中指出四個可能造成拖延的主因：**對成功的信心不足、任務令人反感、注意力分散和衝動、目標和報酬太過遙遠**。我們很高興看到這些研究結果呼應我們的臨床觀察和看法，不過我們覺得拖延涉及的層面更廣，有些是研究中沒看到的。

從本書初版問世以來，世界已大幅改變。一九八〇年代初期，一般人還無法上網，個人電腦尚未普及。我們先以鉛筆在筆記本上寫稿，再用IBM打字機打成草稿（機器上有令人感動的「消除」鍵），之後兩人碰面，交換彼此寫好的章節。為了在隔夜把手稿送達出版社，我們常常要趕在下午六點的市區截止收件時間前，衝到聯邦快遞的收件處（萬一錯過了，我們知道還可以趕在晚上八點以前衝到機場交件）。如今，電腦取代了紙筆、圖書館和送件者。

當時沒有黑莓機、PDA、手機或 iPhone，現在科技進步，讓我們可以全天候工作，也更容易全天候拖延！不管是在何時何地，上班也好，在家也好，我們可能一上網就流連好幾個小時，瀏覽新聞、不停地研究、寫部落格、看比賽、沉迷於度假或色情網站中，網路上什麼東西都有，任何人都可以找到他感興趣的東西。

事實上，這些年來逃避任務的現象愈來愈多，網路的興起是罪魁禍首。如今資訊不僅無窮無盡，還可以立即取得。資訊之多，遠非我們所能管理，更別說是運用了。資訊太多，決定太多，選擇太多——這種資訊過度氾濫的現象導致很多人陷入拖延的泥沼中，動彈不得。

如今我們再寫拖延這個主題，發現拖延比我們以前所想的還要複雜，不僅牽涉到個人心理、行為和情緒上的議題，也涉及社會、文化和技術的動態，生理和神經傾向，以及普遍的人性，所以我們以更審慎的態度來看待拖延的複雜性。

在撰寫這一版時，就像二十五年前一樣，我們還是認為，要擺脫拖延對生活所造成的影響，需要先了解導致你拖延的原因，想辦法對症下藥。你可能知道拖延對你有哪些不利，但我們覺得你可能還不太清楚拖延對你的作用。在你了解拖延對你的影響以前，你可能會一直擱著我們教你的技巧，就像你擱著其他事情不做一樣。如果你不曉得自己**為什麼**會拖延，世上任何的實用方法都幫不了你。然而，即使你充分了解自己拖延的原因，除非你付諸行動，克服拖延的心理，否則你還是不會進步。閱讀那些克服拖延的技巧或許有趣，但閱讀和行動是兩碼事。所以找出付諸行動的新方法非常重要。

在本書的第一部，我們探索拖延的種種根源。在第二部中，我們提出幫你採取行動的建議。我們的目的不是要消除拖延，很多時候把事情擱著、不予理會其實對你最有利。我們希望本書可以讓你從自我接納中學會取捨，希望讀者因為對人性更樂觀，接納自己的優缺點，更懂得自處，從而減少拖延的習慣。我們不是要建議你放棄雄心壯志，不再追求卓越，或不接受新的挑戰，但是採取行動時，我們應該要排除伴隨內心衝突而產生的恐懼、羞愧、擔心和自我憎恨感。

我們不再像以前那樣拖延了，儘管筆者之一的萊諾拉每年還是要申請補稅延期，不過這是每年意料中的事，不再是最後一刻的慌亂之舉。儘管珍買了ＰＤＡ以後，拖了五個月才開箱，她現在也會設法盡早處理多數的職責。儘管我們第一本書比預定的出版日期晚了兩年，這次我們只延了四週。我們可以證明，改變是可能的，雖然我們也知道那不容易。

在本書中，我們想陪讀者克服拖延的挑戰，邁向心理成長、自我接納、付諸行動。我們請許多合作過的夥伴來現身說法，不過基於隱私考量，我們改動了所有的姓名和識別資訊。書中描述的拖延者是集合多位我們熟悉對象的綜合體。我們在此分享他們的故事，希望讀者能更了解自己。唯有了解你自己的故事，才能找出拖延習性的來龍去脈。這點很重要，因為當我們接受真實自我，而不是自己希望的樣子時，才能採取對自己最有利的行動，而不是任憑拖延心理的擺佈。

第一部

Part 1

認識拖延

了解自己

我們在柏克萊開辦第一個拖延治療團體，上了四週的課程後，一位學生驚訝地說：「拖延就像蒲公英一樣，你拔掉它，以為從此永除後患，結果發現它是如此的根深柢固，很快又長出來了。」對有些人來說，拖延就像花朵一樣，很容易摘除。但是對很多人來說，拖延就像一片蒲公英園，根深柢固，盤根錯節。我們只能一一講解這些根源，刻意把它們分開來看。但是在現實生活中，這些根源是一起生長的，它們相互糾葛，彼此影響。人的體驗就像雜草一樣錯綜複雜。

拖延的情緒根源和內心的感受、恐懼、希望、記憶、夢想、懷疑和壓力有關，但是很多拖延者並未發現這些表面下的動態，因為他們以拖延來迴避不安。在雜亂無章和拖拖拉拉的背後，多數拖延者都怕自己無法取得大家的諒解。儘管評斷自己的拖延行徑相當痛苦，但是相較於盡力去做卻陷入恐懼而衍生的脆弱感，自我批判或許還比較容易承受。我們都知道拖延的感覺肯定不舒服，但是當你避而不談時，內心會持續處於失衡狀態，猶如在布滿情緒地雷的路上戰戰兢兢地行進，擔心不知何時會再次誤踩地雷。所以，我們邀你一起來探索這個領域，探究自己對失敗的恐懼、對成功的恐懼、對受控的恐懼，以及對親近和疏離的恐懼，因為我們認為，當你知道自己的感受，了解自己為什麼會有這種感受時，可能會更有自信，更踏實，更自在，如此一來就能擺脫拖延，順利運作了。

拖延的另一個根源是拖延者與時間的糾葛。拖延者常以「一廂情願」的方式來看待時間，或是把時間看成需要靠智慧、計策或能耐來取勝的對手。這種看待時間的態度容易讓人一拖再拖。如果你的「主觀時間」和「鐘錶時間」互相矛盾，就很難給最後期限一個合理的預期，無法朝著目標穩定地前進，難以預估你需要多少時間才能完成任務。此外，由於你的時間感和別人不同，你和那些主觀時間比較貼近鐘錶時間的人，在人際關係上可能也會出問題。當你和別人的時間感相互衝突時，會導致你的拖延習性變本加厲。

拖延的生理根源包括身體、大腦和遺傳基因，這些都是導致拖延的因素。近來神經科學領域突飛猛進，有許多令人興奮的發現，可幫我們以新的方式了解拖延習性。大腦運作會影響你迴避的東西，你迴避（或不迴避）的東西也會影響大腦的結構和功能。這種「神經可塑性」讓大腦始終在變化，所以生理傾向不見得會永遠阻礙你進步。

拖延的人際關係根源包含你的家庭背景、社交關係，以及你目前的社會地位。以往的家庭關係可能會持續影響現在的你，維持一種對你無益的拖延狀態。社交與文化面也會影響你的拖延傾向，了解它們對你的自我觀感和人際關係的影響，是個重要的課題。

我們鼓勵你以不帶批判或責難的觀點，來探索和了解這些情緒、生理、社會因素對拖延的影響。本書的一大主題是：從自己的經驗中學習，是一件令人興奮又有趣的事。不要否認、遺忘或批判，而是去接納它，充分運用。先了解拖延的根源，可為第二部的破解技巧奠定基礎。

第一章

拖延是煩人精，還是頑敵？

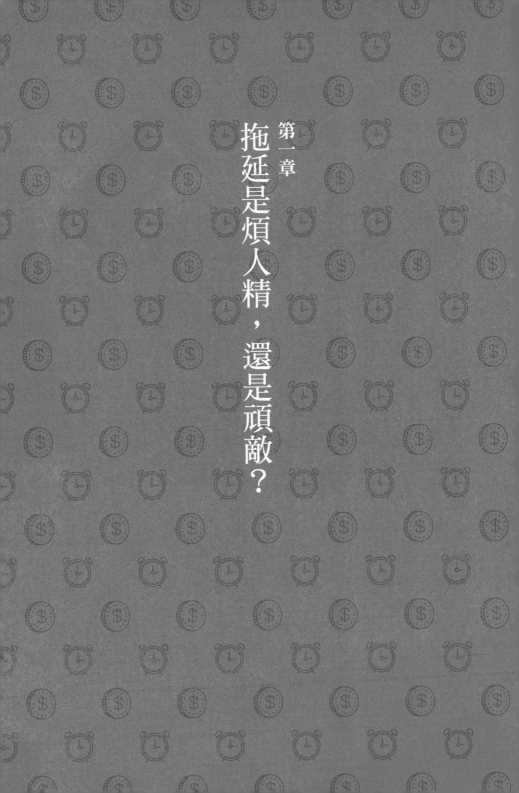

元旦來了，又到了列出「新年新希望」的時候。但是通宵慶祝跨年，緊接著在元旦當天觀賞玫瑰盃美式足球賽（譯按：美國人歡度元旦時的特別節目）的轉播後，誰還有時間認真思考這些？到了一月底，一個朋友靠著新的瘦身計畫減了五公斤，另一個朋友開始準備報稅的文件（這些人究竟是誰？），這時你才決定好今年的新目標：「我絕對不再拖延了！」

拖延，這個詞在每個人的腦海中喚起不同的形象。如果你很幸運，在這方面沒多大的問題，你腦中或許會出現一個躺在吊床上的傢伙，在該刈草坪的時候，卻一臉滿足地喝著冰茶。不過，如果你有拖延的毛病，你腦海中的形象可能就沒那麼寫意了：桌上亂糟糟，堆滿雜物，幾乎看不見桌面；多年來一直想寫信聯絡的老友面孔一一浮現；熬夜臨時抱佛腳的校園生活記憶；一個現在正等著你完成的專案……

在字典中，動詞「procrastinate」（拖延）的定義是「延後，暫緩，推遲，延長」，是由兩個拉丁字合成的：pro，意指「移向」；crastinus，意指「屬於明天」，合起來就是「移到明天」，亦即「改天再做」的意思。拖延是自古以來就有的問題，埃及文裡有兩個字可翻成「拖延」，那兩個字都和生存有關。其一是指避免不必要的工作和衝動，從而節省精力的**有益**習慣；另一個字是指懶得完成生存所需任務的有害習慣，例如在尼羅河的洪水週期，錯過耕田的適當時機。一七五一年，一位信差等著遞送作家塞繆爾．詹森（Samuel Johnson）遲交的文章，這時詹森寫下一段關於拖延的文字：「我們拖延明知無法逃避的事情，這樣的愚行是普遍的人性弱點，即使道德家諄諄教誨，以理勸說，每個人或多或少還是有這樣的毛病。」

自從我們出版第一本書以後，拖延情況日益增加。二〇〇七年，據估計有高達七五%的大學生有拖延現象，其中有一半表示他們已拖延成性，是個亟需解決的問題。一般大眾中，則有二五%的成年人有長期拖延的問題。超過九五%的拖延者希望能減輕拖延的習性，因為這問題不僅影響他們的績效，也讓他們感到痛苦。既然我們有心不再拖延，為什麼要做到卻是那麼困難？研究無法為此提出簡單的答案，拖延者沒有特定的「典型」，各種心理變數可組成多種不同的拖延型態，看起來相當複雜。

不過，有一個原因可以排除在外：研究顯示，智力和拖延**沒有**關係，所以你可以撇開「拖延是為了等腦筋開竅」或「拖延就表示你比較笨」這樣的說法。男性拖延的程度只比女性稍微嚴重一些。另外，有證據顯示，年紀愈大，愈少拖延，或許是因為大家不想再浪費所剩不多的時間，或是因為他們已經不再和人競爭，也有可能是因為他們終於接納自己，坦然接受自己的成就或未竟之志。

各行各業的人都可能有拖延的問題。學生一直都有成績和考試的壓力，他們放著該寫的報告不寫，把該讀的書擱在一邊，直到截止日或考前幾天才臨時抱佛腳。個人工作室只靠自己接案生存，但很多人發現，在沒人監督下，他們很容易就拖延任務。在競爭日益激烈的公司裡，有些人非但沒跟上迅速的步調，反而放慢速度。深受官僚作風所苦的人可能乾脆先把事情擱著，以迴避繁文縟節。在家裡，我們可能拖延的事情又更多了。清理地下室、油漆臥室、選定新的手機費率方案等等，這些拖著沒做的事情常常糾纏著我們不放。

是延後，還是拖延？

大家常不知道如何區別「真正的拖延」和「稍後處理」，這兩者之間有明顯的不同。有時候我們只是因為沒時間完成所有的事情，或是因為生性比較隨性低調，才延後處理事情。想判斷拖延對你來說是不是一個問題，有個方法是看它會不會讓你感到煩不勝煩。關於拖延問題所造成的痛苦程度，有些人並不覺得痛苦，以下是一些例子。

有些人閒不下來，喜歡在生活中塞滿任務和活動，把案子排得很緊，一件接一件。他們喜歡緊湊的壓力，沒想過其他的生活方式。有些人喜歡過得悠閒一點，他們可能花很長的時間才完成一件事，也不急著處理，他們不是特別充滿幹勁，也沒承受什麼壓力。有些人偶爾會刻意拖延，他們決定延後處理某件事，因為他們覺得那不太重要，或是因為他們想好好思考一下，再做決定或採取行動。他們拖延是為了給自己多一點時間思考，釐清選擇，或是先專心處理其他的要事。

我們都有過事情全擠在一起發生的經驗，導致我們分身乏術，暫時來不及處理每一件事。可能有一天親戚來訪，孩子要你送他上學，冰箱正好故障，偏偏隔天你又非得把稅單送到會計師的手裡。像這種情況，總是要做一些取捨，不可能每件事情都按時完成。碰到事情做不完時，坦承自己能力有限比較不會過於苦惱。

有些人不會為了拖延而煩惱，因為那是發生在無關緊要的領域，重要的事情他都準時完成了。他們的生活中雖然少不了拖延，但影響微不足道。

有些人覺得拖延沒什麼好煩惱的，因為他們不覺得那會產生什麼問題，也不承認自己是在拖延。他們可能估計完成任務的時間過於樂觀，始終低估自己需要的時間。有些人是「社交活躍的樂觀分子」，他們以社交之名，行拖延之實，還樂在其中。他們外向，喜歡交際，深信現在拖延一下沒關係，反正待會一定可以做完。

拖延的苦果：內在煎熬與外在後果

在拖延問題所造成的痛苦程度中，另一種極端是導致嚴重的問題。問題分兩種，一種是衝擊拖延者的**內在**，讓他感到惱怒、後悔，甚至產生強烈的自責和絕望。在旁人眼中，他們表面上看不出來有什麼問題，可能還非常成功，例如開律師事務所的大律師，或是有一份正職，還得照顧三個孩子，平日又兼做志工的婦女，但是他們內心覺得很辛苦，很挫敗，無法原諒自己，因為拖延使他們無法完成自己覺得有能力完成的事情。他們表面上看來一切無恙，內心卻備受煎熬。

拖延不僅會讓人內心感到痛苦，也會產生嚴重的**外在**後果。有時候，如果你沒料到拖延可能衍生的種種問題，這些外在後果可能會讓你大吃一驚。有些後果很輕微，例如延遲付款可能需要繳交小額的罰款。不過，很多拖延者的工作、學業、人際關係或家庭因拖延而嚴重受創，害他們失去很多重要的東西，例如一位律師因為多次延誤出庭時間而失去律師資格。我們也都聽過這樣的例子：有的男人因為工作上的拖延，影響到家庭生活，妻子在忍無可忍之下終於離他而去。壓垮婚姻的最後一根稻草，是他為了趕在截止日前完成工作，不得不取消結婚紀念日的夏威夷之旅。一位會計師告訴他的老闆，他的妻子住院，所以他無法及時完成任務，老闆打電話到他家，卻是他妻子接的電話，他因為欺騙而遭到解僱。一個房貸經紀人沒審核貸款申請，反而花時間教人學新的電腦軟體，他因此丟了工作，不得不在學期中舉家搬遷到物價較低的社區，有好幾個月都找不到工作。

拖延週期

很多拖延者發現，他們拖延的毛病似乎自成一體，彷彿這毛病有它自己的生命和意志一樣。他們把拖延的感覺比喻成一種情緒的雲霄飛車。他們希望事情能有一些進展時，情緒也跟著起起落落，最後免不了都會放慢步調。拖延者從預期啟動任務到真正完成任務，這之間會經歷連串的想法、感受和行為，這些現象相當常見，我們稱之為「拖延週期」。

每個人對於這個週期都有不同的體驗，你的週期可能歷時幾週、幾個月，甚至幾年，也有可能一切發生得很快，在幾小時內就結束了。

階段一：「這次我會早點開始。」

一開始，拖延者通常信心滿滿。剛接下任務時，總覺得這次應該可以井然有序地完成。儘管你覺得自己無法或不願意馬上開始，你還是認為事情不需要你多費心，就會自然而然啟動。等過了一段時間以後，你發現這次似乎和從前相比也好不到哪裡去，這時你才由自信滿滿轉為擔憂。

階段二：「我得盡快開始。」

早點開始的時機已過，這次想要好好完成任務的想法又幻滅了。你逐漸焦慮起來，啟動任務的壓力漸增。既然無法如預期般自然而然開始，這下你開始覺得自己需要加把勁，盡快做點事情。不過，這時離最後的期限還有好一段時間，你仍抱著一些希望。

階段三：「要是不開始，會怎樣？」

時間一點一滴流逝，你還是沒動手，現在問題已經不是何時開始比較理想，或你是不是該加把勁，這時僅剩的一點樂觀也消失了，取而代之的是不祥的預感。你想像萬一你**始終無法啟動**，人生可能就此毀了。這時的你可能感到氣餒，一些想法在你的腦中開始打轉：

「我該早點開始的。」你可能會回顧自己之前浪費的時間，想到一切已無法挽回，於是你開始自責，為那些害自己落到這步田地的行為，感到懊悔不已，知道自己早該開始，就不會像今天這樣。就像一位拖延者說的：「我總是悔不當初。」

「我什麼都做了，除了這件事……」在這個階段，拖延者通常什麼事都肯做，就是該做的這件事除外。整理書桌、打掃房間、嘗試新食譜的衝動，突然間變得難以抗拒。之前避而不做、但沒那麼要緊的事，這時你突然現在就要動手。你馬上投入這些事情，忙得不亦樂乎，還可以自我安慰：「至少我做了一些事！」有時候，這些讓你轉移注意力的事情實在太有成效，讓你誤以為該做的那件任務好像也有進展似的。不過，最終你還是會發現，該做的事情還是沒完成。

「我無法享受任何事情。」很多拖延者以一些能夠馬上令人愉悅的活動來分散注意力。你可能會看電影、玩遊戲、找朋友聚一聚，或週末出去踏青。你雖然努力玩得盡興，事情還沒做完的陰影卻揮之不去。你感受到的歡樂迅速消失，取而代之的是內疚、擔憂或反感。

「希望沒人發現。」時間持續拖延，事情卻毫無進展，拖延者開始感到慚愧。你不希望有人知道你的窘境，所以你可能會想辦法掩飾。即使你根本沒在工作，你可能會裝忙；即使你根本還沒動手，你也會捏造有進度的假象，你可能會開始躲藏——不進辦公室、和人避不見面、不接電話，避開任何可能揭露你祕密的接觸機會。你一邊躲藏，一邊編造謊言來掩飾你的拖延，罪惡感愈來愈大。（有人對你祖母過世的消息致哀時，你心知肚明她還活得好好的，正在佛羅里達州玩橋牌。）

階段四：「還有時間。」

你雖然感到內疚和慚愧，對於仍有時間完成任務，依舊抱著一絲希望。腳踩的地面正在崩裂，但你仍努力保持樂觀，等待可能的奇蹟出現。

階段五：「我有問題。」

這時你已經豁出去了，原本打算早點開始動手的善念毫無效用；內疚、慚愧和痛苦也無濟於事；期盼的奇蹟也沒出現。更嚇人的恐懼取代了任務能否完成的擔憂，「是我的問題……我有問題！」你可能覺得自己缺少別人都有的某個東西——自律、勇氣、智慧或運氣。總之，別人都能辦到！

階段六：「最後抉擇：到底要不要做？」

此刻，你必須決定，究竟要堅持到底把它做完，還是乾脆棄械投降。

選擇一：不做

- 「我忍不了了！」你覺得壓力大到無法忍受，如今時間少之又少，無論如何這個任務都不可能在剩下來的幾分鐘或幾小時內完成。你受不了那種痛苦的煎熬，堅持到底所需付出的心力已超出你的能耐。你心想：「我再也受不了了！」你覺得盡力完成任務的痛苦實在太大，於是你開始逃離。
- 「何苦來哉？」在最後的階段，你可能評估眼前剩下的一切，認定這次是沒辦法準時完成了。剩下的時間那麼少，你沒辦法照預定的計畫完成。現在你再怎麼努力，都無法創造你當初想像的結果，所以這是何苦呢？你乾脆放棄。

選擇二：做——堅持到底

- 「我不能再等了。」這時壓力已經大到你無法再耽擱一分鐘，截止期限逼近，或是你的惰性已經讓你痛苦到極點，現在你終於覺得做點事總比繼續擺爛好。所以，你就像被判處死刑的囚犯一樣，認命了……開始動手做。
- 「事情沒那麼糟，為什麼我當初不早一點開始？」你驚訝地發現，事情沒你擔心的那麼糟。雖然做起來很困難、痛苦或無聊，至少已經有進展了——讓你大大鬆了一口氣。你可能還樂在其中也說不定！之前似乎沒必要受那些折磨，「為什麼我當初就是不做？」
- 「把它做完就對了！」眼看任務就要完成，現在分秒必爭，你必須趕在截止期限之前完成任務。當你為了成功達陣而拚上老命時，你已經沒有多餘的時間可以規畫、精進或改善你做好的東西。你的重點不再是你能把事情做得多好，而是你究竟能不能把它完成。

階段七：「我再也不拖延了！」

這次任務終於放棄或完成時，拖延者通常會覺得如釋重負，筋疲力竭，這過程實在太折磨了，現在總算一切結束。這慘痛的經驗讓人不敢再領教一次，你下定決心絕對不要再陷入這樣的週期，發誓下次一定要早點開始，更井然有序，嚴守計畫，控制不安。你堅定意念，直到下個任務出現。

所以，拖延週期在你誓言「絕不再犯」的情況下告終。然而，儘管拖延者痛定思痛，決心痛改前非，但多數人還是會一再重蹈覆轍。

拖延的根源

我們請拖延者思考造成他們拖延的因素時，他們通常表示：「這是個充滿競爭的社會！大家預期你隨時都有完美的表現，你根本無法承擔所有的壓力。」的確，在追求成功的過程中，我們全天候接收各式各樣的要求。我們的社會對成功的定義是：有錢有勢、有名有利、才貌兼備。總之，所謂的成功，就是各方面都很完美，不過這也意味著：「你要是沒擁有這一切，你就有問題。」現代的社會步調緊湊，要求嚴苛，很多人以拖延作為掩護，箇中原因其實不難理解。

但是一個人之所以拖延，身處在壓力大、力求完美的社會裡只是原因之一，想必還有其他的原因。如果身處在現代社會是造成拖延的唯一因素，每個人應該都有拖延的問題。很多人面對社會壓力時，不會出現拖延的現象，而是呈現不同的痛苦症狀，例如工作狂、憂鬱症、身心失調、酗酒、毒癮、恐懼症。有些人在全天候的壓力下，反倒更能蓬勃發展。

想了解你為什麼會以拖延作為因應壓力的主要對策，我們需要探索你生活中更私人的面向。

我們希望你想想，你是從什麼時候開始出現拖延現象的。

最早的記憶：拖延第一次發生的情境

你還記得第一次拖延的情況嗎？那是在什麼情境下發生的？是學校課業方面？還是父母叫你做的事情？當時你幾歲？是高中……還是小學？還是更早之前？後來結果如何？你當時的感受如何？以下是一些拖延者描述早期記憶的例子：

我記得那是在小學二年級時，老師第一次要我們交作文。他叫我們寫兩段，描寫山景，隔天交。我記得老師一出這個作業，我就感到害怕，我要寫什麼呢？我整晚都在擔心這件事，卻遲遲不肯動筆。最後，隔天吃早餐時，我媽幫我寫了那篇作文，我抄一遍，交出去。那時我鬆了一口氣，也覺得自己是個騙子，那篇作文我拿了「優等」。

◆

我記不得確切是哪件事，只有一點模糊的印象，我媽叫我去做某件事，但我心想：「我不要！」

◆

我為了早點出去玩，常匆匆寫完功課，我爸會先檢查一遍，才讓我出去。他每次都會找出我寫錯的地方，我得訂正完後才能出去玩；或者他會先交代我做其他的事情，做完才能出去。後來，我終於明白，其實我作業做得再快再好都無所謂，他只是想找事情讓我忙，直到他有空才讓我出去。從此之後，我就不想盡快寫完作業了，我都坐在那裡發呆打混。

◆

那是五年級的時候，我在校成績一向不錯，老師都很喜歡我。那年，班上一群女生組成小團體，不讓我加入，因為她們說老師特別寵我，還說我假正經，我覺得自己似乎有了汙點。我記得當時我心裡打定主意：我永遠不想當老師的寵兒，所以我不再努力讀書，開始拖延，就這樣。

對很多人來說，拖延症狀最早是出現在就學期間，那也是孩子進入競爭社會之前的跳板。許多學校以學業成績作為區分學生好壞的主要因素，所以你可能把自己當成優等生、中等生或劣等生。校內團體通常也是這樣形成的，「優等生」、「校隊」、「派對咖」可能會嘲笑其他團體的孩子，以確立自己的階級優越感。同儕對待你的方式可能會對你的學業和社交上的自信產生很大的影響。即使畢業多年後，許多成年人還是以兒時大家看待他們的方式來看待自己。

我們也會一直以在校的學習經驗來看自己，例如閱讀障礙、數學恐懼、注意力不集中、資訊處理困難，或是口才問題。儘管多年後我們的技巧已經進步了，我們還是會擔心有人發現自己的缺陷。拖延可能是我們掩飾這些缺點的計策。

或許拖延能避免你在課堂上出糗，老師可能會說：「我希望你努力一點。」但是他們從來不說：「你缺乏這方面的能力。」因為老師從來看不到你有哪些能力。可惜，大家有時忘了，成績不單是衡量智力而已，也顯示孩子是否專心、合作、充分發揮想像力。

不管你是從何時開始拖延的，你知道這習性很難改正。拖延除了是一種**自我保護的計策**，也是源自於你對生活的**信念**。我們經常聽到這些觀念，所以我們稱之為「拖延者信條」。

拖延者信條

- ✓ 我必須做到完美。
- ✓ 我做的每件事都應該輕易進行，毫不費力。
- ✓ 什麼都不做比冒險後失敗收場來得安全。
- ✓ 我不該為自己設限。
- ✓ 做不好就乾脆別做。
- ✓ 我必須避開質疑。
- ✓ 如果我成功了，有人會受傷。
- ✓ 這次做好，以後每次都得做好。
- ✓ 依循別人的規定，就表示我讓步，失去掌控。
- ✓ 我不能失去任何東西或任何人。

✓ 如果我展現真實的自我，大家不會喜歡我。
✓ 正確做法只有一個，我要一直等到我找到為止。

你可能覺得這些假設很熟悉，又或者你可能這麼做而不自覺。不管是哪一種情況，都不是絕對的事實，而是為拖延預做準備的**個人觀點**。如果你認為做什麼都必須完美，你就會寧可拖延，也不願意冒著失敗的風險努力去做。如果你相信成功很危險，你就會拖延，減少把事情做好的機會，以保護自己和他人。如果你把合作視為讓步，你就會一直擱著事情不做，直到**你**覺得準備好了才做，以保有掌控感。如果你覺得大家不會喜歡真實的你，你就會隱忍著想法不說，和人保持安全的距離。

這些「拖延者信條」反映出拖延者阻止自己前進的思維。自我批判、擔心、杞人憂天的想法，可能讓人無法跨越日常生活中無可避免的障礙。發現自己的想法不切實際，是克服拖延的第一步。不過，「拖延者信條」不單是一些不切實際的想法而已。

我們覺得，大家之所以有拖延的問題，是因為**恐懼**。他們害怕，萬一他們行動了，那些行為可能讓自己陷入麻煩。他們擔心，萬一他們展現真實的自我，就得面對危險的後果。在失序和拖延的背後，他們其實是**害怕自己不被接受**，所以他們不僅躲避這個世界，也躲避自己。儘管批判、輕視、厭惡自我也很痛苦，但是和看清真實自我所衍生的脆弱感相比，還比較容易承受，拖延是他們保護自己的盾牌。

第二章

拖延者①號：害怕失敗型——適應不良的完美主義者

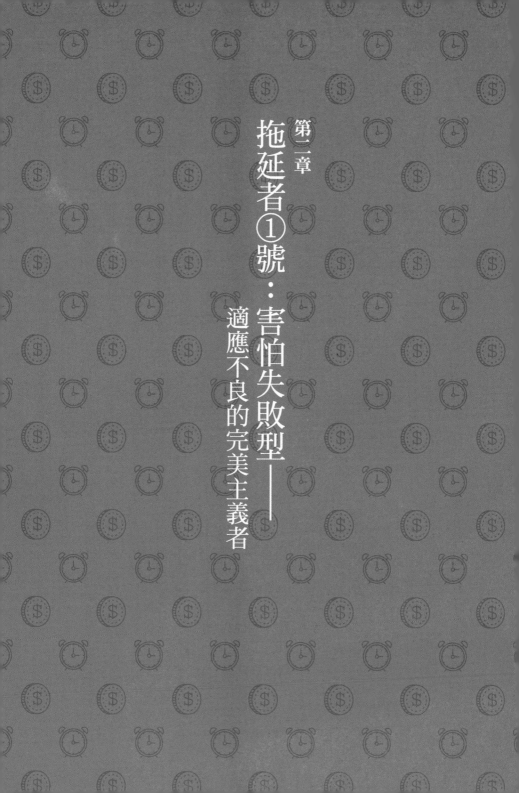

很多拖延者擔心他人的評斷或內心的自我批判，害怕別人發現自己的不足，害怕自己盡了最大的努力還是不夠好，害怕自己達不到標準。他們的擔憂反映出對失敗的恐懼。我們認為，拖延可能是他們因應這種恐懼的對策。

恐懼失敗：用拖延保持完美

大衛是一家大公司的律師，在校成績優異，在一所競爭激烈的法學院就讀。他常受拖延之苦，有時為了寫辯護狀或考試K書而通宵熬夜，不過他的表現始終相當出色。他後來到一家聲譽卓著的律師事務所上班，感到相當自豪，希望自己有天能成為事務所的合夥人。

大衛常對案件做多方面的思考，但不久他開始拖延一些該做的事情，例如背景調查、約見客戶、撰寫辯護狀。他希望自己的論點無懈可擊，但是各種可能的觀點讓他覺得多到吃不消，遲早會陷入僵局。雖然他設法讓自己看起來很忙，但他心知肚明，自己其實沒完成多少事情，一直覺得自己像個騙子。隨著開庭日逼近，他開始恐慌，因為他沒有足夠的時間寫出差強人意的辯護狀，更別說是出色的論點了。大衛說：「成為卓越的律師是我最大的目標，但我幾乎時時刻刻都在擔心自己能不能成就卓越，而不是實際朝那個方向努力。」

既然大衛那麼在意自己能不能成為優秀的律師，為什麼還迴避那些可以讓他實現夢想的工作？因為拖延讓他不必面對一個重要的議題：他當律師真的能像在校成績那樣優秀嗎？大衛拖太久才開始寫研究報告，以避免測試自己的潛能。他的工作無法反映出他的實力，而是顯示他在最後一刻的壓力下，能把事情做到什麼程度。如果他的表現不如預期，他總是可以說：「要是能多一個星期的時間，我可以做得更好。」換句話說，大衛很怕別人認定他失敗，他寧可拖拖拉拉，甚至不惜走上絕境，以免別人評斷他最大的努力。他很擔心他雖然盡全力了，大家還是覺得他表現不盡理想。

不管是寫辯護狀、更新履歷表、為親友選購禮物或買新車，為什麼有人會為了防止別人認定他失敗，而做出那樣損己又不利人的事？這些害怕失敗而壓抑自己的人，對於「失敗」的定義往往相當廣義。當他們對自己做某事的表現感到失望時，他們不僅覺得**自己做那件事失敗**，也覺得**自己很失敗**。

理查・比瑞博士（Richard Beery）是我們柏克萊諮詢中心的同事，他觀察到害怕失敗的人可能自有一套假設，把追求成就視為一種令人恐懼的冒險。這些假設是：（一）我的成果直接反映出我的能力；（二）我的能力高低決定我的個人價值，也就是說，我能力愈強，我覺得自我價值愈高；所以（三）我的成果反映出我的個人價值。比瑞博士把這些假設寫成以下的方程式：

自我價值＝能力＝表現

基本上，這個等式就是說：「我表現好，表示我能力強，所以我喜歡自己。」或者「我表現不好，表示我沒能力，我覺得自己很糟。」這不是你某天在某個情境下把某件事做得好不好的問題，你的表現永遠成了直接衡量你能力，以及你是否有價值的標準。

對許多人來說，**能力**是指智力，所以他們希望自己做的每件事情都反映出自己有多聰明，例如寫出色的辯護狀、考試拿高分、寫出簡潔的電腦程式、講話時妙語如珠或才華橫溢。你也可以用特定的技巧或才能來定義能力，例如鋼琴彈得多好、外語學得多棒、網球發球多厲害。有些人覺得能力是看個人的魅力、風趣和流行程度、是否擁有最新的科技玩意兒。不管能力是怎麼定義，當它成為決定一個人自我價值觀的**唯一**因素時，問題就出現了。個人表現成了衡量個人的唯一標準，其他一切都不納入考量。一個人表現出色，意味著他很傑出；一個人表現平庸，意味著他很平凡，就這麼簡單。

對大衛來說，辯護狀的成效不僅衡量他當優秀律師的能力，也衡量他的個人價值。如果他努力撰寫辯護狀，結果卻是差強人意，他會深受打擊，因為那表示他很**糟糕**，**什麼事**都做不好。大衛坦承：「如果我盡全力撰寫辯護狀，結果差強人意，我想我無法承受那樣的打擊。」

就像比瑞博士說的，拖延打斷了能力與表現之間的等號：

自我價值＝能力≠表現

拖

延

表現不再等同於能力，因為你並未盡全力。這表示不管你最終表現如何，自我價值觀與能力之間的對等關係依舊不變。例如，如果大衛對自己的辯護狀感到失望，或辯護狀遭人批評，他可以自我安慰：「如果我早點開始，給自己更多的時間來做，可以做得更好。」又或者，儘管拖延了進度，他還是設法把事情做得很好，他可能還會因此對自己更滿意，心想：「你看我這次如何化險為夷。試想，我如果真的全力以赴，效果會有多好！」

拖延讓人安然相信，自己的能力比表現出來的結果更好，甚至讓他們相信自己很出色，潛力無限。只要拖延，就永遠不必面對自己能力的極限。

有些人寧願承受拖延帶來的後果，也不願承受努力投入但結果不如人意的挫敗感。對他們來說，責怪自己缺乏條理、懶散或不合作，比被視為無能和不值得，來得容易忍受。他們很怕被認定為無能或不值得，對他們來說，那和失敗無異，而拖延可以緩和那樣的恐懼。

擔心別人視自己無能或不值得的人，通常害怕自己就是那樣的人。如果他們以實際的觀點看待自己，認定自己真的能力不足，他們會面臨另一種恐懼：**害怕沒人喜歡自己**。就像一位拖延者所說的：「如果我做不好，誰還需要我？如果我一無是處，誰還會愛我？」因為這位女性認為，她的工作表現所反映出來的能力，決定她是否值得被愛。達不到標準時，後果不光是表現「失敗」而已，更是一種做人失敗，沒人會想要她。

拖延者，居然是「適應不良」的完美主義者？

拖延者通常沒意識到自己是完美主義者。為了證明他們夠優秀，他們努力挑戰不可能，認為自己應該可以達到他們遠大的目標。他們常對自己提出不切實際的要求，無法達到要求時，才覺得不知所措。失望之餘，他們便以拖延的方式迴避要求。

多數拖延者感到不解的是，明明他們常把事情搞得一團亂，怎麼可能是完美主義者。蓋瑞是一位自由接案的網站設計師，他如此看待自己：「我做事一向是半吊子，最後一刻才匆匆把事情完成，有時還做不完，怎麼可能是完美主義者？」

心理學家認為完美主義者分兩種，一種是**適應型**，一種是**適應不良型**。適應型的完美主義者自我要求很高，相信自己的表現能達到要求。這種如願以償的完美主義，感覺像他個人特質的一部分，也是自尊的基礎。適應不良的完美主義者自我要求也很高，但是對自己感到失望。在適應不良的完美主義中，你要求的標準和你對個人表現的看法**有落差**，所以你容易批判自我，情緒消沉，自尊低落。

適應不良的完美主義者對犯錯非常在意。就像心理學家大衛·伯恩斯（David Burns）所說的，**高成就的人通常不是倔強的完美主義者**。冠軍運動員、成就非凡的企業家、得諾貝爾獎的科學家通常都知道，自己偶爾也會犯錯，日子偶爾會不太順遂，有時會表現不佳。儘管立下遠大目標而奮鬥，他們也能忍受偶爾達不到目標的挫敗和失落感。他們知道自己可以改善成果，因此更加努力。

相反的，完美主義的拖延者往往對自己有不切實際的期許。多年沒運動的女性想在兩週內練出一流的體力狀態；新手小說家希望自己的第一份手稿就達到出版的要求；不懂時間管理和學習技巧的大一新生，希望第一學期每科成績都是優等；年輕小夥子希望自己每通電話都能邀約成功；業務員希望每位顧客都消費。結果，原本用來激勵他們達成目標的高標準，卻成了不可能的任務，阻礙他們的努力。你需要問自己一個重要的問題：你設定的目標是為了讓你進步，還是讓你更加沮喪失落？問題不在於你的標準有多高，才導致你變成適應不良的完美主義者，而是你覺得自己的表現落後標準有多大，那些標準有多麼不切實際和強人所難，以及你對於自己無法達到目標的評斷有多嚴苛。**當完美主義變成一種問題，就可能出現拖延現象。**

拖延的完美主義者有一些堅持的信念，即使你沒意識到自己有那樣的信念，那些信念依舊操縱著你。它們可能表面上看來很高尚合理，卻可能讓你對生活產生極度的不滿，導致你拖拖拉拉，毫無進展。

❖ 平庸惹人嫌

對有些拖延者來說，平庸令人難以忍受，他們希望自己做的每件事情都非常出色，不僅希望自己有理想的事業和人際關係，也希望自己寫的信或打造的花園都是傑作。如果你期望自己平日的表現都能達到理想的水準，不管你做什麼，結果注定都會比你的理想還要平庸。你對平凡、一般的東西感到不屑。由於人生在世，犯錯與缺陷在所難免，受不了平庸的人通常會從拖延中尋求慰藉。當平庸的表現可以歸因於最後倉促完成時，他們就可以一再相信，只要有足夠的時間，他們就能達到理想自我。當完美主義者表現平庸時，這麼想可以避免他們看輕自己。

❖ 優秀不費吹灰之力

完美主義者相信，如果他們真的很優秀，即使面對困難的事情，也會覺得很容易，創意點子應該會源源不絕！學習應該充滿樂趣！決策應該果斷明確！如果一個人必須努力才能完成事情，當他抱持這種不切實際的標準時，可能會覺得自卑。一位物理系的大學生說：「如果我不能馬上解決問題，會覺得自己很笨。我懂那些概念，也很聰明，應該可以一眼看出答案才對。我對自己解不出答案感到非常不滿，氣到坐不住，所以我乾脆去玩電動玩具。」

不管題材多難，都預期自己能馬上理解，這種不切實際的想法讓很多拖延者毫無進展。他們對於自己還得非常努力才能解開問題，感到相當失望，這讓他們不想為了搞清楚問題而付出必要的努力，乾脆拖著不做。久而久之，他們因為認定自己很聰明而變得無知。畢竟，如果你受不了自己不懂某些事情，你就不會去學習。

❖ 凡事都要自己來

完美主義者常覺得一切事情都應該自己做，覺得向他人求助是軟弱的表現。他們不願考慮怎麼做最有利，不願承認自己有時候不知道答案，有時無法獨自完成一切，或和人共事可能比較有趣。即使找人幫忙比較有效率，很多完美主義者也堅決一定要獨自奮戰，甚至為此感到自豪。也許，他們的傳統文化覺得不該向人求助，覺得求助是軟弱可恥的。到最後負擔大到難以承受時，拖延變成一種紓解壓力的方式。既然無法獨自完成一切，就乾脆先拖延再說吧。

❖ 總有個正確的方法

這是完美主義者最堅持的理念之一。他們深信每個問題都有一個正確的解決方法，他們有責任把那個方法找出來。在找出正確的解決方法之前，他們不願意採取**任何**行動，或投入任何事情。因此，與其冒著可能選擇錯誤的風險，不如什麼都不做。

以查理和布蘭達為例，他們想從小鎮搬到大社區居住，也知道這決定會永遠改變他們的人生，他們想確定這樣做是對的。於是，他們為每個列入考慮的城鎮列出一長串優缺點。由於他們無法完全確定任一城鎮絕對適合生活、工作和養育孩子，他們永遠搬不了家。只要他們一直無法決定搬到哪裡，就可以一直抱著錯覺認定：**一定有完美的解答，他們一定可以做出完美的決定**。

完美主義者擔心，萬一做錯決定，他們會看輕自己，悔不當初的感覺將難以忍受。但是在這種擔憂的背後，他們相信自己是無所不知的，可以透視未來，確定事情的結果。就像我們兒時以為大人什麼事都知道一樣（父母是怎麼知道你在說謊的？），我們小時候都希望自己將來也能萬事皆通，可以掌控一切。但事實上，我們既非無所不知，也非無所不能，我們的父母也是如此，這種真相的確令人難以接受。

❖ 我無法忍受失敗——我哪有好強？

表面上看來，很多拖延者不算好強，他們一直把任務擱著不做，根本沒投入，所以也沒在跟誰競爭，但事實真是如此嗎？蘭迪是個工程承包商，常拖到來不及提交競標書，他的說法很典型：「我對搶工作沒興趣，我要找不需要經歷這些程序的工作，我喜歡按照自己的方式做事。」但真相是，很多完美主義者很討厭失敗，所以盡量避免參與和人直接競爭的活動。就像蘭迪不願參與競標一樣，他表面上對競爭不感興趣，以掩飾他對競爭的真實感受：競爭很危險。蘭迪討厭失敗，因為沒得標就表示他落敗了，失敗意味著他毫無價值。不參與競標，也就不會落敗。

拖延可能是一種「自我阻礙」，讓自己很難勝出，例如刻意用一隻手打高爾夫球，這樣一來，成績太糟就有藉口了：「嘿，我可是用單手打球！」那些「選擇失敗」的人會刻意拖延到必敗無疑的程度，但他們還是覺得，只要自己肯努力就會贏，就像單身漢吹噓他要是有時間打電話，肯定可以談幾場轟轟烈烈的戀愛。或是像遲遲不肯把英文學好的外籍生一樣，這樣一來，報告成績太低，就可以推託是語言問題，而不是內容的問題。自我阻礙是一種間接保護自我和自尊的方式：我失敗了，但這是我**自願**的。

❖ 要就全做，不然就不要做

這種「非全有即全無的」的人生觀，在有拖延習性的完美主義者身上很常見。覺得自己必須獨自完成一切的人，通常不會覺得過程中的進度有多重要：只要專案還沒完成，他們就覺得事情做了等於沒做。就像一位完美主義者說的：「要不是黃金，要不就是垃圾。」難怪他們在達成目標以前，那麼容易因為失望而放棄！

這種「非全有即全無的」的觀念，可能會影響他最初的目標設定，導致他想一次完成一切，因為不這樣的話，他會覺得不夠。例如，我們請史蒂夫挑一個他想在一週內達成的目標。原本，他想定的目標是「一星期天天上健身房」，他雖然一年多前就加入健身俱樂部，但一次也沒去過。我們費了好一番唇舌才說服他「天天上健身房」是不切實際的目標。史蒂夫心不甘情不願地把目標下修為一週去三次，一週後，他非常沮喪，因為他**只**去了兩次。即使那週他的運動量比之前一整年還多，他仍覺得自己一事無成。

這種「非全有即全無的」的態度，會讓你因為很多原因而變得沮喪，例如：

- ◆你沒完成最初設定的**每件事**。
- ◆你沒**確切**照著計畫做事。
- ◆你做得不錯，但不夠**完美**。
- ◆你覺得自己得到的肯定**不夠**。

在這種情況下，你覺得自己好像什麼也沒完成，因為你做的事情和你當初想像的不一樣。如果你只對完美感到滿意，你注定會失望。畢竟，追求完美就像追逐地平線一樣：你一直往前跑，但永遠到不了遠方的地平線。

放棄完美是一個非常緩慢的過程，即使你理智上認同完美主義的標準不切實際，會造成反效果，但你還是很難接受你從來就不完美、現在不完美、以後也不可能完美的事實。

對多數完美主義者來說，所謂的成就，不單是達成目標或表現出眾而已。在很多家庭裡，表現出眾似乎是最能幫他們獲得肯定、接納和關愛的可靠方法。家人對成就的重視遠勝於一切，表現居次似乎毫無價值。有些完美主義者從來不以獲得認可而滿足，他們達成目標的能力遭到質疑、批評或破壞，所以他們努力追求完美以破除這些疑慮，因為他們覺得想贏得尊重和關愛，唯有表現完美才有可能。

固定心態vs.成長心態

史丹佛大學的心理學家卡蘿・杜薇克（Carol Dweck）研究廣泛，她的研究證實了我們觀察到的現象：拖延者有完美主義的傾向。她在研究人如何面對失敗時，歸納出兩種不同的心態，一種是**固定心態**，一種是**成長心態**。固定心態認為，智力和才能是與生俱來的，永久固定不變。成功就是證明你的能力，證實你很聰明，有天分。而且，人生中會持續出現新的挑戰，你必須一再證明你是成功的。如果你有固定心態，就無法容許任何錯誤，因為錯誤是失敗的證據，證明你其實不聰明，也沒有天分。如果你聰明又有天分，不管遇到什麼事情，都不需要努力，需要努力是欠缺聰明才智的證據。此外，大家把你每次的表現視為衡量你能力的永恆標準，失敗很危險，因為那會永遠把你定型。

由此可見，固定心態如何讓人對失敗產生恐懼，進而導致拖延。事情變得難以處理時，有固定心態的人會開始退縮，失去興趣，不想做任何可能證明他們不適任（或一無是處）的事情。拖延讓我們避免失敗的風險，固定心態的人覺得，失敗就像判定你一輩子都能力不足一樣。

杜薇克提到的第二種心態是成長心態，這種心態的中心思想是：能力是可以培養的，只要努力栽培，就可以愈來愈聰明，表現得愈來愈出色。有成長心態的人認為，努力是讓你熟悉或擅長某件事情的關鍵，努力可以「開發你的能力，把它轉變為成就。」從這種觀點來看，你不需要馬上精通某件事情。事實上，做一些你不擅長的事情反而更有趣，因為這可幫你開發潛能，從中學習。有成長心態的人不只追求挑戰，還會因為挑戰而成長茁壯。失敗可能會讓你感到難過或失望，但是成敗不代表你的好壞。失敗是你督促自己加倍努力的理由，而不是就此退縮、放棄和拖延。

抱持成長心態是破除「自我價值觀等式」的一種方法。表現不僅不代表你的個人價值，也不再是你最關切的重點！重要的是你學到什麼，對什麼感到興奮，你有什麼進步，結果無關緊要。「能力」不再是固定不變的東西，而是可以改變與開發的。現在再也沒有什麼需要證明的了，就像杜薇克提出的問題一樣發人深省：「成功究竟是為了學習，還是為了證明你很聰明？」

作家梅．莎頓（May Sarton）曾以優美的文字描述成長心態：「午夜時分，往事歷歷，不見得都是美事，還有一些未盡之事、痛苦回憶、荒唐錯誤、令人羞愧或悲痛的理由。但是一切無論好壞，不分悲喜，都交織成豐富的人生歷練，成為我的精神食糧，成長動力。」

不完美的命運：真實和想像的後果

完美主義者往往以絕對的方式思考自己的任務，此外，他們通常會杞人憂天，把小事（例如小錯）誇大到無以復加。他們對小事的反應好像大禍臨頭一樣，確定災難就快來臨。在這種情境下，你可以看到固定心態的運作。

如果這種杞人憂天的預期又很含糊，講不出個所以然，那就更可怕了，例如，「要是我不夠完美，我的生活會很悲慘！」但是，確切是哪方面悲慘呢？聽拖延者說出讓他們莫名恐懼的想法時，有時很有趣，也對他們有益。你應該自問：「要是我不完美，會發生什麼事？」除了因為想到自己不夠傑出，而直覺自己厄運臨頭以外，你究竟預期自己哪方面完蛋了？情況究竟會變多糟？有什麼連鎖事件會導致最後的毀滅？

以下是一個例子，說明一個人如何預期自己從完美轉為平庸，從平庸淪為災難。伊森是銀行的中階經理，表面上看來事業有成，工作穩定，有個深愛的妻子，舒適的住家，但是他總是擔心自己可能失去一切。伊森擔心，萬一他在各方面無法維持出色的表現（舉凡決策、管理下屬、編列預算、召開會議等等），可能會遭到革職。

這種隨時都要保持最佳狀態的壓力，逐漸大到他無法承受，於是他開始拖延，該做的文書擱著不理，該打的電話放著不打，該宣布的人事決策遲遲無法定案，該做的會議準備一再拖延。他害怕自己拖延的行為會被發現，導致他被開除。

伊森從一件不完美的事，開始預期全面災難：「如果我不先為週二的會議擬好議程，那會議肯定會開得很糟，大家會看出我不像裝出來的那樣稱職。我會被公司開除，也會被銀行業排擠，誰想僱用懶散的拖延者？要是我無法找到另一個薪水一樣多的工作，我太太會發火，離我而去。我會變成沒有前途的孤家寡人，那活著還有什麼意義？我可能會自殺也說不定。這讓我太沮喪了，無心工作，我得先喝一杯。」

你或許可以清楚看出，伊森把一場會議的失敗想得太過誇張，但是對伊森來說，這就像真的一樣。災難彷彿近在眼前，讓他嚇得不知所措，無法做任何事情。

這種杞人憂天的災難思維有很大的破壞力，尤其在你沒發現自己這樣思考時更是嚴重。如果你可以學習退一步想，仔細檢視你的預期，就會質疑這種無可迴避的命運。例如，伊森可以開始質問「會議開得零零落落會導致他被開除」這樣的推論，他最後會發現，會議開不好和失去工作、妻子、未來希望是兩碼事。

下次當你發現自己因為完美主義而不知所措時，可以思考最糟的情境是什麼樣子。這樣一來，或許你會提醒自己：你雖然擔心這些幻象，但那些幾乎都是誇大不實的想法。如果你可以進一步把固定心態轉變成成長心態，你可能會以全新的觀點看待不完美，把它當成改進自己、學習新知的動力，而非致命的打擊。

第三章

拖延者②號：害怕成功型——

迎接拖延，告別成功的內疚者

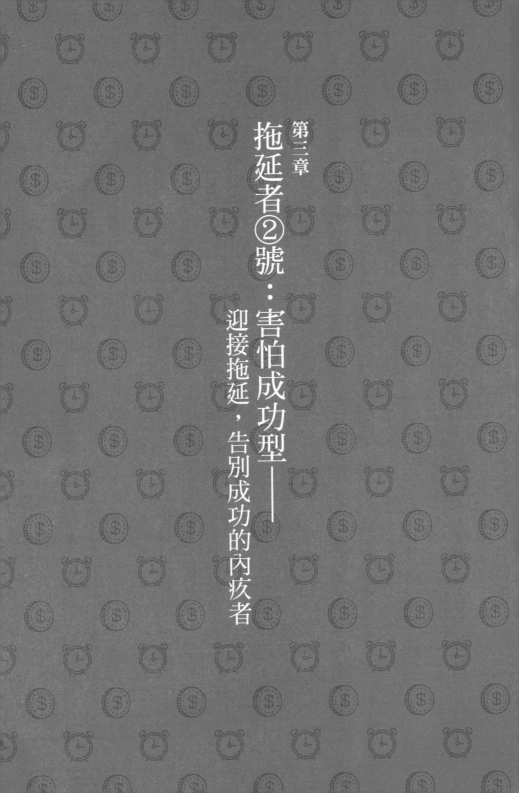

每個人都必須為自己的「成功」下定義。對某些人來說，成功是以社會地位、收入穩定或個人權勢等社會標準來衡量；對另一些人來說，成功是指人際關係上的成就，例如情愛關係或幸福家庭。內在的成功感受可能是指用心過生活或心滿意足的感覺。克萊蕊．雷（Clarry Lay）是拖延理論的研究員，她把成功定義為「及時追求目標」。根據這個定義，只要我們做自己想做的事情，就會覺得自己是成功的。「及時追求目標」會逐漸引導你朝其他的成功邁進，同時也讓你在努力之際就覺得自己很成功。然而，拖延者無法及時追求目標，所以每次他們對自己感到失望時，就會覺得自己很失敗。不過，如果他們能夠把心態調整為成長心態，肯定自己朝目標邁進的努力，他們會發現，把「及時追求目標」**做得更好**就是成功。

拖延者即使設法取得外在的成功，他們的內心並無法完全享受那個喜悅。差點開天窗的驚險、最後一刻的忙亂、通宵達旦的超人毅力，澆熄了成功的喜悅。即使沒人知道他們的成功是臨時趕出來的結果，他們自己心知肚明，對他們來說，這表示他們並不是真正的成功。他們責怪自己沒成功，希望擺脫阻礙他們的拖延枷鎖。但是在自責時，他們常忘了一個重要的議題：也許他們其實很怕成功，所以才會用拖延來避免成功的風險。

你害怕成功嗎？

對成功的恐懼不像對成功的渴望那麼容易發現，但是如果你有下面任一種情況，你可能就有成功恐懼症。專案進行順利時，你會放慢速度嗎？你獲得很多肯定時，會感到焦慮嗎？老闆把你列為升遷對象時，你希望自己變成隱形人嗎？別人的稱讚讓你感到尷尬或戒慎恐懼嗎？你在某個領域成功時，其他領域是否一塌糊塗？事情順利進展時，你有預感快要出狀況了嗎？如果你比家裡的其他人擁有更多成功的機會，你是否擔心這會影響你和親戚的良好關係？……以上只是一些懼怕成功的經驗。

珍還記得自己第一次注意到這種反常想法的情況，她大學讀的是英文系，但是她去上群體心理學時，馬上就愛上那門課，覺得自己終於找到真正喜歡的領域。那門課每週要交一篇三頁的報告，她常一寫就是洋洋灑灑的十頁，欲罷不能，到最後常變成遲交。她為期末報告做了大量的研究，以至於無法準時完成，結果那門課沒拿到學分，成績單上的註記是「未完成」。教授把她叫到辦公室，對於她這麼優秀的學生卻把成績搞砸，表達關切。「我覺得妳怕……」，珍原本以為教授接下來要說的字眼是「失敗」，但是教授說的是**「成功」**。

珍聽了很震驚！她從來沒想過自己竟然會害怕把事情做好。她找到自己真正喜歡的科目，卻出現一些併發症。那課程堅定了她想改讀心理系的決定，她也因此必須認識整班的新同學和老師，此後的職業生涯也會和原先設想的不一樣。儘管珍找到了她的天命，卻無法自由追逐這夢想，因為這不僅是一種改變，也等於宣告她真的很擅長某個領域，但是那和她當時的自我形象並不相符。（她覺得只有她哥哥有資格真正擅長某件事。）她不知道自己對成功有這種不安，但是她的拖延讓一切表露無遺。

為什麼有些人無法全心全意地追求成功（不論他們定義的成功是什麼）？當你發現自己破壞渴望已久的成功時，可能會對此深感不解。我們覺得，很多拖延者就像珍一樣，面對成功時充滿矛盾。他們擔心成功帶來的缺點，卻不知道自己有這樣的恐懼。害怕成功的人大多想把事情做好，但是潛意識的焦慮導致他們無法實現夢想。這種焦慮可能很隱約，不見得能直接感受到。心理學家蘇珊・柯洛妮（Susan Kolodny）表示，那矛盾「有時會以難以解釋的心情轉變、突然感到自我懷疑或內疚，一股希望或絕望湧上心頭等方式來呈現，就好像附近有人低語，但我們無法確定那耳語的內容或是誰說的。」

對我們來說，問題不在於我們是否對成功有又愛又怕的矛盾感受，而是在於成功所引起的內在矛盾，是否大到阻礙我們成功，是否阻止我們向前邁進，讓我們無法勇於追求豐富的人生，是否束縛我們，導致我們失去自發性、好奇心，以及克服新挑戰的渴望。

用拖延抵抗文化壓力，逃避成功

文化規範、性別角色、商機等因素會影響我們的成功機率，對有些人來說有利，對其他人來說卻不利。對很多拖延者而言，文化也會造成他們的內在矛盾。例如，外在要求使我們整天忙得團團轉，有些人會利用拖延來抵抗這種文化壓力，不願乖乖就範；有些想擁有一切的人則覺得，拖延成了他們的阻礙。

跨文化的壓力可能對成功產生抑制效果，離開祖國、移居美國的人或許會覺得，想在競爭激烈的美國文化中成功，他們必須放棄祖國的傳統和價值觀。他們想融入美國，又想忠於祖國的文化傳承，當他們卡在兩者之間時，可能會以拖延的方式來迴避選擇。

「陽剛」和「陰柔」的區別，已經不像以前那麼僵化，但是**性別角色**之別依然容易造成拖延。想在男性世界裡出人頭地的女性，可能會擔心被貼上「野心勃勃」和「有攻擊性」的標籤（也就是說她們太陽剛了），因此導致她們遲遲不敢做太有競爭意味的事情。不得不表現出陽剛氣概的男性，可能擔心他們必須放棄「陰柔」的一面（亦即展現溫和、遲疑、不安全感、需要安慰的狀態），因此逃避成功。

這些都是重要的因素，但是它們並未透露全貌。我們還必須考慮到那些導致男性和女性逃避成功、訴諸拖延的個人因素，以下是一些透露出恐懼成功的心理狀態。

迴避成功的兩大原因

成功需要付出太多，令人卻步

有些人擔心成功需要付出太多，遠遠超出他們所能承擔的程度。由於朝成功邁進需要投入許多時間和心力，有些人認為自己達不到那樣的要求，不如還是離成功遠一點比較安全。以下是一些類似的情況：

❖要不要競爭都無所謂

拖延者以擱著不理的方式，顯示他對競爭毫無興趣，對勝利的報酬無動於衷。他們給人一種「要不要競爭都無所謂」的感覺，因為他們不會全力以赴。

害怕失敗的人會選擇不參與競爭，因為他們怕輸了會突顯出自己的軟弱與無能。相反的，害怕成功的人之所以選擇不參與競爭，是因為他們怕勝出，他們以拖延掩藏野心，因為他們覺得**「好勝」本身就有問題**。所以，他們遲遲不報名參與競爭，最後因為拖得太晚而無法參賽；他們拖延馬拉松的訓練，使自己在比賽中變成無足輕重的參賽者；他們遲遲不肯讀書，說「成績沒那麼重要」，也因此無法申請研究所的獎學金。

尚恩是一位建築師，這輩子的夢想是開一家自己的建築事務所。他的思考充滿創意，但是常拖很久才把腦中盤算的設計畫出來，所以他永遠都進度落後。其他設計師常私下向他徵詢建議，但沒人想和他一起設計專案，因為他無法在截止日期前完成工作。尚恩對自己的惡習深為苦惱。「我沒把想法畫在電腦上時，總是很痛恨自己。我的創意只存在我的腦子裡，沒人看得見。如果有人真的喜歡我的藍圖，我會感到自豪，但也會不安。聽到很多讚美時，我會緊張。再這樣下去，我永遠無法成立自己的建築事務所。」尚恩是在破壞自己的天分，他只注意到自己的惡習，一味地自責，這可能是分散注意力的方式。儘管尚恩花很多心力懊悔自己什麼都沒做，他卻很少思考達成目標後有什麼成果等著他。如果他**可以**不斷地展示自己的設計，最後**真的可以**擁有自己的事務所，那會是什麼樣子？

我們請尚恩思考一下在那種情況下「改進的危險」，也就是自己開一家事務所的可能缺點。「我會變成大家注意的焦點，每個人會關注我的事業是否成功。一旦你創作了一個非常有趣的設計，大家會開始期待你做的每件事情都很有創意。為此，我必須對自己施壓，不停地工作，可能再也沒有時間享受生活，懶散度日了。」尚恩以拖延的方式降低自己成功的機率，給自己一個緩衝，以免受到關注，無法脫身（亦即被迫過著他不想要的高壓生活）。

害怕成功的人普遍都擔心，大家對他們的期許愈來愈高，一位拖延者生動地描述了那種心態：「就像一個好勝的跳高選手，你受訓了幾個月，讓身心做好充分的準備，你一再嘗試跳過橫杆，打破紀錄。當你終於跳得比以前高時，猜猜看大家會怎麼做？——**把橫杆提高。**」

❖ 承諾恐懼症

閃避大家的關注和避免競爭，有一個間接的方法，就是拖著不做承諾。不承諾就不會往任何方向邁進，不會一古腦兒追求成功。就像薩克說的：「成功就像電扶梯，一旦你踏上去，不搭到頂端是無法退離的。」拖延者擔心自己卡在電扶梯上無法脫身，所以拒絕跨出第一步，他們會忙著投入其他的興趣和活動，忙得團團轉卻毫無進度，無法朝特定的目標邁進。

有失敗恐懼症的拖延者會害怕承諾，因為他們擔心犯錯，承諾了不該承諾的事情。有成功恐懼症的人則是擔心，在他們準備好追求成功之前，承諾會先把他們捲入競爭，而拖延是他們踩煞車的方式。

❖ 我會變成工作狂

有些害怕成功的拖延者擔心，如果他們不再打混，開始認真工作，他們會隨時都在工作，再也無法隨性打混。他們會在心不甘情不願下變成工作狂，整天辛勞，沒日沒夜地工作。

一位自由作家說明拖延如何避免她陷入這種悲慘的命運：「如果我從截稿前三週開始工作，會整整工作三週。我寧願等到只剩三天才動手，這樣只需辛苦三天就夠了，如此一來，至少我有兩週半的時間可以過自己的生活。」她這麼說，彷彿工作自然而然變成主宰，不管她喜不喜歡，都會把她變成機器人。「一旦我進入工作狀態，就停不下來。我會把別人的干擾當成工作上的妨礙，不想和他們有任何牽扯，這樣他們也不會想要找我做什麼。」

我們發現這種想法有一個很有趣的地方，它暗指**成功一定會讓人失去對生活的掌控和選擇權**。拖延者常認為，拖延是他們無法掌控的，所以他們的工作也會變得難以操控。他們擔心，如果沒有強迫性的拖延，他們注定會馬不停蹄地工作。這種擔心自己變成工作狂的恐懼，顯示你擔心成功會讓你產生無助感，而非權力感：你不再是原來的自己，而是變成你不喜歡的人，你又無法阻止這個陌生的「你」反客為主。

❖ 成功很危險：總是有人受傷

很多以拖延來迴避成功的人，覺得他們可能因為想贏而受到懲罰。你可能擔心被批評，被指為「自私」或「自以為是」，此外，你還得顧及失敗者的反應。有些失敗者可能會覺得很受傷，不再和你來往，或是報仇洩恨。不管是什麼情況，總是有人感到難過（受傷、失勢、無人搭理），追求成功像是跨入危險重重的境地。如果你是和輸不起的人競爭，或對方有虛幻的擔憂，這些恐懼很可能其來有自。不管你的恐懼是否有事實根據，這些擔憂感覺很真實。害怕造成傷害或受傷是阻止你全力以赴的強大阻力。當你把競爭欲望隱藏起來，不讓別人看見，更重要的是，也不讓自己看見時，就會變成拖延的誘因。

❖ 我可能傷及他人

你是否曾有以下的經驗：對發生在自己身上的好事輕描淡寫或避而不談，以免冒犯他人？或許你倉促寫好的報告拿到A，所以你刻意不讓辛苦寫報告卻拿B或C的朋友知道這件事。你沒讓父親知道你最近加薪了，因為你不想讓他知道你賺得比他多。

你可能擔心自己的好消息對別人來說是壞消息。當然，有時候不讓別人知道你的成就是一種謙虛，沒人喜歡自我吹噓的人。不過，許多拖延者為了顧及他人的感受，不光是輕描淡寫自己的成就而已，還採取比較激進的做法，自我貶抑以拉抬別人。當你認為自己的成功會傷及他人時，你是把成功視如一種侵犯，你可能會以拖延的方式阻礙自己，以免內疚。

德蕾莎為了貼補家用，去找了一份工作。她先生湯尼是建築包商，最近事業遇到瓶頸。德蕾莎後來靠推銷賺了不少佣金，但是她沒再接再厲繼續努力，而是遲遲沒做該做的文書工作，甚至面臨可能丟掉工作的威脅。她說：「感覺因此丟了工作，反而可以讓我鬆一口氣，我不敢告訴湯尼我賺了很多佣金，怕他自尊心受損。他事業遇到瓶頸或我賺更多的錢，都不是他的錯。」

我們可能擔心自己的成功會傷及他人，但是別人或許比我們所想的還要堅強、更有雅量。也許是我們自己的想法有扭曲，誤解了周遭的現實狀況，導致我們誤以為自己的成就一定會傷害到別人。有些人很樂於看到別人成功，不會覺得自己被貶低、受到傷害或不如人。如果德蕾莎坦然展現優異的績效，或許湯尼會引以為傲也說不定。

成功可能為你關愛的人同時帶來快樂和痛苦。例如，當你預期成功可能導致你遠離家人和文化傳統時，可能導致你裹足不前。有些大學生的家長沒讀過大學，這些學生就面臨這樣的兩難。他們很清楚家長為了供應他們上大學所做的犧牲，他們想讓家人為自己感到驕傲，希望將來自己有能力幫助家人。但在此同時，他們跨入父母未曾經歷過的知識分子社交圈，他們在那個圈子裡愈成功，他們與父母之間的差距就愈大。大三學生路易士表示：「我愛家人，但我覺得我把他們拋在身後，我知道那會傷害他們的感受。」路易士的拖延問題已經影響到他的成績，他父親兼兩份工作，母親是清潔工，不會說英語。「在家裡，我覺得很尷尬，他們不知道我在學什麼，也不知道大學是什麼樣子。感覺我在接受高等教育的同時，也逐漸失去家人。」拖延是他們用來表達遠離家人的不安與內疚的方式。

❖ 我可能會受到傷害

很多人預期成功可能帶來一種危險：得到他們想要的東西，因而遭到攻擊。有人可能會質疑或批評他們，他們自覺立場不夠穩固，無法還擊。安德列的拖延習性導致他做的工作遠低於他的能力範圍。老闆僱用他時，老闆和他都期待他會升到中階管理者的職位。但是，安德列不太努力，一直待在原來的職務上，升不上去。他說：「公司裡有很多好鬥的人，如果我升上去，就必須做決策，他們會跟我做對，批評我的論點，我還是不要冒犯他們比較好。」

如果安德列很滿意自己的職位，那就沒什麼問題，他可以為自己找到合適的利基點，不是每個人都得往上爬。問題是，安德列對現狀並不滿意，「我真的希望自己能有機會主導一些事情，我對改善營運有一些想法，但是管理高層可能會把我當成麻煩人物，讓我的日子很難過。」安德列認為這是個弱肉強食的世界，得罪的人愈強勢，受傷愈嚴重。由於他預期自己會受到攻擊，所以他以拖延的方式自保：不升上去，永遠不需要對抗。

很多人小時候都學到，成功可能招忌，引來報復，例如以下幾種情況：如果追求目標的動力讓父母或好勝的兄弟姊妹感到威脅；如果我們的成就經常遭到輕視或忽略；如果我們的成功導致我們遠離家人；如果我們擔心自己因抱持不受歡迎的想法或希望而受到懲罰。當這種情況一再發生時，可能會讓人產生「成功是自討苦吃」的觀點。

成功碰不得：我一定有問題

有時我們覺得自己根本上就出了問題，那問題深深根植在心中，使我們在生活中無法得到成功和滿足。這種覺得自己根本上就有缺陷的想法，是一種虛構概念，而非事實，但我們都知道這感覺可能很強烈，可能引發各方面的拖延。

❖ 我不配成功

我們可能會以拖延來懲罰自己做了「壞事」。有些拖延者覺得他們做的事情沒道德、很傷人，因此感到內疚，例如說謊、不忠、操弄或欺騙別人。但有些人對於不太嚴重或他們其實毋須負責的問題也深感內疚。他們感到內疚的事情，並不分真實或想像的罪過。

一位嚴重的拖延者覺得自己為家人帶來痛苦而感到內疚，他說：「我是個惡霸，尤其是在父母離婚以後，我動不動就發火，常讓我母親流淚，我妹妹看到我就閃躲起來。我以折磨妹妹為樂，我很無情，這些都不可原諒，所以現在輪到我受折磨了。」

拖延可用來懲罰想像出來的「罪行」。戴明的妻子在車禍中喪生，他自己雖然也受傷，但活了下來，後來完全康復了。不過，出車禍以後，他在電力公司的工作就不再進步，他知道悲痛的心情影響了工作。他也覺得妻子喪生是自己的責任，儘管車禍明明是另一位駕駛造成的。

戴明承受所謂「倖存者內疚感」之苦，身為生還者，他覺得自己不配過幸福或充實的生活。三年後，他仍持續自責，工作上停滯不前。儘管停滯不前的生活讓人失望，但是他沒意識到他把存活下來當成一種「罪行」，用拖延來懲罰自己犯下的罪過。

有些人因為把其他人留在惡劣的環境中，自己獨自逃脫出來，而產生倖存者內疚感。他們之所以感到內疚，是因為他們自己的生活改善了，但是他們關愛的人仍持續受苦。例如，很多大學生離開困苦的家庭環境，但弟妹仍留在家裡，應付消沉、虐待、酗酒或不聞不問的父母，他們因此感到內疚。這些學生在學校開始出現拖延現象，讓自己拿不到好成績。他們覺得家人還陷在困境中，自己不配享有自由。

有時讓你覺得無法置之不理的，是工作上的同事。在負面的工作環境中，大家常聚在一起抱怨情況有多糟，尋求彼此的慰藉，確認自己的經驗無誤。他們就像窩在戰壕裡的戰士一樣，培養出緊密的革命情感。有些人決心一定要脫離那個鬼地方，有些人則是對於找新工作漫不經心，消磨了尋找更好工作所需的信心，也失去很多獲得推薦的機會。他們之所以遲遲未尋找更好的出路，是因為他們覺得拋下朋友有罪惡感。

問題是，這些拖延者的內疚感大多超過他們所謂的「罪過」，找新工作不過是想自我拓展，過自己的人生罷了，談不上什麼罪過，但這種想法卻讓他們感到內疚。主張自己有權過自己想要的人生，可能和家庭或文化的價值觀產生衝突。有些文化傳統認為，照顧家人和以群體需求為主，遠比擁有自己的人生還重要。在美國，個人是主要的社會單位；相反的，許多文化認為，家庭才是核心的社會單位，萬一個人追求成功是以犧牲家庭為代價，這完全不符合社會的期待。

莉莉來自亞洲家庭，五歲時舉家移民到加州，父母在當地經營一家小超商，莉莉高中放學後，每天下午都會到店裡幫忙。後來莉莉拿獎學金進入大學讀經濟系，她打算大學畢業後念商研所。大三時，母親生病，莉莉提議回家照顧母親，母親鼓勵她繼續升學，但父親希望她回家照顧母親，並到店裡幫忙。莉莉覺得左右為難，她想照母親的期許，接受良好的教育，功成名就，也想獲得父親的認可。在無法做出決定下，莉莉在學校開始變得無法專心，拖延課業，成績一落千丈，幾乎快失去領獎學金的資格，瀕臨退學的邊緣。莉莉在學習上的困境反映出她內心的衝突，不確定自己究竟是要繼續學業，還是該克盡家庭義務，她的拖延其實替她做了選擇。

❖ 我注定不會成功

有些人自信低落，認定自己與成功無緣。他們覺得自己無法勝任、準備不足或毫無吸引力，不覺得自己做任何事情都會成功，所以乾脆放棄嘗試。

例如，瑞秋個性害羞，在工作及人際關係上常退居幕後，不愛出頭。她穿衣服喜歡掩蓋身形，容貌在人群中也不易辨識。雖然她也憧憬自己能擁有一份滿意的工作和幸福的婚姻，卻老是閃躲機會，她嘆言：「幸福婚姻和美好工作都是別人的，與我無緣，我何必白費力氣？」

瑞秋經過多次拖延和半途而廢的嘗試後，終於設法找到新工作，卻無法樂在其中，因為她覺得成功和自己無緣，認定任何成就都只是僥倖，成功隨時都可能消失。別人是夢想成功卻幻滅，她則是不敢妄想，總覺得那和自己毫無關係，和自我概念不符。

自我概念有兩方面，一個是「我的」，另一個是「非我的」。對瑞秋來說，幸福是「非我的」，她偏低的自我評價和其他人對她的看法並不一致，朋友都可以看出她充滿潛力，但瑞秋深陷在自我概念中，認定自己是輸家，拖延的習性幫她維持那樣的自我認知。

瑞秋的行事風格近乎隱形，讓人幾乎感受不到她的存在。其實，她連自己是否有權存在都不確定。瑞秋是家裡第四個女兒，她出生不久後，父親就結紮了，父親常說：「我多生了一個女兒。」瑞秋總覺得自己是多餘的，不受歡迎。如果你根本不該存在，那就更不該蓬勃發展或功成名就了。拖延習性反映出瑞秋覺得自己在這世上沒有立足之地。

❖ 或許我太完美了？

這情況和瑞秋的例子正好相反，有些人擔心，如果他們不拖延，成功會來得太容易，他們會擁有「一切」。由於一切得來容易，他們擔心自己成為眾人嫉妒的目標。

這種拖延者和害怕失敗的拖延者剛好相反。害怕失敗的拖延者覺得：「我**應該**很完美，但我怕自己不夠好。」這種拖延者則是一種「害怕成功」的特殊類型，他們覺得：「我**的確**很完美，但我不該這麼出色，我得掩蓋起來。」

金是一位充滿魅力的女性，丈夫深愛著她，兩個孩子都很優秀，她描述自己的兩難情境：「大家似乎都覺得我擁有一切：婚姻美滿，家庭幸福，金錢無虞，還有很多時間當義工。我感覺得出來很多人嫉妒我，那感覺不太好受。其實，有一件東西是我沒有的，那就是大學文憑，我想回學校拿一個藝術史學位，這樣一來，我就真的覺得自己擁有一切了，但是大家會更嫉妒我，所以缺一點東西我比較安心。」

擔心自己太完美的人就像金一樣，覺得自己需要有個嚴重的缺陷，以免招忌。如此一來，自己和大家一樣，都有缺陷。這個致命的缺陷讓他們放心，知道自己其實沒那麼與眾不同，如此才能獲得大家的認同和關愛。

但是，為什麼他們必須證明自己與人無異呢？畢竟，即使他們覺得自己是完美的，這世上沒人真的完美無缺。為什麼維持完美的假象對這些人來說那麼重要？覺得自己「過於完美」所產生的優越感，其實是為了掩蓋內心深處的自卑感。即使他們以拖延的方式來阻礙自己，以便和眾人「無異」，但是他們其實很需要那種「特別」感，才會對自己感到滿意。他們覺得自己不再拖延後，會變得很特別。只要他們相信他們的缺陷是**出於自己的選擇**，就可以繼續相信自己是完美的。

所以，你可能一直以拖延的方式來逃避成功，因為你抱持上述的恐懼。上述的情況有個共通點：**你覺得自己必須在成功和關愛之間二選一**。如果你成了漠不關心的工作狂，誰還願意和你做朋友？如果你根本不配成功，大家難道不會覺得你自以為是而迴避你嗎？如果你太完美，誰願意與你為伍？如果你預期成功會為你的人際關係帶來問題，你可能不想冒著跟大家疏遠的風險。

為什麼你會有這樣的想法，以為成功會讓你跟大家疏離？或許你的成就干擾了家人平靜的生活，或是你自己這麼覺得。例如，你感覺到，當你稍有成就時，兄弟姊妹會感到嫉妒或遭到冷落，家裡出現失衡，父母甚至感到不安。最後你可能會認定，如果你的成就沒那麼大，對大家來說都是一件好事，大家也比較願意接納你。不管這些觀念是源自於你的親身體驗，還是未經證實的想法，那都會是一股阻礙你成功的強大力量。

當你思考拖延與成功恐懼症之間的關係時，可以試著退後一步，用比較客觀的方式來看自己的情況。提醒自己，你懼怕一件事並不表示那在當下就是真的，也不表示永遠都是真的。如果你可以質疑「大家一看到你成功，就離你而去」這個假設的真實性，你會驚訝地發現，不是每個人都會因為你成功而疏遠你。他們會為你的成功而高興，與你一起慶祝。不過，有些人的確不喜歡你成功，他們甚至可能是你生命中的重要人物。如果是這樣，你必須面對的問題是：你能不顧他們的怨恨或疏離，繼續進步嗎？沒有他們的全力支持，你能堅強地繼續下去嗎？

切記，成功不是一蹴可幾的。當你開始解決導致你拖延的焦慮不安時，你會朝著目標邁進。當你前進時，你對成功的矛盾心態可能再次出現。對原本自我貶抑的心理來說，進步是一種威脅，當你每前進兩步就後退一步時，或是每前進一步就後退兩步時，不要驚訝。當你發現你可以和成功共處，成功不會為你帶來你預想的災難時，你就能順利地向前邁進。

我們知道成功可能對你構成一些威脅，也知道這些威脅可能影響很大。當你的人生改變時，即使是變好，你也會感到惴惴不安，那是一個自然的反應。要達到你想要的成功（無論是重返校園、健身減肥、找新工作、談新戀情或結束舊感情），都免不了要面對改變，改變可能讓你覺得充滿風險。當你改變時，你面對未知的自己、未知的關係、未知的世界。但我們覺得，你承擔風險的能力可能比你自己所想的還好。你**可以**改變，適應新的環境，你可以成功的。

第四章

拖延者③號：反抗權威型——打破規則的叛逆者

你剛創業，正需要招攬多一點客戶，但是你收到一通陌生人的留言，叫你在下午一點回電，你不太想甩他。對方在時間上沒給你選擇的餘地，即使你下午一點有空，你還是拖到下午三點才回他電話。

上個月的電費帳單來了，一如往常，費用比你預期的還高。你對電費不斷上漲感到相當不滿，又想到最近媒體報導電力公司的獲利不少。儘管你帳戶裡有足夠的錢可以支付電費，你就偏偏不肯去繳，直到最後你必須親自去電力公司櫃檯繳費，才能避免被斷電。當你終於繳款時，你覺得這段時間讓電力公司苦等著這筆錢，給你一種滿足感。

你太太叫你做一件家事，催了你二十次，你卻遲遲不動手。你承諾你會做，卻毫無動靜。最後，她覺得你故意和她作對，她終於受不了，對你發飆。你對她的囉唆感到厭煩。

在上述情況下，拖延與阻礙你全力以赴沒什麼關係，你拖延的理由和成敗無關，而是另一種截然不同的恐懼造成的。

用拖延爭取主控權

儘管我們覺得自己對生活擁有一定的掌控權很重要，但學會遵守別人的規則，順應別人的要求，也一樣重要。不過，有些人對掌控權特別敏感，他們可能會反抗每條規則或要求，有些人是以拖延的方式來獲得掌控權。

你在思考自己的拖延問題時，以上情境是否給你一種似曾相識的感覺？你為自己的獨立自主感到自豪，決心不做任何妥協，你想證明沒人可以迫使你違反個人意願，拖延就像在宣告「你不能逼我就範！」一樣。那個留言要你回電的人，自以為你會乖乖地在他指定的時間回電，你偏偏要等你高興時才回他電話。電力公司或許勢力龐大，但是他們也無法逼你準時繳費。你想做的時候自然會去做家事，但不是在你太太叫你做的時候。拖延成了應戰的策略，你是為了掌控權、權勢、尊重、獨立自主而戰。

以拖延的方式應戰，可能是你捍衛自己的反射動作，是自然而然發生的，你可能完全沒有覺察。以拖延獲得掌控權可能是有意的，也可能是無意的，所以你得花點時間想一下，你是否在需要遵守「規定」時故意拖延以對。你是否把停車收費單丟進汽車前方的置物箱不予理會？你是否不管信用卡的繳款期限，等到被扣了滯納金，才感到憤恨不平？至於每年納稅的期限，那就更不用說了，所有拖延者都知道報稅可以延期，你真的有準時繳稅嗎？你在留校察看或工作的試用期，是否表現良好，還是依舊我行我素？

我們也希望你想想，你的拖延對周圍的人有什麼影響，是否給人帶來不便？你趕不上截止期限時，是否央求別人對你特別通融？有沒有人因為你無法及時完成分內工作而受到牽累？有人因為你沒做該做的任務，而必須承擔更多的工作嗎？

再想想別人對你的拖延作何反應，他們對你的耽擱感到不滿嗎？對你的藉口感到不耐嗎？因為你沒信守承諾完成任務而感到不悅嗎？他們最後是否放棄對你施壓，讓你按你的方式做事？你可能在不知不覺中，以拖延的方式來主張個人獨立。你可能比自己所想的還要好戰，拖延就是你爭取掌控權的方式。

我們來看看大家以拖延應戰的幾種方式。

❖ 規則就該打破

有些時候遵守規則的確令人厭煩，你會有一種想要打破規則的衝動。對有些人來說，他們只在少數幾種特定的情況下才有這種感覺。對另一些人來說，他們經常面對想要打破的規則。不管你是偶爾想要反抗規則，還是經常如此，當規則讓你覺得太受拘束時，你可能會覺得綁手綁腳。

一位公關專家回憶他國中和專科時的經歷：「老師出開放式的作業時，例如任寫一篇短文，我都可以按照規定完成，毫無問題。但是老師指定寫什麼時，我會覺得無法表現自我或發揮創意，最後落得遲交作業，寫的內容也和老師指定的不一樣。雖然我常因為沒照指示寫作而拿較低的分數，不知怎的，這讓我有種與眾不同的感覺。」

規則是外力加諸在我們身上的限制或是期待，例如早上該上班的時間、開車不能超過速限、退貨的規定等等。如果你覺得遵守規則讓你顯得無足輕重或與他人無異，你就會想要打破規則。就像一位拖延者說的：「這些適用在凡人身上的規則不適合我。」

規則也可能是源自於生活中重要的人物對你的耳濡目染，這些「生活守則」可能在設立以後，產生長遠的影響力，甚至在毫無實際作用以後，依然影響著你，變成你以拖延反抗的原因。愛德麗描寫她的叛逆經驗：「每次我覺得我該坐下來寫封感謝信或清理廚房時，就會馬上產生一種不想做的感覺。我不希望把生命浪費在瑣事和家務上。小時候我每次打開禮物，我媽都會要求我要寫一封感謝信。每週六早上朋友去踢足球時，我都得花好幾個小時打掃屋子。這是我經常拖延的兩件事，每次拖著不做時，我都很開心，感覺我終於有喘息的空間。」儘管愛德麗目前住的地方離母親有三千里遠，那些規矩還是給她很大的壓力，就像她十幾歲仍住在家裡一樣。拖延增強她的自由感，讓她確信自己不受那些規矩所羈絆。

有時你打破的規則可能是你自己訂的。你可能決定接下來的兩週天天都只攝取一千兩百卡路里，但你遲遲不上超市採購你需要的食材。如果你真的在廚房裡擺了蔬菜和低脂美乃滋，你也不去動它們。你可能會偷吃一塊零食（假裝沒注意？），讓自己覺得不是那麼受到拘束。儘管節食規則是你自訂的，最後感覺卻像你必須反抗才能掙脫的外力。當你為了自己好，決定完成一項任務，卻和內心的渴望背道而馳時，當「希望」變成「應該」的時候，它就變成一股外在的力量，你完全忘了當初是你自己做的決定。

❖ 弱勢者想增權

在有正式的權力等級、你又不在高位的地方，也會出現拖延應戰的現象。光是有人威權比你大，這點就足以讓你覺得渺小無助。在高度集權的公司、學術界和家庭中，這種情況很常見，下屬為了讓自己覺得更有掌控權，會以拖延的方式因應上級。

即使你幫朋友做事都很準時，但你可能會遲交報告，或遲遲不幫老師或老闆準備簡報。當你拖延時，如果你擔心自己的報告或簡報做得不夠好，或是和別人相比，你的拖延可能是因為擔心外界對你的評價，而不是怕輸。但是，如果你發現自己一直想著：「這任務真荒謬，我不該做這種事。」或是「我為什麼非得照她的意思做？」，你可能是為了權力而戰。在這種情況下，拖延變成權力平衡的工具。你的上司似乎拿你沒轍，因為他不能逼你準時完成。你覺得這樣比較有掌控感，因為你是**照著自己的意思**（也就是拖延）在做事。

❖ 少煩我

有時拖延者可能不覺得自己受到規則的侷限或他人權力的壓迫，而是覺得不堪外界的騷擾，拖延成了他們抵制騷擾的方式。你可能覺得有人侵犯你的私領地，例如一位婦女對鄰居一直追問她某道家常菜的祕方，覺得不勝其擾。「她根本沒資格要我的食譜！她明知那是祕密。」這婦女沒回絕對方的請求，反而答應對方，只是一直「忘記」把祕方寫下來。「我拖了三個多月，最後鄰居終於放棄了，也不再問起這件事。她不再來煩我，真是讓我如釋重負！」如果你不知道該如何拒絕，即使那要求很簡單，你也可能會覺得那是一種干擾，拖延可能是你向對方說「不」的唯一方式。

有些人會覺得某些事情對他們的時間和精力來說是一種不必要的負擔。試想，你年初收到稅單時的感受。一位拖延者說：「那些稅單一來，就好像占滿了整間屋子的感覺，所以我把它們收進抽屜裡，忘了那檔事，繼續過日子——至少可以再悠閒一陣子。」

有時就連你自己要求的東西，感覺也像是一種干擾。一名年輕人拖了幾個月後，終於上網為他的汽車刊登銷售廣告。廣告才打出去一天，他就收到三十則回應，但他連一則都沒回。「實在太多了！這些人都等著我回應，我很想叫他們走開，讓我清靜點。當然，這樣說很荒謬，因為廣告是我自己登的。但是有人回應時，我卻覺得自己被侵犯了，所以乾脆相應不理。」

❖跟時間賽跑

拖延幫人迴避外在的侵犯，提供安全感；相反的，拖延有時也讓人享受冒險刺激的感覺。喜歡冒險的人會說，處於「危機邊緣」的感覺很刺激。當他們把事情推向極限，再以勝利之姿完成時，會讓他們興高采烈。他們追求刺激的方式有很多種，例如賽車、買賣股票、攀岩、加入新興企業，或者投入賭博和危險性行為之類的高風險行為。他們尋找刺激的方式是先自找風險，再運用智慧和技巧脫險。由於這是以自己的工作、安全和生命為賭注，你必須相當機靈，隨時保持警戒狀態。

有些拖延者把事情拖到最後一刻才做，也有同樣的冒險感。他們把情況弄到極端，賭上自己的生活和前途，就像一位拖延者所說的：「那就好像在狹長的懸崖邊行走一樣，你想看看自己可以貼近懸崖多近，還不至於跌落谷底，你永遠不知道這次自己是否能安然過關。」教授最多可以忍受你遲交作業多久，才會把你當掉？你要拖延客戶的案子多久，才會被解僱或遭到控訴？你的另一半能忍受你到什麼程度，才會憤而出走？拖延者要拖到不能再拖了，才肯開始行動。如果他們運氣夠好，就能倖存下來，為自己逃過一劫而欣喜若狂。

❖報復的滋味

拖延也可以給人報復的快感。如果你覺得受到某人的傷害、欺負、貶抑或背叛，可能會用拖延的方式展開報復。或許同事批評你的工作，另一半對你不夠關心，老闆在沒事先告知下就更改規定，拖延就成了你讓對方感到痛苦或煩惱的手段。

例如，老闆要你交一份銷售季報，因為他和總裁開會前需要先做準備。你拖著不交報告，他在他老闆面前就會很難看，你則是暗自竊喜。又或者，你覺得老師沒花很多時間備課，所以你上課不太認真，後來你期末考沒去，但你想辦法說服老師讓你補考，這下她得為你一人出一張考卷，還必須挪出時間監考。

❖反抗現實

在各種拖延應戰的情況中，以對抗現實的問題最大。有些人就是不願面對現實，受不了限制，受不了無法掌控他人的感覺，受不了沒人來救援。有時我們會自己構想事情該有的樣子，活在自己的想像中，彷彿那才是現實。琳賽是個電腦工程師，她每份工作老是做不久，常遲到早退，常問同事和老闆很多問題，而不是自己去找答案。她找到臨時工作時，總是以為自己可以一直待在那家公司裡，不需要努力證明自己的能力。最近，琳賽應徵一份電腦工程師的工作，但她不懂那份工作要求必備的電腦語言，她覺得公司應該會從工作中培訓她。她覺得自己很聰明又學得很快，平常不需要花時間和金錢上課來提升自己的電腦技巧。她花起錢來彷彿工作已有著落，而不是靠失業救濟金生活。她的字典裡沒有「預算」兩字，她常說：「在我找到下個工作以前，能借我一點錢嗎？」大家常叫琳賽要「面對現實」，她回應：「我討厭現實。」她堅信自己對現實的想像，該做的事情都拖著不做。有些人就是無法面對現實，拖延是他們反抗現實的方式。

拖延是一種獨立宣言

由此可見，拖延通常是一種獨立宣言，有些人以拖延的方式來主張：「我是個獨立的個體，可以按自己選擇的方式行事，不需要按照你的規定或要求來做。」以拖延來抵抗他人控制的人，可能是想保有獨立感，確定自己是按照個人想要的方式生活。

有些拖延者是以個人成敗的經驗來衡量自我價值，上述的拖延者則是以獨立自主的程度來衡量自我價值。我們在失敗恐懼症那一章提到的「自我價值等式」也適用於此，不過需要經過一些修改。拖延者仍是以「表現」來衡量自我價值，不過這裡要換成「不表現」，亦即「拖延」，他們是以拖延的方式提升自我價值。「不做」是展現拖延者有能力不為，而不是迴避測試，這裡的區別在於對「能力」的定義。對害怕被人評斷的人來說，「能力」是指他們能把某項任務做得多好。對害怕應戰失敗的人來說，「能力」是指他們多會抵抗控制，以及多會抵抗想要限制他們獨立自主性的意圖。

自我價值＝能力（獨立自主，反對受控）
＝表現（以拖延方式，照我的意思來做）

當我們了解拖延不光是爭奪掌控權，也是為了自我價值和自尊而戰時，我們就會知道為什麼輸了這場戰爭會衍生那麼強烈的恐懼，為什麼這些拖延者會那麼執意拒絕改變。如果你的自我價值是看你多會抗拒他人的影響力，你每次和人交手時都會覺得如臨大敵。一次小小的挫敗可能會讓你覺得自己做了妥協，你開始質疑自己是不是獨立自主的個體，生活因此變成了戰場，你開始反抗每條規則，大大小小的事情都吵，要求別人給你特殊待遇。你腦中可能一直在評估，誰比較強勢，誰居於主導地位，誰占上風。你隨時準備好反抗權威，主張自己的影響力。

山姆是一位會計師，也是嚴重的拖延者，他就是一個典型的例子。他生活中最在意的事，就是要確定自己不受任何人的操控。他表示：「我只做我自己，我知道早上八點該上班，或是必須在某個日期以前為客戶準備好查帳報告。但是那是我『該做的』，我討厭那個詞。如果我照著做，我會覺得自己很軟弱，所以我不照著做，或是拖到後來才做。這樣一來，我可以讓他們知道是誰在作主——**是我！**」山姆不僅拖延職責，也抵抗任何人提出的小要求或期許。如果太太叫他回家的路上順便做一件差事，他一定會「忘記」。他把稅單、帳單、催繳通知都當成煩人的瑣事。他說他才不要讓這些雞毛蒜皮的小事主宰自己的生活，一定要等自己甘願時才去繳賬單（通常半年才發生一次）。山姆甚至還會跟自己過不去，有一次油箱表顯示車子快沒油了，他又不願特地開車去加油，因為這會讓他覺得自己為了小事而屈服，最後他落得在高速公路上沒油可用的下場。

有些拖延者為了在這種戰爭中獲勝，甚至不惜付出很高的代價。為了擁有個人掌控感，覺得自己是生活的主人，他們可能覺得犧牲一些重要的東西是必要付出的代價。潔西卡有糖尿病，體重超重，不能吃巧克力又非得去散步的感覺讓她很受不了，所以即使她知道不運動和減肥是拿自己的健康開玩笑，她還是依然故我。

你覺得上述例子聽起來都和你沒什麼關係嗎？在你做出那結論以前，我們先來看另一個拖延者的故事。寇特妮也沒想到自己是陷在爭取獨立自主的戰爭中，而且愈陷愈深，危及她的生活。

寇特妮三十四歲，相當聰明，目前在百貨公司擔任店員。她的兒時生活全由母親打理，在校成績優異，母親總是以她為傲，常在人前吹噓，彷彿那全是她自己的功勞。寇特妮的父親是知名律師，覺得她的好成績可以讓她申請進入法學院就讀，將來她可以到他的事務所上班。寇特妮離家去念大學時，覺得自己終於自由了。她參加很多社交活動，不太念書，最後因為成績不好而退學。「當時我也搞不清楚原因是什麼，我明明很多課程還上得滿愉快的，尤其是科學。我甚至想過讀醫學院，成為小兒科醫生。我知道我有能力做到，但內心似乎有一部分的自己想要摧毀那種可能性。」

多年後，寇特妮才意識到她在校的拖延是在反抗父母的控制。她成長的過程中，一直覺得沒有自我，母親幫她安排好一切的活動，父親決定了她的未來。「我不想讓他們稱心如意，不想讓我自己變成他們想要的那樣。可悲的是，其實我真的想把書念好，充分發揮潛力。但是當時我覺得自己不可能表現優異，同時還保有自尊。如果我對自己的獨立自主更有信心，就沒必要用那麼辛苦的方式去證明了。我真希望當時我就明白，在校表現優異並不表示父母在掌控我。」

寇特妮為了證明她可以反抗父母掌控她的人生，或是把她的成功都當成他們的功勞，因此以拖延的方式，放棄成為專業人士的可能。但是寇特妮的行為並不是真的獨立，因為她的選擇是基於對父母的反抗：她雖然沒照著父母的意思去做，她也沒照著自己想要的方式去做。多年後，寇特妮對於她想證明「自己是獨立個體」這個近乎強迫的念頭感到懊悔不已，現在三十五歲的她重新展開新生活，但心中仍有很多遺憾。

祕密對抗

當獨立自主的需要變成人生中的主要課題時，決策和承諾的過程會變得非常困難。投入一段感情、集中心力寫作或執行一項商業決策，等於大家知道你的興趣和偏好所在。一旦你做出那樣的決定，你就失去了完全掌控權。對於在爭戰並害怕吞敗的拖延者來說，讓大家知道自己的希望、想法或感受，會讓他們感到脆弱。他們在意的不是外界知道自己的想法後，會認定他們欠缺能力或太成功，而是權力不在，缺點會遭到大家無情的檢視。祕密反抗似乎是比較安全的做法。

傑洛米無論是約會或是選擇職業，都遲遲無法決定，他如此描述自己的經驗：「我把人生視為一場牌局，我想在出牌前，先搞清楚別人手裡握有什麼牌。在我搞清楚以前，我把自己的牌緊貼在胸前，不透露一點資訊。所以，在女性表明她真的對我有興趣以前，我不會約她出去。我也不會主動提出調職要求，我不想讓人知道我真正感興趣的是什麼部門。我遲遲不做決定，是因為我一旦做出選擇。別人就知道我的立場，有人會因此占便宜。」

拖延決策和承諾可能是保護自己的間接方式，因為別人不確定你的立場，也就無法限制你。但是，一旦你做出決定或承諾，你可能開始覺得自己無法掙脫或暴露在眾目睽睽下。你的安全感原本是源自於不可知和讓人捉摸不定，這些因素頓時消失了。你唯一保護自己的方式，似乎是避免做出任何承諾，不分承諾大小。這麼一來，你發現別人有掌控你的意圖時，就可以轉移目標，你隨時都有開溜的方式。

避免公開對抗的拖延者不想讓人知道他們是為獨立自主的權力而戰，因為公然對抗後，就暴露了自己的弱點，增加吞敗的機率。而且祕密反抗時，對手**不知道**你在抗爭，也就不太可能花心思對付你，你獲勝的機率較高。

此外，祕密對抗讓你表面上看起來很合作，可以維持「好人」的形象。實際上，別人可能完全拿你沒轍，當你是祕密反抗時，他們也無法抓到證據，說你的不是。以湯姆為例，無論是訂購工作上需要的物品，還是幫女友辦點事情，他總是拖拖拉拉，因為他要做的事情也很多，他對於自己的拖延總是能提出合理的藉口。他的行事曆裡事情排得很滿，的確無法盡早完成任務。他誠心為自己的拖延道歉，接著又大方表示一定會彌補對方的損失，所以多數人隱忍不發，即使深感不便，仍和他維持良好的關係。最後，湯姆的拖延習慣愈來愈嚴重，持續拖累別人，又不願承認。

當你間接反抗時，即使有人**真的**質疑你，說你讓他們很難做事或你不懷好心，你還是可以否認。畢竟，你並沒有做出太過分的事，只是耽擱了而已。你還是可以搬出拖延這個老理由，說自己太沒條理，跟不上進度，所以無法如期完成一切。如此一來，你不僅可以暗藏真實的感受，也可以聲稱你無法掌控自己的行為。如果你能準時，你一定會準時，但是拖延的毛病總是出來壞事，那不是你的錯！是拖延那個毛病害的！你讓大家知道你的拖延習性，但不讓大家知道你在祕密反抗。

拖延的間接性也可以避免你發怒，以拖延的方式間接表達怒氣是控制情緒的一種方式。或許你逐漸覺得情緒都應該隱藏起來，展現惱火或憤怒會讓人看穿你，這樣一來他們就可以左右你的情緒，下次就知道如何擺佈你了。

防衛的哲學

不論拖延是用來應付小衝突，還是用來對人全面開火，這些只關心勝負的人，似乎對這世界以及他們對這世界的影響力有幾個基本的假設。

❖世界不可預知

對嚴陣以待的拖延者來說，到處潛藏著不確定性。人與人之間的關係不可信賴，你永遠不知道某人會鼓勵、支持你，還是想掌控、操縱你。與其相信最好的結果，不如做最壞的打算，比較有安全感。既然你不確定別人會幫你還是害你，這世界不僅無法預知，也很危險。難怪你覺得你需要掩蓋弱點，絕不透露自己的不安和依賴。

❖別人強勢，我必弱勢

以拖延應戰的人在面對強勢者時，常充滿無力感，對方可能有很多實權（例如你的老闆或教授），或擁有很多個人的力量（例如專橫的配偶或頑固的朋友）。但是如果你把他人的力量自動解釋為自己的軟弱，你是在自己的腦中誇大對方的力量。你覺得對方掌控你的生活，指示你該做什麼及何時去做。決策似乎完全不問你的看法，規則也全由對方作主，你的意見無足輕重。對手的權勢似乎太強大，不必在乎軟弱渺小的你。你覺得無法與之抗衡，只好訴諸拖延來平衡權力。對方頂多只能要求你積極履行職責、完成任務，你不做就好像收回了部分的權力。這種權力平衡的改變讓你確信，別人無法忽視你的存在，你可以站穩陣腳。

❖合作等於投降

對有些人來說，光是想到合作，就覺得是在委屈自己，擔心自己可能就此放棄權力。配合別人的規矩或答應別人的要求，讓你有投降的感覺。你可能不會覺得你答應配合是因為你也想合作，或是為了達成你追求的目標所必需的，你覺得合作是逼不得已的妥協。

❖阻礙對方比得到我想要的還要重要

阻礙對手可能變成你的主要考量，重要性超越其他的一切，包括獲得你自己想要的東西（還記得寇特妮和她父母的例子嗎？）。這就好像在說：「你要我做，我就偏不做，即使這是我想做的事情。」你覺得讓人無法稱心如意，比完成對自己意義重大的事情，更大快人心。事實上，有些拖延者竭盡心力阻礙他人，甚至不知道自己想要什麼。他們只知道自己不想做別人叫他們做的事情！諷刺的是，當你以拖延的方式告訴對方：「去死吧！」，真正遭殃的是你自己。

掙扎的根源

或許你記得一些成長的歷程，可以幫你了解你為何會一開始就把這世界視為戰場，為什麼會把別人當成可能掌控或奪走你權力的對手。很多拖延者之所以對於自己受到控制很敏感，是因為他們的成長過程中不鼓勵他們掌控自己的生活，他們可能從小就受到嚴格的管束，父母親過度訓練他們的個人習慣，外人的強烈期許讓他們深覺受擾，不斷的批評讓他們失去自信，太多的限制壓抑了他們的自動自發和創意，這一切都阻礙他們獨立自主。很多反抗是發生在有記憶以前，當時他們就開始為餵食的東西、睡眠和獨立而不斷抗爭。

孩子先天想要獨立自主，家長則是希望孩子配合他們的期許，要拿捏這兩者之間的平衡，以培養孩子自我表達的能力，同時給予孩子指引和限制，是一件難事。有些父母眼看著孩子逐漸獨立自立，卻高興不起來，尤其對有分離焦慮症或控制欲很強的父母來說更是如此。

家長從日常生活的種種細節中過度管束孩子，不鼓勵孩子獨立自主，甚至加以嘲諷。每個小細節或許微不足道，但是經年累月一再發生時，就會產生很大的影響。對個人獨立缺乏自信的孩子，無法培養出健全的自我，他會開始覺得想要獨立是一種要不得的想法。漸漸的，他會覺得想要獨立的念頭不會獲得鼓勵和支持，而是會遭到壓抑。對這種孩子來說，生存下來的一種方式就是反抗，以拖延來保護自己。

一旦你發現拖延是因為你對於自己受人控制過於敏感時，你可以把反抗的情緒當成警訊。當你出現反抗的衝動時，可以自問：「我是在回應什麼？」有時候你的反抗是合情合理的：的確有人想控制你，約束你的個人行為，或是利用你。但有些時候，你的反抗其實是因應你的恐懼，而非現實。別人的要求不見得是想控制你，規則不見得是無法擺脫的枷鎖，合作可能是一件樂事也說不定。

如果你遇到爭戰就想反抗，你不是真的自由或擁有權力。真正的自由是，你可以**選擇**你要應付哪些爭戰，哪些不做回應，這樣才是真正握有權力，真正的做自己。

第五章

拖延者④號：害怕分離型
拖延者⑤號：害怕親近型

——賴在舒適圈裡的黏人精和隱匿者

拖延除了可以保護人免受評斷，讓人祕密反抗之外，也能調整人際關係的親疏，維持個人覺得最安全、自在的人際關係。

我們應該和別人維持多深入的人際關係？我們都必須決定自己想維持多少人脈、人際關係的親疏、人際互動時間的多寡、需要多少獨處的時間。有些人的生活是看他們是否獲得肯定或多麼需要獨立自主而定，有些人的生活則視他們需要的人際親疏「舒適圈」而定。離開舒適圈（跟別人太親近或太疏遠），會讓他們感到很不自在，他們會竭盡所能地回到舒適圈，拖延是他們在人際關係中用來回歸平衡的方法。

分離焦慮：拒絕獨行

當我們說人際接觸讓人更有安全感時，我們通常是指多數人都有的一些偏好（例如多數人喜歡和人維持親近的關係，喜歡他人的陪伴、支持和關愛）。不過，這裡我們要談的是一種源自焦慮的需求，亦即覺得沒有安全感，無法獨自生存下來的恐懼。你不只希望有人陪在你周遭，還希望自己成為對方的一部分，對方也成為你的一部分，你才感到滿足。當我們覺得自己無法獨自處理事情時，就很難投入需要獨立運作的事情。我們來看有些人在不確定自己能否獨自應付時，便以拖延來因應的幾種方法。

❖ 需要幫助

當我們不確定自己的想法是否可行，或無法自己想出點子時，就會依賴別人的想法。這裡不是指和人做腦力激盪或請別人對你的想法提出意見，而是把別人的觀念或架構當成自己的來用。

例如，很多大學生花好幾週的時間為期末報告收集資料，卻遲遲不動筆，因為他們無法提出自己的觀點。他們知道如何參考外部資訊，但是努力自己歸納想法時，卻想不出東西。有些大學生在高中時代常有父母從旁協助，幫他們規畫時間，監督他們的作業。姬兒出身教育程度良好的韓國家庭，家人對教育非常重視。她上中學時，父母規定她在家念書的時間，不鼓勵她參加課外活動，密切監督她的社交生活。上大學後，姬兒必須完全靠自己，她覺得自己無法獨自運作，又不好意思尋求幫忙。疑惑和孤立導致她開始拖延，成績一落千丈，這完全不是她樂見的結果。

有時我們可能覺得身邊要有一個人陪伴才能行動，擔心沒夥伴時，自己動不起來。辛西雅說明這種依賴感對她的影響：「在團隊中，我充滿創意點子和活力，可以把事情做好。但是獨自一人坐在桌邊時，我的腦袋一片空白，開始上網亂逛。我需要有人為我引爆創意火花，因為獨自一人時，我毫無想法。」

❖ 努力當第二

有些人覺得退居次位的感覺比較自在，他們想找的是領導者、導師、啦啦隊長，讓他們感到安心的人。他們避免做可能讓他們晉升到第一位的事情，因為他們覺得領頭的位置太疏離孤單了。

例如，很多研究所的學生延遲口試或無法順利完成論文，因為他們不想放棄大學的保護或離開老師。他們對於自己能否在「現實」世界中功成名就毫無信心，研究所對他們來說是最後一個獲得指導的機會。

有些人可能也捨不得離開職場上第一個帶他們入行的老闆，或是離開第一段認真投入的感情，因為他們對於獨自生活沒有自信。當一段關係已經失去保護、支持、指導或呵護的價值時，如果依然留戀不捨，更令人感到悲哀。儘管繼續維持關係有害無益，但是他們寧可和人在一起，也不想獨自一人。害怕分離阻礙他們採取可能對自己最有利的行動。

❖ 緊急狀況

有些拖延者以拖延的方式把洞挖得更深，希望有人來拯救他們脫離苦海。他們把情況拖到很緊急，讓自己陷入絕境，以便尋求協助。拖延者的終極自救法，就是找人來幫他做。你是否也有過這樣的希望：只要你等得夠久，把麻煩鬧得夠大，總會有人神奇地出現在你面前，替你解危？有時這種事的確發生了！一名高中生遲遲不寫畢業論文，拖到最後都快畢不了業了。到了最後一刻，父親終於幫他寫好大部分的論文。兒子覺得這是父親愛子心切的表現。這個兒子上了大學以後，持續以電子郵件把作業寄給父親，請求父親幫忙。這是他們父子之間的特殊交流，但也導致兒子更加擔心自己無法獨立思考。

我們認識一位離婚的女士，她對任何財務議題都是以拖字訣因應，從繳帳單、存錢到納稅都是如此。她後來才發現，她一直期待生命中的男人能幫她處理這些財務問題。自己處理財務，就表示她必須依靠自己，沒人照顧她，這讓她開始擔心或許以後再也沒有人會照顧她了。如果她不自己處理這些財務問題，一定會有人手裡拿著計算機，突然出現在她身邊，幫她處理這些事情，她就不必自己動手了。

偶爾，你可能真的會找到人來救你，但是那通常必須付出高昂的代價。雖然獲得幫助或獲救的感覺令人欣喜，你卻將永遠不知道自己能做什麼。

❖ 回到過去的情境

不管你是以拖延來應付什麼，它讓你維持熟悉的型態，恢復與他人的關係，緩和孤獨感。這種拖延模式，讓你的過去持續存留在現實生活中。

丹是設備維修員，常和上司馬蒂爭吵。馬蒂抱怨丹不在指定的時間抵達客戶所在地進行維修，在替換零件用完以前，也不提出申請，總是遲交每週工時表，影響會計和薪資部門的結帳。馬蒂自己不知道他在丹的生活中扮演了丹所熟悉的角色，有人對丹發火時，丹早就習以為常。他母親以前就常罵他，例如他太晚回家吃飯，害全家人枯等他到齊才開飯，或是放著髒衣服不洗，直到沒半件乾淨的內衣才想洗。所以，丹聽到上司大吼「給我聽好，公司不是繞著你一人運轉的」時，那語調對他來說相當熟悉，他母親也常對他大吼：「這個家不是只有你一個人！」只要目前生活中的人能勾起你的回憶，你其實並未真正脫離過去的關係。

❖常在左右的夥伴

當你陷入拖延的痛苦，面對未完成的任務、懸而未決的議題、未繳的帳單時，不論你到哪裡，可能都背著拖延的負擔。即使你可以暫時解脫，只要你想到還有責任未了，那種暫時解脫的自由感馬上消失殆盡。

儘管拖延是持續存在的負擔，卻也可能是生活中常在左右的夥伴，提醒你所有該做的事情。因為這樣一來，你就不會感到孤獨或遭到遺忘，因為你腦中一直有未完成又放不下的代辦清單。儘管這些包袱可能讓你感到苦惱，但是當你拖延時，就永遠不需要對任何事情「道別」。

當然，比起永無止境的職責，應該還有更好的夥伴可以陪你：養隻狗，交個朋友，寫寫日記。拖延實在是很糟糕的夥伴，它雖然對你不離不棄，但也是個麻煩精。

害怕親近：太親近讓人不自在

有分離焦慮的人會以拉近關係的方式，來獲得強大的安全感；相反的，害怕親近的人則以保持距離的方式，來讓自己更加自在。他們一發現有人可能逼近、壓迫、催促或要求他們時，就馬上提高警覺，依賴自己的雷達系統，持續掃描周遭是否有被侵犯的跡象。雷達上一出現可疑人物，他們就開始焦躁不安，迅速撤退，拖延是他們逃離的方法。

❖得寸進尺

有些人認為人際關係相當耗神，擔心別人永不滿足，會要求愈來愈多，直到把他們榨乾為止。瓦利是汽車技工，他知道這份工作不適合他，卻遲遲不找新的工作。「你和很多人共事時，他們會開始對你有所期待。他們會想要認識你，了解你的生活，下班後約你出去。如果我在那種地方工作，我會一直覺得很煩。這裡的人都知道不要理我最好，所以我還算喜歡這裡。」

當然，有時候瓦利會感到孤單，希望做他真正喜歡的工作，但是一想到他必須「訓練」新同事和他保持距離，他就打退堂鼓了，所以他持續待在這個熟悉但有點孤單的環境裡。每次他想邀朋友來家裡坐坐，也有同樣的顧慮：「如果我邀人來家裡喝一杯，他可能會待很晚，我又不好意思趕人。」由於瓦利無法明確說出自己容忍的極限，每次有人不小心踩入他的禁區時，他常感到很不滿。

❖我的都是你的，那我還剩什麼？

如果你不再拖延，真的完成某件事，這成就都是你的功勞嗎？那可不一定。有些拖延者覺得他們辛苦努力後，別人會來搶功。我們都知道，有些人專做這種事。在派對上，你可能會聽到有人講你說過的笑話，把那笑話當成自己原創的一樣。你的上司可能常把下屬的創意據為己有，直接把那些想法當成自己的，拿去向上級報告。對有些人來說，被人搶走自己應得的榮譽是件很痛苦的事，他們寧可拖著不把事情做完，也不願給別人剽竊自己的機會。由於他們的自我意識和個人成就緊密相連，功勞被搶就像身分被剝奪了一樣。

拖延可以用於自保，避免個人的利益遭人盜取。安娜一直無法選定志向，以下她說明為何自己遲遲無法透露她對什麼感興趣。她記得有一次對家人說她想上鋼琴課，結果家人不僅幫她報名了鋼琴班，也報名了即興演奏班和作曲班。音樂書籍、古典CD和知名鋼琴家的海報如潮水般湧來，「我只是想學鋼琴，希望能彈得像朋友一樣而已，但是我突然間捲入和我無關的音樂漩渦中。我的想法不知怎的激發了我母親的想像力，她馬上投入，負責打理一切。這件事給了我一個啟示：我想要任何東西時，最好別讓人知道。」

一些拖延者就像安娜一樣，後來變得很保護自己的利益和成就，以免失去自己想要的東西。如果你擔心這個充滿掠奪者的世界在得知你的利益後，會侵占你的利益，你可能這輩子都和真正的渴望絕緣。

❖ 不想重蹈覆轍

有些人遲遲不肯投入新的關係，是因為不想再冒險重蹈覆轍。如果你曾經無助地站在一旁看著父母互相批評、遺棄、冷落或傷害，你可能覺得和某人定下來是在自尋煩惱。或許你已經談了很多次傷心的戀情，讓你傷痕累累，所以你遲遲不再約會，也不改善自己的容貌，避免認識新朋友，迴避可能拉近關係的活動。拖延就像你的盟友一樣，保護你不再受傷。

❖ 不想被人窺見內在的黑暗面

有些人擔心，自己在親密關係的壓力下會變成另一個人，像歌舞劇裡的「變身怪醫」一樣，在善良的外表下，潛藏著邪惡的人格。你可能會透露出本性的黑暗面，那是貼近你的人才會看到的。或許在親近的關係中，你會以苛求自己的方式來要求和評斷別人。你可能會擔心過於親近會釋出你內心那頭充滿破壞力的怪物，你覺得別人很難接受你醜陋的一面。真的有人在知道你長期的日常表現後，還會想要跟你在一起嗎？只要你避免和人培養親近的關係，你永遠不必擔心這個問題。

❖ 不去愛總比失去好

那些逃避親近關係的人，可能會刻意不讓自己知道自己有多麼渴望親近。如果他們讓自己培養一段親近的關係，或許會發現他們其實很需要情感的慰藉，可能因此打開潘朵拉的盒子，從中發現自己對親密情感有強烈的渴望，難以抵擋，無法滿足。

他們內心深處企盼一段完美的關係，期待對方無條件接受他每一面。但是他們又懷疑這不可能是真的，全面包容的愛不可能出現在任何人際關係中。所以，他們寧願完全迴避，也不想面對「這世上沒有十全十美的關係」的真相。最好一開始就不要掀開潘朵拉的盒子，拖延是他們達到這目標的策略。

無論你的焦慮是源自於害怕分離，還是害怕親近，拖延可能是你讓自己留在舒適圈的方式。但是以推遲和拖延的方式求得內心的自在，並未解決如何經營人際關係的根本問題。任何人際關係都有分界和親疏的議題需要處理，你可以把這些議題當成自我成長的機會。對個體和伴侶來說，解決彼此的分歧都是一種學習和拓展自我的方式。拖延或許可以讓你和他人之間保持你需要的自在距離，但也會阻礙你的成長。

你會發現，在人際關係中要做到既依賴又獨立是可能的，其實兩者兼顧相當重要。良好的人際關係之所以令人放心，是因為它提供一個可靠安全的地方，令人覺得身處其中相當自在。它讓人感到充實，因為它允許也鼓勵雙方以獨立的個體發展和成長，良好的人際關係需要在依賴和獨立之間取得平衡。

第六章

你知道現在幾點嗎？

「現在幾點？」
「今天是最後期限?!」
「我只是晚了十五分鐘，你何必那麼生氣？」
「我不想浪費生命——我真正的人生還沒開始。」

聽起來很耳熟嗎？我們描述的那些恐懼都和拖延者的時間觀念密切相關。很多拖延者活在自己的時間裡，他們的時間觀念通常和「鐘錶時間」不同步。在第十三章中，我們會討論一些幫你改善時間觀念的方法。這裡，我們想探討的是心理時間，這樣一來，你就能更了解你的時間觀念，以及它對你拖延習性的影響。

表面上，時間是我們一致認同的東西。現在是三點鐘，五分鐘前是兩點五十五分，五分鐘後是三點零五分，這不是顯而易見嗎？那可不一定。

客觀時間和主觀時間

哲學家和科學家對時間的本質向來無法達成共識。亞里斯多德是採用「森林倒樹疑問法」（譯按：亦即「「如果大樹在無人的森林裡倒下，它會發出倒下的聲響嗎？」」旨在探究現實與存在。），他對時間也提出類似的質疑：如果沒人衡量時間，時間還存在嗎？牛頓認為時間是絕對的，不管有沒有人注意，時間始終都在。康德指出，雖然我們無法直接察覺時間，但我們的確在體驗時間。愛因斯坦認為，過去、現在和未來全都是幻覺。拖延者大多希望時間是幻覺，因為導致最後期限日益逼近的就是時間。然而，不管時間是不是幻覺，不管我們喜不喜歡，它終究在流逝。

古希臘人認為時間有兩方面：鐘錶時間（chronos）和重要時刻（kairos，亦即鐘錶時間之外，有意義的重要時間）。現代人也對時間做類似的區分。「客觀時間」是由鐘錶和日曆來衡量，不可更改，可以預知。例如我們都知道每年都有四月十五日；電影在七點十五分開場，開演時間沒到場，就會錯過片頭；每個生日讓我們離生命的起點又遠了一年，離終點又近了一年。

相反的，我們對時間的流逝各有不同的感受，那是無法量化，也沒有共識的，那就是所謂的「主觀時間」，是我們對非鐘錶時間的體驗。有時我們覺得時間飛逝，有時我們又覺得時間慢得難以忍受。當你做喜歡的事情時，無論是上網、改裝愛車或賴床，時間快到難以置信。但是當你焦急地等候回電，或是做你討厭的任務時，你覺得度日如年。

對時間有獨特的主觀感受，會讓你覺得自己是獨一無二的個體，你會重視自己的生理時鐘和獨特的生物節律，覺得自己在芸芸眾生中是特別的。主觀時間可以幫你擺脫以小時與年分來計算的線性時間觀，轉而依循自然界季節週期的律動。在不受鐘錶時間的束縛下，你在主觀時間的彈性中，可以更自在地呼吸。

主觀時間的另一種變體是**「事件時間」**，這是指你對某事件的發生所產生的時間感。有時這些事件是發生在大自然中，例如季節、潮汐、洪水或風暴（例如，颶風前vs.颶風後）。當你想著「寫完這份備忘錄後，我要去開個會」、「我把房子打掃乾淨後就立刻去機場」或「吃飽後我就開始念書」時，你就是使用事件時間。

對每個人來說，挑戰在於讓個人的主觀時間及事件時間和勢不可當的鐘錶時間相互呼應。幸運的話，我們可以在它們之間不著痕跡地穿梭。我們可以沉浸在某件事中，知道自己何時該離開，準時動身前往，不會覺得自己失去誠信。又或者，我們眼看長期專案的截止日期仍遠，感受不到迫切的壓力，毫無真實感，但我們依然開始動手。

互相理解主觀時間的差異，尋求折衷點

很多拖延者的主觀時間和客觀時間有嚴重的矛盾，他們不願或無法發現自己的時間觀念與鐘錶時間有很大的差異。他們無法在主觀和客觀的時間之間輕易流暢地穿梭，而是在裡頭掙扎。有些人把鐘錶時間視為無關緊要，覺得那是為普通人訂的。有些人始終搞不清楚時間，他們看得懂鐘錶時間，但突然間才警覺到時間不夠，亂了陣腳，卻不會記取教訓，同樣的情況在他們的身上一再地重演。我們對時間的主觀感受似乎是個人組成一大要件，以至於我們沒想到這其實是一種個人觀點，是根源於文化和家庭環境、生理遺傳和個人心理。

對時間的看法的確是因人而異。事實上，你對時間的主觀感受可能別人無法理解，甚至令人氣惱，別人對時間的觀感可能和你的全然不同。妻子可能質問丈夫：「為什麼你去看壘球賽時都

很準時，去看歌劇都遲到？」丈夫可能會回應：「你在開幕前二十分鐘進入劇場，覺得我遲到了，但我坐下來時，序幕正好開始！」一名拖延者在報稅截止日晚上才衝到郵局寄報稅單，有人問他為什麼那麼晚才寄，他說：「距離午夜還有五分鐘，我又沒遲寄！」

當兩人對時間和準時有不同的看法時，一起安排計畫可能會讓兩人都抓狂。一位建築師說：「我答應九點出發，是指九點多（也就是九點半以前），我太太和我一起生活那麼多年了，她應該已經知道這點才對。」他太太從八點四十五分開始不耐地盯著時鐘，等到九點零五分已經氣炸了。萊諾拉是在夏威夷長大的，夏威夷人愛開玩笑說他們過的是夏威夷時間，不過即使在那裡，大家私下都有的共識是：即使遲到屢見不鮮，有時候迅速也很重要。顯然，「準時」和「遲到」是一種各自表述。

希望別人接受你的主觀時間，你肯定會失望，因為每個人對鐘錶時間的看法各不相同。或許你應該追求的目標是，相互理解主觀時間的差異，在兩者之間尋求折衷點。

時鐘基因

每個人的主觀時間各不相同，因為很多因素影響我們的時間觀感。大腦的生理設計會影響我們對時間的認知和處理。科學家發現有一種「時鐘基因」（clock genes）在全身的細胞層運作，管理睡眠和甦醒等日常活動。大腦有許多不同的時鐘基因，還有一個主時鐘基因，負責協調它們的運作。時鐘基因讓有些人成為早上效率良好的晨型人，有些人成為夜貓子。大腦對時間的流逝通常都有不錯的判斷力，但是我們對時間的觀感可能因注意力、情緒、預期和環境的改變而扭曲。有過動症的人通常不善於估算時間間隔，他們會覺得時間過得特別慢，所以對時間間隔的判斷比常人短，經常感到不耐煩，希望移動的節奏再快一點。

過去、現在、未來：三個時間觀點的平衡

社會心理學家菲利普・金巴多（Philip Zimbardo）對時間觀感做了廣泛的研究，結果顯示每個人對時間的看法不同，是根據過去、現在和未來來定位。如果你只偏重其中一個時間觀點，對生命的看法會產生偏差，受到侷限。在三個觀點間取得平衡的人，比較可能良好運作，享受生活。

忽視未來就是一種時間觀點失衡的例子，可能為現在帶來麻煩。行為經濟學家和社會心理學家都發現，當事件或目標設於遙遠未來時（例如為孩子儲備大學基金，或為自己累積足夠的退休老本），會給人一種不真實的感覺，所以看起來似乎沒有實際上那麼重要。相反的，比較貼近現在的目標（例如為了週末在家裡觀賞決賽而購買大螢幕電視，或在報稅截止日前完成報稅）則感覺比較鮮明緊迫。所以，即使當前的目標（買電視）沒有長期目標（存大學基金或退休老本）那麼重要，大家還是比較可能先做眼前的事情，而不是做對未來很重要的事。這就是「未來折現」心理（future discounting），是一種人性，也是拖延之所以影響力強大的原因。

文化差異

我們體驗與衡量時間的文化差異，也會導致人與人之間在時間管理與時間協定上產生混淆和誤解。有些研究顯示，美國人注重現在，重視青年，強調在最短的時間內做最多的事情，也要求凡事要迅速。相反的，亞洲文化有比較廣義的時間觀念，把歷史和傳統以及長期規畫也納入考量。在有些歐洲國家，例如法國、西班牙和義大利，大家對遲到的接受度較高，不像美國普遍認為遲到不太禮貌。在中東、非洲和中南美文化中，大家普遍覺得時間是彈性多變的，自然而然的。他們會同時參與多種活動和交易，不太講究精確的時間。

不管文化對我們的時間觀念有什麼影響，我們都必須處理好個人時間和公共時間之間的交錯關係。

拖延：假裝能夠掌控時間的幻想

拒絕接受鐘錶時間，只照著自己的主觀時間運作，會讓你和其他人格格不入，導致你拖延或遲到。拖延（照自己的時間表，以自己的方式做事，在不顧後果下，感覺完全掌控了自己的時間）的功能之一，是製造你可以掌控時間、他人和現實的假象。但是不管你喜不喜歡，你都無法擺脫時間的規則，時光依舊無情地流逝，人生無常，終將一死。

自以為萬能的幻想（這的確是一種幻想）是我們幼時都抱有的想像，隨著年紀的成長，發現個人力量有限的證據後，我們必須在人生後續的發展階段中因應這個問題。順利的話，人生會逐漸幫我們了解與接納自己的侷限，明白人性不會貶低我們的價值，也不會讓我們變得比較不討人喜歡。

時間觀念的演進

在人的一生中，主觀的時間觀念會不斷發展和改變。我們來看這些發展階段，思考它們和你的拖延有什麼關係。你目前的時間觀念可能是人生初期發展出來的。

嬰兒時間

對嬰兒來說，他們完全活在當下，時間完全是主觀的。不管現在時鐘顯示幾點，他們都覺得：「**我現在餓了！**」對嬰兒來說，時間是指「感受到需要」到「滿足需要」之間的間隔。嬰兒無法長時間地忍受痛苦，如果不盡快滿足他們的需要，他們會陷入極度的渴望，因為那攸關他們的生存。

往後在人生中遇到恐懼和焦慮時，以嬰兒時間來反應的人，會覺得恐懼和焦慮難以忍受，永無止境，不像一般人覺得這種情緒偶爾來來去去，毋須在意。於是，拖延幫人逃避當下無法承受的不安和痛苦，例如不擅長某事並自覺愚蠢的羞恥感，第一次嘗試失敗所產生的強烈失落感，一個人在電腦前工作的孤獨感。這時拖延者不是堅持下去，而是想辦法施展一些掌控權，例如看場電影，玩電腦接龍遊戲，開冰箱大吃一頓，傳簡訊給朋友，聽點音樂。即使拖延會導致未來痛苦的後果，但是在當下，後果根本不重要，就像半夜肚子餓的嬰兒不會想到隔天的早餐一樣。

幼兒時間

孩子在學步期逐漸學會過去、現在和未來是什麼意思，雖然他們**現在**很餓，再等**幾分鐘**就有好東西吃了。雖然學步期的孩子基本上還是活在主觀的時間中，但這時他們開始了解父母的時間。家長可能會要求孩子馬上配合：「現在就停止，馬上過來！」或是提醒孩子：「玩耍時間快結束了」，讓孩子逐漸脫離無時間的狀態。家長希望孩子照著他們的時間來做事情，但學步期的孩子很快就發現，只要拒絕配合，他們就可以發揮力量。

孩子可能會把時鐘視為想掌控他們的敵人，或是有條理的可靠夥伴。由於父母傳遞的時間觀念會融入親子關係中，那些態度其實不是**時間**造成的，而是**親子關係**的素質造成的。在往後的人生中，當拖延感覺像是一種反抗時間的掌控時，那其實是在反抗控制我們的人，而不是時間。反抗客觀時間可能反映出你一直以來對父母時間的反抗。

兒童時間

大約七歲時，孩子開始學習「判斷時間」，了解時鐘上數字之間的關係代表時間的間隔。他們也開始面對外界更多的規則和期待。老師有課程表，交作業有截止時間，父母希望孩子出去和朋友玩耍以前先把房間整理好及幫忙一些家事。對於已經很在意權力和掌控的孩子來說，時間可能是壓迫者（當你必須照著別人的時間表來行動時），或解放者（當你可以照著自己的時間表來行動時）。有些孩子，尤其是有過動症或相關問題的孩子，生理上就無法產生正常的時間感，很難視生活需要而在主觀和客觀時間之間輕易地來回穿梭。在往後的人生中，他們可能會覺得時間不是流暢運作的，拖延反映出這種不連貫的時間感。

少年時間

青春期代表一個人的時間觀念開始出現大轉變。他們身上就有時間流逝的證據，因為青春期的身體和兒童期有明顯的不同，而且那改變無法逆轉。這些改變把童年拋諸腦後，身體的敏感反應和熱情的理想反映了現在，尚未體驗的未來讓他們覺得生命是無限的。不過，當學業、工作和人際關係的選擇逐漸逼近，未來隨著申請學校的截止日期和抉擇開始逐漸變成現在。

在青少年長大成人的過程中，內心衝突的人可能不願接受「有些人生道路永遠無法體驗」這樣的事實，可能以拖延的方式拒絕長大。他們堅持抱著時間無限、可能性無限的少年時期想法，遲遲不肯完成任務——完成學業、找份工作、自食其力、建立獨立的人生，以晉升成年人的世界。就某種意義來說，他們想否認時間的流逝，想永遠當個孩子。

青年時間

在二十五到二十九歲之間，時間雖然持續往長遠的未來延伸，感覺相當充裕，但是在現實的淬鍊下，變得更有真實感。拖延者通常會在這個階段開始深入檢視他們和時間的關係，因為他們想到自己可能沒有足夠的時間做每件事，有些機會和自己擦身而過。拖延不再是開玩笑或是可以事後補償的事情，它的後果愈來愈嚴重：錯過工作的期限可能會影響你的職業生涯與收入；你在培養長期關係時，拖延也會影響到別人。

你單身的時候，只有你自己為拖延付出代價。有了伴侶以後，你的拖延會直接影響到另一半，也可能變成雙方爭吵的導火線。當你為人父母時，從孩子出生那天，你就從年輕族群晉升成老一輩。從那時開始，「未來」是以下一代的概念來定義，從此你的拖延將會影響整個家庭。

中年時間

三十歲是重要的分水嶺。年過三十，你不再是未來充滿潛力的年輕人，大家預期你已經展現潛能。三十歲以後開啟了中年人生，事業成就或感情出現拖延時，可能是事業或感情出問題的痛苦徵兆。由於拖延者難以接受限制，當他們在中年發現自己可能達不到他們一直以為「總有一天」會實現的目標時，他們會覺得很震驚。有些拖延者在中年期一直鬱鬱不得志，因為那時局勢已大致底定，例如確定不會有孩子、癌症找不到療法、不可能創辦價值上億的公司，或拿不到普利茲獎了。

中年的某個時點，如果之前沒想過死亡這回事，這時我們會開始面對人終將一死的事實。理性來說，我們都知道生命一定會結束，但是在此同時，拖延者仍活在無限的幻想中——無限的時間、無限的可能、無限的成就，他們總是有更多的時間可以彌補延後的事情。了解時間有限是中年人的一大心理課題：目前為止我如何利用時間？我還剩多少時間？我想如何度過剩下的時間？回顧過往並接受你的人生選擇，同時展望未來的限制及可能性，這可能很難做到，難怪會有所謂的中年危機。

老年時間

隨著年華老去，我們更無法否認時間所剩不多。從成年到老年的過程中，我們接觸到愈來愈多的失落與死亡：身體功能的喪失、毛病愈來愈多、摯愛的人離開人世、活著的時間愈來愈短。未來不再像年輕時那樣充滿希望，鐘錶時間或許不再重要，主觀時間變得比較重要。

對於反抗時間有限的拖延者來說，接受「人生難免會結束」這件事是一個很大的心理挑戰。這時，拖延一輩子的後果已成了無可否認的事實。該存的錢一直沒存，想改造的房子從來沒改，想唸的研究所也遲遲沒唸，你不再寄望更多的「明天」或「總有一天」，或許你終於可以接受自己做了什麼，以及永遠做不到什麼。回顧以往，你有你的焦慮和問題，環境依舊，你在此條件下做了能做的事情。接受過去或許可以帶給你內心平靜，而不是絕望或自責。當你不需要追求達不到的目標時，或許還會給你一種解放的感覺，終於鬆了一口氣，我們也希望如此。

陷入另一時區

拖延者有獨特的時間觀點，他們的時間觀感通常和他們所屬的人生階段不相符。例如，許多拖延的成人依舊抱著青少年時期的時間觀念，青少年通常不太在意時間的流逝。這些成年人仍卡在青少年的時間觀念中，所以和成年人的世界脫節，工作、家庭、健康和財務狀況也因此出了問題。

有些人不許自己思考未來。你以前想過活在你現在這個年紀嗎？如果你從來沒想過自己可以生存下來，或沒想過自己會老，你就不會規畫未來，也不會決定去做那些為你提供機會或保障的事情。許多拖延者忽略當前的拖延可能對未來造成的影響，但是在某個時點，一事無成的現在終究會變成過去，完全沒想過的未來也會在突然間變成了當下。

拖延的後果幾乎一定會報應在我們的身上。二十幾歲時遲遲不決定要不要生孩子，和接近四十歲時還拖著不做決定是兩碼事。拖著不研究不同的醫療保險和養老方案，或許對三十幾歲的你沒有多大的影響，但是對五十幾歲的你則影響重大。當你的時間觀念和你的人生階段不相符時，你的拖延可能幫你拖出大麻煩。

迷失在時間裡

「不受時間限制」的主觀概念可能衍生正面和負面的經驗。海瑟是三十二歲的單身女子，喜歡活在當下。她上網時，覺得自己不受鐘錶時間的限制，無須在乎工作、家庭和文化對她的要求和期許，她覺得那樣自由爽快極了。

但是，海瑟那種「不受時間限制」的感覺還延伸到平常生活中，使她忽視長期目標，例如她要努力多久才能變成研究所想收的人才？或是，她該如何長期經營感情以便成家？她做的基層工作收入不高，必須刷卡才買得起最新型的手機或筆記型電腦。她眼看朋友在事業上蓬勃發展，但她連要走哪一行都還沒確定。活在不受時間限制的「當下」讓海瑟覺得自由獨立，但無法幫她朝未來邁進。

你或許也注意到，當你沉浸在樂趣中時，也有那種不受時間限制的感覺。充滿創意的體驗讓你覺得時間好像成了永恆。當你一古腦兒地投入一件事情時，你不知道時間究竟過了幾分鐘或幾小時。那種投入一件事，一做就是一小時、一天，甚至一週，到完全忘了時間的境界，可能讓人廢寢忘食，活力無限。

但是如果你像海瑟那樣，把忘了時間當成生活的方式，可能會產生嚴重的後果。無法區分有限和無限會讓人失去方向感，就像海瑟那樣。對她來說，時間是無限的，那種忘了時間的感覺導致她靜止不動，人生毫無進展。當周遭一切似乎都沒變時，你可能也不會注意到已經過了多少時間。儘管不受時間限制的感覺在當下令人覺得放鬆或安心，但拖延者未來突然驚現時光已飛逝時，勢必會為此付出代價。

時間脫節

不受時間限制的感覺，讓人感覺不到過去、現在和未來之間的關係，也感覺不到時間和我們的關係。拖延者亟欲相信未來和過去的問題毫無關係。你或許不想承認，上次那個拖延的「你」，就是這次面對最後期限的「你」。你或許想遺忘上次的恐懼、焦慮和壓力，預期這次你會順利完成任務。

對嶄新自我的期待或許誘人，但也可能產生問題。當你不承認過去的「你」和現在及未來的「你」有關聯時，你失去了自我的連續感。如果你是活在不連續的時刻中，那些時刻無法組成連貫的敘事，可能沒有真實的意義。

為了改變這種情況，你必須先接受過去的種種體驗。接著，你得接受「目前負責改變的你就是原來那個你」。當你接受原來的你時，你就能從真正的位置出發，更有可能變成嶄新的你。

過去的美好時光

喬許一直沉浸在過去的成功中，他曾是很有天分的運動員，成績優異，很受歡迎。他在大學是籃球明星球員，希望將來能打進職籃，但是膝蓋受傷結束了他的籃球生涯。此後，喬許就不知道該做什麼了。他先到一家軟體公司當業務員，他很有親和力，人緣不錯，但做起事來老是拖延，錯過最後期限。他常遲交業務報告和出差收據，不屑處理工作上的行政事務，對於一些蹩腳員工獲得升遷或找到更好工作而憤恨不平。他發牢騷：「他們一輩子沒做過什麼特別的事，從來沒聽過整個體育場的觀眾呼喊自己的名字。」

喬許的自我形象一直卡在過去仍是明星球員的時候，但是不管他喜不喜歡，現實依舊逼近。妻子懷孕時，他三十八歲。不久，他父親心臟病發，一年內就過世了。在父親的墓前，喬許驚訝地發現自己已步入中年，手邊牽著幼子。

我們可以看出，活在過去或許可以給你一些心理慰藉。在要求嚴苛、令人喘不過氣又洩氣的現實生活中，活在過去為你提供了一個安全的避風港。過往榮耀的記憶或對未來成功的幻想，都是應付現實生活痛苦或停滯不前的緩衝，令人安慰。

不只年輕人會活在過去，任何年齡的人都可能迴避下一階段人生的現實。中年人可能遲遲不到醫院做身體檢查，因為他們不想面對身體機能開始衰老。中年時，你可能期待身體還像二十幾歲一樣，即使你依然活躍、健康，也不想接受身體一定會衰老這個事實。很多五十幾歲的人遲遲不想退休的問題，也不做理財規畫，彷彿他們可以持續照著現在的步調，以同樣的能力工作一輩子似的。拖延讓你避免面對一些和時間有關的事實：時間不斷流逝、未來即將到來、你逐漸變老、一生能完成的事情有限，這其中最殘酷的事實是，你終將死去。

整合過去，迎接「成熟時間」

當你反省自己的時間概念時，可以考慮一下過去、現在和未來之間的相互影響，因為它們持續影響著彼此。儘管我們習慣以為過去、現在和未來是依序發生的，但實際上並非那麼簡單，我們經歷的事情都是發生在當下。

當你想起往事時，你是在當下想起的，所以目前的狀態會影響你的回憶。當你展望未來時，這種展望也是發生在當下，所以過去、現在和未來是分不開的，它們隨時交織在一起。

當下的你是過去的產物。瑪格麗特・愛特伍（Margaret Atwood）在小說《盲眼刺客》（*The Blind Assassin*）中寫道：「舊時光，舊創痛，就像淤泥般層層地沉澱在池底。」池上漂浮的東西會受到池底層層淤泥的影響。同樣的，過去的一切也和我們形影不離，存留在我們的腦中、體內和心裡。我們可能會想要重新塑造自己，和過往的關係及經驗一刀兩斷，但是歷史是無法改變的，只能從現在重新詮釋和學習。

拖延可能是過去正在干預當下的徵兆，因為猶豫不前通常和過去的經驗有很大的關係。如果你的父母喜歡管東管西，對你的學業和社交生活管得很多，你可能會預期每個老師、老闆和伴侶都以同樣的方式對你。或者你家有兄弟或姊妹每次都得獎，是家中的寵兒、學校的明星，你長大以後可能會覺得沒必要盡力，反正榮耀總是別人的。換句話說，你過去的人際關係為現在及未來的人際關係定了基調。交報告、找工作、換老闆或上網交友都讓你心生恐懼，這恐懼和現實沒多大的關係，而是源自於你過去的人際關係。當我們談到你迴避的任務有額外的「意義」時，我們是指你的過去影響了現在。

有時過去對你目前行為的影響很明顯，有時則潛藏不露，難以察覺。泰絲不喜歡目前在密爾瓦基市的工作，想搬回老家達拉斯，她的家人大多住在那裡。雖然她做事通常不拖泥帶水，也很清楚自己真的很想搬家，但是這次她卻什麼也沒做。她不解自己為什麼會拖延，這不像她的個性。

泰絲接受幾個月的輔導後，才明白是什麼原因干擾她的搬家計畫。她現在雖然喜歡探訪在達拉斯的家人，但她記得年輕時很怕大城市。她十四歲時從小鎮搬到達拉斯，在大城市的大型中學裡就讀，她感到不知所措，不知如何應付社交和學業上的壓力。為了適應新環境，只要有男孩約她出去，她都會答應，結果某晚她遇上可怕的約會強暴，家人非但沒站在她身旁支持她，反倒覺得很羞恥，她從來沒對其他人提起這段往事，之後她就「忘了」這件事。她接受心理諮詢時，談及青少年時期，才提起這件事。泰絲逐漸明白，她害怕搬回去是因為擔心碰到以前的同學，再次感受到當年的恥辱和無助感。雖然泰絲目前三十五歲，是事業有成的女性，搬回達拉斯生活的念頭讓她想起往事，感覺自己就像以前那個脆弱無助的十四歲女孩，擔心再次受到傷害。她的拖延暗示著池面下潛伏著一些不堪回首的陳舊過往。過去雖然埋藏在當下察覺不到的地方，卻阻礙她追求未來。

不管你是否喜歡你的過去，是否還清楚記得，是否承擔責任，那依舊是你的過去。過去發生的很多事情不全然是你的錯（或許也不是任何人的錯，或許有些事情是你的錯），但是發生在你人生中的事件永遠和你脫離不了關係。即使你覺得事情還沒完或不公平，你也無法回到過去改變它們。每個人都必須把過去整合到當下，決定未來想追求的道路。拖延可能是一種徵兆，暗示著過去羈絆著你，不讓你往未來邁進以接觸新的經驗和可能性。

我們希望本章幫你思考你的時間觀念和時間體驗，這兩方面都和拖延密切相關。我們覺得這樣的反思可以幫你體悟「成熟時間」，進而促使你去做生活中重要的事情，而不是加以迴避。

什麼是「成熟時間」？我們認為是「在外部世界及內心世界都能評估什麼是真實的並接受它的能力」，亦即**同時承認與接受鐘錶時間和主觀時間，在兩者之間靈活自在地穿梭**。鐘錶時間不一定是你的敵人或老闆。時間不好也不壞，不快也不慢，非友亦非敵，它就只是單純的時間。你的任務是搞清楚如何和它合作共處，在它的管轄範圍內盡可能充實地生活，而不是一輩子都在反抗它。

第七章
現代神經科學的大發現

本書第一版提到「這世上不存在拖延基因」，根據當時的科學知識，這麼說一點也沒錯。但是一九八三年以來，神經科學領域突飛猛進，研究人員可以研究大腦的特定部位，以及各部位的個別運作和集體運作。儘管我們還是覺得世上沒有單一基因導致我們變成拖延者，不過現在我們對大腦的運行有了更多的了解，可以信心十足地主張：有些生理因素的確會導致拖延的毛病。有些是一般因素，涉及大腦長時間的運作、發展和改變，那是和拖延行為有關的間接因素。還有一些因素則是涉及特定的功能（或機能障礙），是導致拖延的直接因素。例如，如果你有某種程度的注意力缺失症（attention deficit disorder，簡稱 ADD）、執行功能失調（executive dysfunction，簡稱 ED）、季節性情緒失調、憂鬱症、強迫症、慢性壓力或失眠等等，你的大腦運作可能和你的拖延緊密相關。我們會在第八章討論這些情況，在這之前，我們想先摘要整理近來神經科學的幾個「大發現」，讓大家更了解大腦的運作方式。了解人體這個最複雜的部位，對每個人都有幫助，你也可以運用這些知識來幫你克服拖延的毛病。

大發現之一：大腦持續在變

科學家以前認為大腦是以可預測、預定的方式發展的：有些屬性是先天的，接著大腦經過兒童期的成長，在十八歲左右達到顛峰，然後就開始走下坡。如今可以確定這種說法是錯的，研究顯示，大腦是動態成長的系統，會不斷地變化，在你過世以前持續地修正。大腦可以在一生中不斷地重組、打破舊的神經連結、建立新的神經連結，這就是所謂的「神經可塑性」。我們現在知道大腦每天都在變化：你今天做的事情，無論好壞，都會影響明天大腦的結構和功能。這是怎麼發生的？

我們的生活經驗會刺激大腦細胞（神經元），把電脈衝從一個神經元傳到另一個神經元，釋放生化訊息，促使這些神經元的數量不斷增加，彼此連結更緊密。一八八八年佛洛依德做過類似的假設，一九四九年心理學家唐諾・海伯（Donald Hebb）貼切地形容：「一起發訊的神經元，連結在一起。」你愈常做某件事，大腦對那活動的反應愈多，它會學習以更快、更好的方式還執行接到的訊號（不管那件事對你來說是好是壞）。

大腦始終在變，好處是它能激發靈活的新行為，壞處是它也會強化僵固的老毛病，這就是所謂的「可塑性的矛盾」（plastic paradox）。有一個經典比喻是形容陷入舊思維，無法自拔的情況：在遍佈新雪的山間滑雪，第一次滑下山時，有很多路線可選，你從你挑的路徑或靠近那路徑的地方滑下去愈多次，就會滑出愈多的軌跡，軌跡也會愈來愈深，到最後你會滑得很快，但軌道一成不變。在大腦中，「重複」意指我們在鋪設「心軌」，軌道一旦鋪好，就會自行運轉，愈來愈難移除。想要戒除舊習，需要特意花心思干預那習慣，打破不斷重複的神經元網絡才行。本書的目的是要幫你增強意識，注意你拖著事情不做時在做什麼，以及拖延的原因，幫你的大腦跳脫慣性運作的窠臼。以新的方式思考你的拖延習性，並運用我們建議的方法採取行動，可以幫你打破拖延的老舊神經型態，培養準時完成任務的新型態。

大發現之二：感受很重要，即使你沒意識到

你的感受和獨一無二的你密切相關，只有你自己才能體驗你的感受。感受是意識的重要組成，當你可以用感受來引導自己，幫你做決定時，那對你而言意義重大。研究人員發現，本能反應和直覺是一種智慧。大腦的某些部分（額葉）受傷時，就失去了用情感來做睿智決策的能力。如果你失去感受的能力，就無法運用這種自我認知的重要來源來幫你生活。一個人能夠說出「感覺這是對的」或「感覺不太對勁」是很重要的。無法根據內在感受判斷對錯時，你只能理性思考決策，或是反覆思考列出優缺點的清單。你可以尋找一個「合理」的答案、「正確」的答案或「完美」的答案。但是，根據外在因素做出決定並無法讓你了解內在的感受，於是你推遲做決定，因為你無法（或害怕）詢問最重要的參謀——你內在的自我。

我們不只可以把拖延看成逃避任務，也可以把它看成逃避和那任務有關的**感受**。最近的神經科學發現可以幫我們更深入了解，為什麼感受那麼重要，為什麼調整感受可以幫你面對你想逃避的任務。有時你很清楚自己的感受，有時你是從身體訊號發現自己的感受，因為情緒來自於身體和感官的體驗。

你的感受可能是有意識的，例如你知道某一項任務為什麼那麼討厭：「記帳很無聊」、「我討厭花時間清理東西」、「我搞不懂代數」。不過，很多情緒是在我們無意間發生的。在如今的認知神經科學中，「意識只占大腦中很有限的一部分」，所以很多時候你無意間的感受會導致你

逃避某個任務。即使你不知道你無意間發生哪些情緒，你的身體還是會有反應。

為了不再拖延，你必須忍受一些不舒服的感受，例如恐懼和焦慮。不顧恐懼勇往直前需要加倍的努力，因為恐懼是瞬間觸發的，一旦出現，就一直存在，還會在大腦中發出強烈的訊號，難以消除。恐懼的一觸即發快到令人難以想像。你摸一下自己的手臂，大腦接收到那觸感需要四百～五百毫秒的時間；但大腦收到恐懼只需要十四毫秒！你還來不及感到恐懼以前，身體已經探測到恐懼，開始反應。等你考慮要做你一直逃避的事情時（例如打一通你一直不敢打的電話，或計算你去年的收入），你的身體已經對恐懼做出反應，難怪你會拖拖拉拉。

此外，你的身體也會**留存恐懼**。一旦大腦在某個刺激（例如蛇、期末報告、向上級簡報）和某種危險或恐懼感之間建立了連結，這種連結就無法消除了。只要遭遇一次威脅刺激後，下次再碰到同樣的刺激時，恐懼就會再現，即使你早就忘了。神經科學中有個知名的案例，說明我們在不知不覺中如何感受到恐懼。一九一一年，一名大腦受損的病患無法記住任何事情，每天她去看醫生時，都不記得之前看過他。有一天，醫生在手裡藏了一根針，他們見面握手時，他用針在她手上刺了一下。後來，每次醫生想和她握手時，她都不願意，雖然她也無法解釋為什麼。過去的痛苦經驗依舊留在她的大腦中，對她的行為產生強大的潛意識影響。你可能在這個案例中看到了自己的影子——你不知道自己為什麼會逃避一件事，但是你每次都躲開。原始刺激與恐懼之間的連結如今已經化為潛意識。

恐懼難以管理的另一個原因，是大腦負責傳導恐懼的路徑很強韌。從恐懼中心（杏仁核）到思考中心（皮質）的訊號，比從思考中心到恐懼中心的訊號強大。這表示恐懼侵入意識比思想控制情緒容易得多，因此我們也必須多下工夫才能管理恐懼和衝動。

為了對付恐懼和衝動，我們逐漸發展出幾種因應之道。佛洛伊德率先發現我們會以種種的防衛機制，把難以忍受的痛苦想法、感覺和記憶阻擋在意識之外。這種防衛機制是兒時發展出來的，經過多次重複後進入成人階段，在大腦中烙下深刻的神經元軌跡，變成根深柢固的習性。例如，如果你告訴自己：「我沒必要學微積分，因為現實生活中根本用不到！」你就是在運用「理智化」（合理化，找藉口）的防衛機制，或許這是因為你努力想搞懂微積分的複雜概念時，感到自己很愚蠢，久而久之你培養出這種防衛機制，防止你感受到這種自覺愚蠢的痛苦。

另一種防止痛苦的方法是壓抑，把它積極拋諸腦後——「我就是不願去想那件事。」但是，置之不理反而更揮之不去。矛盾的是，壓抑感受的人反而比較容易受到負面情緒的襲擊，更容易覺得壓力很大。對拖延者來說，逃避是他們主要的防衛方法，因為迴避任務時，也迴避了許多和它相關的想法、感受和記憶。

我們該如何因應危險，又不訴諸反效果的心理防衛機制？我們可以想辦法培養管理情緒的能力，讓自己更安然自處。管理情緒後，腦中思考的部分（額葉皮質）會緩和腦中情感的部分（杏仁核），讓你在必要時撫慰你，或思考衝動的後果（例如一時衝動對老闆大吼大叫，把電腦扔出窗外，或和街上充滿魅力的陌生人發生關係）。

當腦中的情感部分受到刺激，產生很多不安的情緒，讓你無論如何都想躲避時，**你需要腦中**

的思考部分鼎力協助，才能控制拖延的傾向。理論上，我們從嬰兒期和反應迅速的看護者互動時，就開始培養管理情緒的能力。了解嬰兒的看護者在發現嬰兒有焦慮現象時，不會害怕，而是去理解它，以令人放心的方式滿足小孩的需求。如果看護者能在面對強烈的焦慮下仍理性思考，嬰兒也會培養出同樣的能力。即使你在嬰幼兒期沒機會學習如何管理情緒，以後的人生還是可以學習管理情緒。在面對危險時，你可以把事情想清楚（「我會多練習演講，到時候就比較不會緊張了。」），想想實際的風險是什麼（「如果我不完美，真的會遭到開除嗎？」），思考風險的情境（「新老闆很可怕，是因為他讓我想起父親，但他又不是我的父親。」），提醒自己具備的能力與挫折復原力，給予自己鼓勵。這種**「認知再評估」**的過程是撫慰自己的一大要件。

珍清楚記得有一次她面對災難時，偶然發現「認知再評估」技巧可以讓自己平靜下來。那時她在讀研究所，和一位統計學家見面，對方質問她論文裡的資料是否可靠，讓她非常不滿。她努力好幾年，好不容易才收集到這些資料可供分析，統計學家的質疑讓她感到情緒低落，她馬上打電話給先生尋求慰藉，但是那時先生剛好不在家。她獨自站在電話亭裡，大聲對著話筒說話，彷佛先生就在電話的另一端，接著她以先生那種令人安心又明理的方式，回答自己的問題。當你在焦慮下幫自己冷靜思考時，久而久之，這種對話會在你內心靜靜地自動發生。

管理情緒不僅可以讓你順利完成工作，也有益健康。最近的神經研究顯示，以「認知再評估」的方式因應負面情緒的人，可以減輕壓力，更容易從適應不良的想法和衝動中解脫。

當我們經常調整對恐懼情境的情緒反應時，就可以避免以前經歷的極度恐慌。當我們可以管理自己的感受時，就能自由決定因應方式。最後，當你能容忍內心各種感受時，就能坦然面對你拖延的任務，進而採取行動。

大發現之三：內隱記憶的影響

你可能發現你的拖延是由我們探討的一些恐懼造成的，例如害怕成功、害怕受到控制。你可能覺得我們剛才的描述很容易接受：感受（尤其是恐懼）的反應很快，很強烈，不易改變。話雖如此，你可能覺得自己的恐懼毫無道理可言。不過，表面上毫無道理的恐懼不見得就是「不理性的」，它們有自己的道理。如果你拖延一件事，卻找不到讓你恐懼或不自在的確切原因，很可能是你內隱的記憶被啟動了，也就是說：你可能不記得那次經驗了，但是大腦和身體照樣反應，產生連串的情感痛苦，導致你逃避任務。英國心理分析家唐諾．溫尼考特（Donald Winnicott）用下面的話說明這個觀點：「我們恐懼的事，是已經發生過的事。」

內隱記憶有時稱為「早期」記憶，因為它們通常在三歲以前就埋藏在你的大腦中，三歲時腦中負責記憶儲存的海馬迴才有比較充分的發展。從出生到十八個月大，大腦是由右半球主導，這時它迅速成長，以直覺的方式吸收外界新知。右半球會感應語言的韻律，亦即講話中非言詞的部分，例如語調和節奏，而非內容，這也是搖籃曲可以安撫嬰兒的原因。從十八個月大到三歲，伴隨語言學習的奇蹟，大腦左半球快速成長。左半球比較偏向邏輯、分析、線性思維，以用字和思想來解讀話語。然而，這段時期，大腦的海馬迴還沒發育完成，所以這些早期經驗都留在內隱記憶中，這輩子會經常在你無意間啟動。

這裡必須注意的是，海馬迴不善於承受壓力，壓力荷爾蒙「可體松」的濃度長期太高時，會破壞海馬迴。海馬迴細胞死去時，它的結構會萎縮，所以長期的壓力會讓人記憶困難、難以清楚思考，這點並不令人意外（但是不要因此而絕望，海馬迴細胞還可以再長回來，參看第十五章）。這是為什麼兒時精神創傷的人常不記得童年後期的事情，但他們的內隱記憶仍存在體內和腦中，這些記憶導致他們無法行動，但他們毫不知情。

內隱記憶無法直接看到，但是從你和其他人對你的期望中可以看到它的蹤影。這些記憶塑造了我們的觀感，那些觀感是以我們早期受到照顧的經驗為基礎（亦即我們看待世界及自己的獨特感受，我們可期待和不可期待什麼的假設）。那些經驗對我們來說是如此自然，所以我們以為每個人都和我們有一樣的感受。嘉瑪的工作進度落後，但他從來不找人幫忙，「每件事情當然都應該自己來，我要是找人幫忙，不就等於說我很失敗嗎？那太丟臉了，難道大家不是這麼想嗎？」（當然不是……）

即使我們花再多的時間、再怎樣努力，都無法知道內隱記憶，因為那是我們學會說話和思考以前的經驗和記憶。相反的，我們比較熟悉外顯記憶（有時稱為「後期」記憶），那是我們發展語言和意識能力後才產生的，其中包括由我們的生活故事所組成的「自傳式」記憶，以及對社會規範的了解、人臉辨識，從學校和職場累積的知識。

雖然你不記得讓你陷入逃避的個人歷史，但你應該接納大腦的反應，那表示你過去的**某個東西**被觸發了。它可以幫你了解那個東西是什麼，即使你無法識別那究竟是什麼，你還是可以採取行動。你可以提醒自己，你是身處在當下，這個時刻，而那些記憶，不管你還記不記得，都是來自過去。恐慌、羞恥、內疚、厭惡和自責往往都是過往記憶的副產品。在腦中思考部位的幫助下，你可以「消除」內隱記憶的啟動，創造不同的神經迴路，改變大腦，讓你採取行動，不再因恐懼而停滯不前，一拖再拖。

大發現之四：先天有共鳴

當你一再拖延你認為自己無法處理的事情，或是令你不自在的事情時，你不只體驗到內隱記憶的啟動，也感受到它們激發的強烈情緒反應，同時你也不知道該如何看待自己：你有能力嗎？你可以有自己的想法嗎？你值得被愛、獲得尊重嗎？

研究證實，自尊低落也是導致拖延的原因。你的自我形象（你是否對自己的能力有信心，是否看重自己）在幼時就塑造出來了。我們現在知道大腦先天「非常重視社交」，它是依據關愛我們的人對待我們的方式來成長和發展。我們先天就會想要和他人產生關聯：嬰兒看到母親的臉時，大腦會釋放化學物質，讓他感到愉悅，刺激大腦的成長。後來科學家發現「鏡像神經元」，這表示當我們看到別人的行為和感受時，**我們**大腦內啟動的神經元和對方大腦內活躍的神經元一樣。愈來愈多研究顯示，一個人大腦的狀態會影響另一個人的大腦狀態，所以照顧嬰兒的人不光是換尿布和提供食物而已，還有其他的作用：「**他們以情感和互動刺激小孩的大腦成長。**」

當你還是嬰兒時，你就已經從他人的身上尋找自己，看護者的情緒（不管是有意或無意流露的）會塑造你的大腦，開始影響你的自我意識。你凝視看護者的眼睛時，看到什麼？你的存在是否讓他們的眼裡閃著喜悅？看護者就像鏡子一樣，你從他們身上反射什麼形象？是愉悅開心的人嗎？不焦慮的母親能在因應孩子多變的需要中享受樂趣，幫孩子學會管控情緒，信任別人，看重自己，抱持正面的期待，這些能力是自信和自尊的基礎。

當父母憂鬱、易怒、繁忙或基於其他原因而對孩子漠不關心時，孩子無法從父母的反應中找到他們想尋找的東西。他們不覺得自己是惹人喜愛和受歡迎的，而是覺得自己是一種累贅、失望、麻煩或裝飾。這些造成傷害的情感關聯會對孩子留下深遠的影響，關閉他們腦中涉及安全感、幸福和開放胸懷的大腦中樞，啟動和父母的低落情緒產生共鳴的大腦神經。孩子的自我形象發展會把父母的情緒狀態也融在裡頭。父母不能對小孩做適當的情感反應時，孩子可能會開始感到無聊或空虛，無法做到幼時最重要的事——與看護者產生心理連結。這些早期不協調的互動會影響孩子的大腦、自我概念和自信，也為日後的拖延習性埋下禍根。切記，各種人際關係免不了都有不協調的情況，不見得就是問題。每個父母總是有心情不好的日子，當這種不協調的情況經常發生時，才會在孩子心裡留下不健全的陰影。

瑪麗亞的母親在生下瑪麗亞後得了產後憂鬱症，後續幾年一直受到憂鬱症所苦。父母在情感上不太回應時，孩子（甚至是嬰兒）會想盡辦法讓父母產生一點反應。嬰兒時期的瑪麗亞覺得，不管她再怎麼努力，母親就是不願意再多關注她一點，情感上也跟她非常疏離。上學後，瑪麗亞覺得壓力很大，課業非得拿第一名不可，體育方面也必須有優異的表現，不過她還是遲交作業，訓練時也經常遲到。她在不知不覺中，把每次成績和每個活動都當成她值得母親關注的證明，她從出生以來就一直渴望母親的關注。由於每次努力都有這樣的情感壓力，她覺得只有完美表現才足以博得母親的歡心。這也難怪瑪麗亞做事經常拖拖拉拉，因為績效好壞對她來說影響太大了。

大發現之五：左移

愈來愈多證據顯示，大腦左半球的某些部分（左額葉皮質）和關愛、同理心、同情心等情感有關。這個區域啟動時，我們會感到放鬆，更開放心胸，不會因為不舒服的負面情緒而退縮，這類負面情緒似乎是烙印在大腦的右半球。**善待自己會刺激大腦的左半球（亦即「左移」），產生和抗壓與幸福感有關的狀態。**「左移」也可以強化免疫系統以及從腦幹通往全身的迷走神經。迷走神經對情緒管理和自在社交的能力有關鍵性的影響，也和體內荷爾蒙「催產素」的分泌增加有關。催產素有助於改善社交關係以及對他人的情緒依戀。有些研究指出，觸摸（例如按摩就很有效）和某些食物（例如巧克力，**非常**有效！）可以增加催產素的分泌。在第十五章，我們會提到可以促進大腦左移的「正念」修行。

催產素、迷走神經、同情、友善等等，和拖延有什麼關係？因為讓自己平靜下來，同情與善待自己，都能幫助你面對讓你恐懼、憤怒、感到威脅或無聊的任務和情境。除非你打破造成拖延的負面模式，並以正面模式取而代之，否則你可能一直陷在舊模式中，就像溪流沿著同樣的河道穿過山間一樣，劃出一道愈來愈深廣的山谷，深到最後你再也看不見太陽，也爬不出來。

當你做一件困難的事情時，大腦神經依然會顯露出恐懼的跡象，你會馬上感到一陣焦慮，這時你可以用新的方式來因應，以鼓勵而非批評、同情而不攻擊的態度來對待自己。友善的聲音會給你足夠的安全感，讓你勇敢跨進原本讓你忐忑不安的領域。久而久之，經過多次練習（或許再加上幾片美味的巧克力），你就會培養出不同的自我關係。當你的想法富有同情心時，身體會正面反應，你整個人可以更協調、整合的方式運作。充分整合的系統是「靈活調適、條理連貫、精力充沛、穩定可靠的」。我們認為，當你在內心塑造整合狀態時，就比較不會陷入拖延狀態。

第八章
拖延與大腦

本章中，我們來看幾種和拖延有關的生理現象：執行功能失調、注意力缺失症、憂鬱症、焦慮症、壓力和失眠。如果你有這些問題，或認為自己可能有上述任一種狀況，它們可能是導致你拖延的原因。不要絕望，也不要忽視這些現象。你可以考慮去醫院做個檢查，藥物或許可以治療這些狀況，幫你減少拖延。

執行功能失調

談到執行功能失調，這裡講的不是大公司執行長的績效問題，而是指大腦的執行績效。就像一家企業的執行長負責整家企業的營運一樣，大腦的執行部位負責協調、管理和整合大腦各結構和系統的運作，讓你對自我有持續穩定的看法，包括個性、目標、價值觀和技術等等。你的腦內執行部位從你的五感、歷史和想法接收資訊，以目標導向的方式運用這些資訊，讓你能夠完成對你重要的事情。

就像有些公司運作良好、但執行長能力不佳一樣，人腦可能在很多方面都運作正常，但缺乏整體領導力。執行功能失調的人即使大腦有許多優點，可能重要的生存技能貧乏。或許你認識某些人（甚至可能是你本人？），他們聰明，點子好，卻毫無條理，手邊永遠欠缺該有的報告或素材，不記得計畫或決策，忘了完成任務的必要步驟……這些聽起來似曾相識嗎？這種失序很容易導致拖延，因為你忘了時間和最後期限，而且想找出你需要什麼才能完成任務也會讓你相當沮喪。

執行功能失調的人通常有拖延的問題，但不是所有拖延者都會有執行功能失調，所以你在了解自己的拖延症是屬於哪一種時，需要了解這點。幾乎每個有注意力缺陷症的人（我們下一節會討論）都有執行功能失調的問題，但是執行功能失調不見得就有注意力缺失症。

執行功能包含哪些能力，大家看法不一，不過一般認為有以下幾個基本要素：注意力控制、認知彈性、目標設定、資訊處理。這些要素可以進一步分成以下幾個功能：

1.啟動任務（起始，產生行動想法）
2.維持注意力（堅持到底，持續做一項活動）
3.抑制衝動（三思而後行，不要馬上反應）
4.轉換注意力（轉移焦點，從一件事改做另一件事，彈性回應）
5.工作記憶（記得計畫、指令和過去所學，以學習新知，應用在新的情境中）
6.情緒控制（調整和管理情緒）
7.整理素材（取得需要的素材並排序）
8.自我監督（檢討個人表現的語言能力，必要時說服自己撐過難關）
9.時間管理（注意時間，對時間有務實的觀念）
10.規畫（排列優先順位，找出達成目標的步驟，預先考慮未來需求和事件）

當你閱讀這份清單時，覺得裡面有似曾相識的地方嗎？你常因為找不到需要的東西而延遲嗎？你常忙亂地尋找這些東西嗎？你忘了時間嗎？你忘了打算要做什麼事——儘管五分鐘前你才決定要做嗎？有人問你：「你在想什麼？」時，你也覺得茫然嗎？

如果你的執行功能有問題，很遺憾我們只能說，這問題沒有什麼神奇的療法可以治癒。其中有些問題，例如注意力集中和工作記憶，或許可以服用治療ＡＤＤ的藥物來改善。但有關整理方面的問題，通常無法服藥改善，所以本書第二部提供的建議特別重要。你沒必要為此感到丟臉，但你的確需要思考如何善用你其他的能力。我們建議的拖延因應技巧中，很多都有助於減輕執行功能失調的問題：找出目標，把它分成幾個小步驟，先跨出一小步，學習如何判斷時間，改善環境以利成功。其中，「找個夥伴」或許是最重要的建議，因為你很難指揮自己的執行功能。找一個和善又有執行力的人來和你合作，可以給你很大的幫助，這也許是近十年來「個人管家和混亂管理專家」這個新興服務業蓬勃壯大的原因。

注意力缺失症

注意力缺失症（ADD）和它的其他變型（注意力缺失過動症〔ADHD〕和注意力不集中型）在過去二十五年間，受到科學和臨床上的廣泛關注。雖然幾世紀以來，有些不同文化的兒童被認定有「煩躁」、「無禮」、「野蠻」、「乖戾」、「愛講話」、「過度熱情」、「愛做夢」或「恍神」等現象，我們是近期才了解到這些行為有其生理根據，最近科學上才找到一些相關的生物培養基（biological substrates）。

以下是這方面的基本概要。ADD有三種主要的症狀：注意力渙散、衝動和躁動，這不是指我們偶爾都會碰到的那種分神現象，而是指即使你努力想要專心、注意或記住東西，也無法做到。羅患ADD的兒童中，約有三〇～四〇%在進入青春期後症狀逐漸減輕，其餘的人則是到成年都還一直有這些症狀，只留下無法實現的夢想、未完成的專案、錯過的無數期限。

但是當我們說某人注意力渙散、衝動或躁動時，那是指什麼？羅素·巴克立（Russell Barkley）從一九七〇年代開始研究ADD，他認為ADD的根本問題在於一個人無法抑制自己。也就是說，ADD患者「無法抑制當下的反應，以掌控時間和未來」。一般人會這樣想：「我想在歷史這科拿優等成績，所以我得完成這份作業，明天交出去。」患有ADD的學生則是這麼想：「這很無聊！我不想做！」然後就去找更有趣的事情來做，開始拖延。

抑制是大腦的重要功能，無法有效抑制自己的人會被衝動所支配。我們因為有抑制即時反應的能力，所以可以好好地思考問題，延遲享樂（不然要怎麼從高中或大學畢業？），控制性衝動和暴力傾向。這種抑制能力讓我們覺得自己能自由決定，不需要馬上回應刺激，可以稍待片刻，經過三思以後，再選擇要不要回應以及如何回應。就像巴克立說的，等待不是消極的表現，抑制是需要下工夫的。

抑制和時間感緊密相關。當你記得未來某件事很重要，又知道現在做的和未來結果緊密相關時，就更能抑制滿足當下欲望的衝動。研究顯示，ADD患者無法像普通人那樣準確地感應時間。就主觀感受來說，他們覺得時間過得比較慢，完成事情的時間比預期還久，他們很快就感到挫敗與不耐。由於他們不知道確切的時間，只注意手邊的事情，不在乎眼前還有什麼任務。他們對時間的無視，看不到事情即將到來，所以在一個又一個的危機中顛簸行進。這種只在意立即享樂、不管長遠效益的現象，正是ADD患者難以完成學業目標、儲蓄、從事有益健康的活動（例如減重和運動）的原因。如果你無法了解自己是存在時間裡，那麼替未來預作準備也就無關緊要了。

巴克立提到，ADD患者對環境刺激會產生過度反應。每個人多多少少都有維持注意力的問題，我們每隔一段時間都會把視線轉移到其他事物上或調整姿勢，突然想起別的事，或注意到其他的聲音或感覺。據估計，大腦在我們沒注意下，有一五%～二〇%的時間會神遊，注意力分散的情況會隨著年齡而增加。但是一般人可以迅速恢復注意力，ADD患者則需要費好一番工夫才能收回注意力。ADD患者比較難以維持注意力，因為維持注意力也就是在維持抑制力。

最近的大腦研究也呼應了巴克立的論點，ADD患者的大腦某些部分（額葉皮質）比常人小，比較不活躍。那些部位正是負責維持注意力、克制衝動、規畫未來、自我控制的部位。在一些患有ADD的兒童中，他們大腦的額葉皮質生長比正常兒童晚三年，所以最攸關注意力控制和身體活動的大腦部位發育遲緩了。這個發現說明了為什麼有些兒童長大後ADD症狀會逐漸消失。

另外，研究也顯示，ADD患者腦中的神經傳遞物質「多巴胺」濃度較低。由於多巴胺是讓我們感到愉悅的物質，有一種推測是：ADD患者需要做更多的事情，更冒險，才能體驗到常人體驗的良好感覺。精神科醫師奈德．何路威（Ned Hallowell）和約翰．瑞提（John Ratey）說這是一種「渴望」，渴求強烈的刺激，是一種生理需要，ADD患者覺得他必須做點事情，來改變內在一種無法忍受的狀態。ADD患者服用興奮劑時（例如利他能〔Ritalin〕、阿得拉〔ADDeral〕、專思達〔Concerta〕），腦中多巴胺的濃度會上升，大腦的活動也會恢復到接近正常的水準。

研究人員大多把ADD視為遺傳特徵的極端，就像身高和體重一樣，主要是一種遺傳和生理現象。有些研究人員覺得ADD也可能是文化造成的。如今周遭有那麼多讓我們分心的東西，有許多事物爭相吸引我們的注意，ADD可能是「資訊時代的大腦綜合症」。想在當今的社會裡成功，就必須以類似ADD的方式行動：不斷快速地轉移注意力，同時追蹤多項事物，以蜻蜓點水的方式做事。例如，你看最愛的電視節目時，電視台的商標對你閃個不停，跑馬燈在螢幕下方移動，下節節目預告每幾分鐘就跳出來提醒你，你還同時以黑莓機檢查電子郵件、看天氣預報及賽事得分。

所以，與其把ADD當成大腦受損，品格問題或性格缺陷，不如把它看成許多基因、生理和環境等複雜因素所造成的狀況。如果你患有ADD，你的大腦運作異於常人，比較可能拖延事情。你的確比較難專注在一件事情上，經常分心，分心後也比較難把注意力拉回原來的事情上。如果你發現自己迷上「臨時抱佛腳」的刺激感，你可能是以體內自行產生的興奮劑「腎上腺素」來自我治療，幫你增強注意力。你應該想想，這種讓你忙得昏頭轉向的臨時自我療法是否值得？

還是你可以用處方藥讓注意力更集中，不需要臨時慌亂地抱佛腳，或是找一份步調緊湊的工作，讓你的大腦完全投入。

憂鬱症：主型和變型

憂鬱症有多種不同的類型，有的是以嚴重程度來區分（例如重度憂鬱、輕度憂鬱、慢性憂鬱，和心情惡劣），有的是以週期型態來區分（例如躁鬱症、季節性失調、荷爾蒙變化）。這些症狀的共通點是：你比較沒有活力，不願投入生活或有點脫離現實，失去興趣、缺乏動力、不再樂觀。如果你陷入悲傷，感到絕望或不關心生活，你可能也不在意工作、學業、友誼、報稅或照顧自己的身體。當你憂鬱時，可能會拖延一些（或很多）重要的事情。你完全不想出去走走；當你連刷牙的力氣都沒有時，更別說是整理箱子了。如果你覺得前途茫然空虛，為了升遷努力工作又有什麼意義；如果你覺得沒人關心你，更不可能會想要打電話給朋友。

我們現在知道，憂鬱症有很強的生理基礎，尤其是躁鬱症出現低潮的時候。雖然沒有單一療法適合每個憂鬱症患者，但是現在治療這種耗神的疾病不僅是可能的，也非常重要。雖然憂鬱症大多會隨著時間經過而逐漸好轉，但得過憂鬱症以後，將來更有可能復發。而且憂鬱症可能衍生很大的代價：憂鬱，以及因此產生的拖延現象，不僅影響你的自我感覺，也影響你的工作表現或學業、身體健康、財務狀況和人際關係。

憂鬱症有生理、心理和環境三個面向。有些情境會觸發憂鬱症，例如重大損失、感情難關，或搬家、孩子離家、退休等重大的人生轉折。為失去感到哀傷、難過或空虛都是正常的現象，但一般的哀傷不會讓人憎恨自己，或對自我、世界、未來感到悲觀。

憂鬱症患者的大腦神經傳導物質「血清素」或「多巴胺」有化學失衡的現象，藥物治療有助於恢復平衡。如果憂鬱是因為躁鬱症產生的，以藥物穩定情緒是必要的。不過，除了化學失衡以外，更令人不安的證據顯示，憂鬱症可能永久地改變大腦的某些結構，例如海馬迴。而且憂鬱症愈嚴重，拖得時間愈久，對個別神經元及整體神經結構的損害愈大。

許多研究顯示，治療長期憂鬱症最好的方法，是結合藥物療法和談話療法，而且憂鬱症拖得愈久，愈需要以藥物療法和談話療法雙管齊下。研究證實規律溫和的有氧運動有助於減輕憂鬱症狀，但是當你只想睡覺時，很難說服自己移動身子。所以，你可能需要先治療憂鬱症，才會有活力和希望，進而採取必要的步驟來解決拖延的問題。

如果你的拖延症是一入冬就開始發懶，腦袋昏昏沉沉，毫無行動動機，你可能得了季節性情緒失調（seasonal affective disorder，簡稱SAD）。有SAD的人通常在白天縮短、黑夜變長時，就會有想要冬眠的感覺，他們不會感到憂傷，而是覺得疲累，失去活力，早上起不來，想擺脫這個世界。他們取消社交活動，躲在辦公室裡，以避免和人交談。他們通常嗜吃碳水化合物，卻又懶得運動，所以一到冬天，體重就開始增加。他們的思考和創新能力也大打折扣，夏天很容易做到的事情，到了冬天卻無能為力，所以一到冬天，未完成的任務可能大量堆積。等春天來臨時，他們的情緒好轉，又恢復了動機和活力，也恢復和朋友的往來，創意也回來了，拖延成了遙遠的記憶——至少在秋天以前是如此。

學生，甚至是小學生，也會有SAD現象。他們可能開學時活力充沛，滿懷熱情，到了十二月，學生也不解自己怎麼突然早上爬不起來，學業成績一落千丈。有拖延毛病的學生應該好好注意一下，自己在不同季節的成績有何變化。有些人通常過了十幾個寒暑才診斷出自己有季節性情緒失調症。

隨著白天縮短，環境光線跟著減少，是造成SAD的主因。SAD症狀的持續時間也因為緯度高低的不同而異，離赤道愈遠的人，疲勞的時間愈長。研究人員發現，參試者血液中的血清素濃度，隨抽血當天的日照時間而異，這個結果呼應了以下的觀察結論：提高血清素濃度的藥物通常可以改善SAD症狀。研究人員也發現，SAD通常是一種家族遺傳，所以和基因組成很有關係。

焦慮症

強迫症

強迫症（Obsessive compulsive disorder，簡稱OCD）也可能是導致拖延的原因。儘管強迫症患者會不斷思考一件事情的優缺點，或不停檢查爐火關了沒，但他們往往什麼事情都沒完成。他們會一再重複同樣的想法和行為，因為他們的大腦陷在那個程序中，無法終止。一般來說，大腦某部位擔心犯錯時（前額葉基底區），另一部位會以更強烈的不安回應，告訴你狀況不妙，必須做點事情來防止事情發生（扣帶迴）。等危機解除時，大腦的另一部位就會換檔，改變想法（尾核）。但是強迫症患者的腦中不會出現危機解除訊號，因此會像加州大學洛杉磯分校的傑佛瑞・史瓦茲博士（Jeffrey Schwartz）所說的，出現所謂的「大腦枷鎖」，不會自動換檔，必須刻意去換檔才能打破永無止境的思想或行為迴圈。例如，不停檢查爐火的人可以刻意想著：「爐火關了，真正的問題是我有強迫症。」藉此消除焦慮。投入令人愉悅的活動（但別投入太久！）或朝目標邁進一步，也可以打開「大腦枷鎖」。

即使你沒有強迫症，也可能有「大腦枷鎖」。拖延者可能太擔心犯錯而完全無法行動。我們撰寫本書第一版時，作者之一的珍一開始就卡住無法下筆，她寫第三章的「你害怕成功嗎？」時，不知從何寫起（這還滿諷刺的……）。她先列出大綱，但是要開始寫時，連第一段都寫不完。她沮喪地對本書另一位作者萊諾拉說：「我該怎麼對美國人說明成功恐懼症？」後來萊諾拉想到一個好主意（本來珍還非常反對），她建議珍先寫比較好寫的章節，把「你害怕成功嗎？」那樣充滿情緒的章節留到以後再寫，所以珍從「如何設定行為目標」開始寫起，發現思路變得清晰多了，更容易下筆。

雜亂和囤積

雖然每個人多少都有雜亂失序的現象，離自己的標準仍有段距離，但有些人拖著不整理，嚴重影響到他們的生活品質。我們第一次上紐約的廣播脫口秀節目時，一位聽眾打電話進來尋求幫助：他堆積了六年的《紐約時報》，從地板堆到了天花板，但他就是無法扔掉其中的任一份。他和其他的雜亂拖延者常一再提起自己無法清除累積多年的物品，他們的另一半可能受不了家裡滿坑滿谷的雜物，不斷催他們動手整理。他們也可能很孤立，因為不敢讓人來家裡作客。由於他們不知道什麼東西該留，什麼東西該丟，乾脆放著不清理。他們覺得每件東西都要留著「以防萬一」，就像內姬洛盧（Neziroglu）和她的同事所寫的：

優柔寡斷＋擔心犯錯＝堆滿雜物

儘管和這麼多「東西」為伍可能令他們感到尷尬或覺得難以招架，但是清理所帶來的焦慮和不安讓他們覺得更難承受，所以「以後再清吧」。

當雜亂堆滿每個角落，讓你幾乎無法直線穿過房間，你卻還是無法扔掉東西時，你已經從雜亂堆積惡化成囤積狂了。如果你是這樣，你並非特例，據估計全美有近一百萬名強迫性囤積狂，有囤積傾向的人更是多達數百萬人。囤積和儲存往往是一種家族代代相傳的習性（科學家發現一個相關的染色體標幟物）。囤積狂的腦葡萄糖代謝模式和常人及沒有囤積習慣的強迫症患者不一樣。

所以，如果你愛儲存、累積和囤積東西，遲遲不肯把這些東西扔掉，你知道你需要下工夫建立新的大腦迴路，才能對抗腦中根深柢固的迴路。你光是**想到**要整理或丟掉東西，那些根深柢固的神經迴路就會警告你：「別動手！你可能哪天還會用到……可能再也找不到同樣的東西了……有一天可能會很值錢……那是祖母的！」切記，那些讓自己持續留住東西的藉口都是大腦枷鎖，你需要想辦法切換想法，例如：找個有趣的朋友和你一起整理東西；播放你最喜歡的音樂，聽著音樂把東西清入垃圾桶；提醒自己網路上可以找到任何資訊，不需要為了哪天可能需要某篇文章，而保留那些舊雜誌或報紙。

壓力的影響

拖延者大多知道，拖著事情不做可能壓力很大：你擔心那些該做而沒做的事情，等你終於在最後期限逼近下動手時，臨時抱佛腳的壓力更大。長期拖延可能是一種長期壓力，對你的大腦和身體都有害。

壓力反應就是所謂的「戰或逃」（fight or flight）反應，那是一種重要的生理機制，目的是避免我們遭遇危險。它讓我們在生存受到威脅時，能夠迅速反應，就像獅子逼近大草原時，斑馬迅速逃到安全區域一樣。大腦的下視丘會觸發警報系統，讓心跳加快，血壓升高，激發能量，把大量的腎上腺和皮質醇送往全身。我們的身體需要時間，才能從這種自我保護的能量釋放中恢復。我們都需要時間恢復放鬆的狀態，就像我們需要一夜好眠來消除一天的疲累，為第二天做好準備。

然而，我們通常不給自己那樣的時間休息，趕完一個期限後，又開始擔心下一個期限。我們擔心明天的考試、房貸、跟朋友的爭執、下週的績效評比、惱人的疼痛。我們活在步調緊湊的競爭時代，都市人口稠密，交通尖峰時段擁擠不堪。即使是在小鎮和與世隔絕的小島上，我們也不忘查看電子郵件和手機簡訊，覺得非得馬上回覆不可。當我們長期承受壓力時，身體會不斷分泌壓力荷爾蒙，久而久之會破壞大腦的重要結構。這些大腦結構受損得愈嚴重，腦細胞修復受損部位和刺激新神經生長的能力就愈差。

當我們拖延時，壓力更大。我們不僅預期自己的工作遭到批評，也預期自己因無法及時完成工作而受到批評。我們挑戰極限，鋌而走險，預期最糟的後果正等著我們。我們因為讓人失望、造成他人的不便，觸怒他人而感到內疚。這是一種惡性循環：拖延產生壓力，壓力又導致拖延。當你的身體承受著生活的重重壓力時，你對該做或原本喜歡做的事情，也會欠缺創意的能量。

生物節律：一天中哪個時段最適合工作？

生理的自然節律會對你的表現產生很大的影響，我們前面談季節性情緒失調時，就舉過年度節律的例子，其他生物節律的例子還有：每天的生理時鐘（有些人清晨比較清醒，有效率，另一些人則是中午以前提不起勁）、荷爾蒙週期（例如女性的月經週期，男性近中年時的睪固酮變化）。另一個例子是對安靜時間和社交時間的相對需求。有些人覺得太多活動或社交互動令他們難以招架，需要寧靜自處的時間安撫自己，恢復活力。了解個人生物節律的變動，可以幫你和身體和諧共處，不再經常抗拒自然的傾向。如果你在夜晚工作的狀態最好，卻強迫自己在早上工作，等於讓自己更容易陷入拖延。用對自己來說最輕鬆的方式工作不是更有效嗎？

睡眠：睡眠債和睡眠呼吸中止症

威廉・戴蒙博士（William Dement）是史丹福大學睡眠失調診所的負責人，睡眠醫療領域幾乎是他一手打造出來的。多虧戴蒙的努力研究，如今我們知道良好睡眠對人體的良好運作有多重要。睡不好時，大腦就無法正常運作，你很可能會有睡眠不足所衍生的一些典型問題：對挫折容忍度低、注意力無法集中、活力低落、易怒，以及拖延。「睡眠不足對執行功能的影響是直接的，因為大腦的前額葉皮質區是負責調節睡眠、覺醒和注意力的地方。研究顯示，睡眠不足的年輕人難以動手做事，即使做了也無法持久，尤其是那些他們認為『無聊乏味』的事情。面對需要規畫或有特定目標的複雜任務時，他們也很難堅持到底，尤其目標抽象和報酬延緩時更是如此。」

你可能熬夜做一兩個晚上，甚至連熬三夜，看起來似乎沒什麼大礙，尤其是年輕的時候，熬夜似乎沒什麼影響，但現在我們知道，當你睡眠不足時，會累積「睡眠債」，你無法呈現最佳狀態，拖延傾向會更嚴重。所以，如果你無法得到充分的睡眠，可以打個小盹（少於十五分鐘。打盹時間太長會讓你進入更深的睡眠階段，醒來時可能會覺得昏昏沉沉的），晚上盡量早點就寢（我們知道你進度落後，必須熬夜，所以才建議你早點開始）。如果你的睡眠時間充足，但醒來時還是覺得疲累，最好去看一下醫生，你可能有憂鬱現象或其他疾病。你可能患有一種致命的病症：睡眠呼吸中止症。它會在睡眠中讓你缺氧，干擾睡眠，使你經常處於疲累狀態。

其他疾病因素

其他疾病因素也可能導致拖延。例如，甲狀腺失調可能讓人無精打采、疲累，提不起勁做事，不想採取任何行動，另外，貧血也會讓人產生憂鬱現象。有研究指出，寫作時文思枯竭可能和顳葉或額葉部位的問題有關。你應該做徹底的身體檢查，以確定你的拖延習性不是生理問題造成的。如果你已經多年沒做身體檢查，我們建議你和醫生約個時間做檢查。如果你完全沒做過檢查，最好你先找個醫生。

拖延背後的生理因素

不管你拖延什麼，背後一定都有其生理因素。在你拖延的過程中，你的大腦可能察覺到危險，拖延是你的**本能反應**和**自我保護**。或許你的大腦遇上特殊挑戰，例如執行功能失調或注意力缺失症，導致你對事情一拖再拖。或許你的拖延反映出大腦在罷工，就像你有憂鬱現象時，什麼都不想做一樣。不管你是哪種情況，我們希望當你對大腦運作有更多的了解時，可以幫你更善待大腦和身體。在本書第二部，我們會建議一些善待大腦和身體的方法。

第九章

你是怎麼變成拖延者的？

你帶著獨特的DNA、獨一無二的大腦和與生俱來的特質，從娘胎中來到這個世上。你在特定的時間生在特定的家庭裡，你的先天條件和後天家庭的教養結合在一起，衍生連串複雜的互動，從而造就今天的你和現在的拖延習性。有些親子關係非常協調，有些則否。親子關係不協調時，孩子會感到自己有些缺陷，沒權主張與追求自己的興趣和目標，這為日後的拖延習性奠下了禍根。

亞當患有注意力缺失過動症（ADHD），他總是動個不停，爬上爬下，一下子爬上書架，一下子模仿警車鳴笛，一下子又把東西拆得四分五裂。他雖然精力充沛，討人喜歡，卻把家人搞得疲憊不堪，常因為他不靜靜地玩耍而對他發火。在學校裡，亞當無法乖乖坐著聽課，講話也不看場合，惹得老師向他的父母抱怨他不守規矩。後來，他開始忘記做作業，也不記得考試日期。父母和他為了家庭作業而爭吵不休，每天晚上都需要三催四請他才肯坐下來讀書。亞當的父母後來知道他有ADHD，但是他們不予理會，只希望他恢復正常（他們要求他只要集中注意力做事就行了）。後來拖延的問題愈來愈嚴重，亞當對他覺得無聊的事情都拖著不做，他只愛玩滑板。

現在亞當說：「我希望爸媽當初能理解，要我集中注意力是多麼困難的事。他們明知我有ADHD，卻不處理，說我懶惰、靠不住，只會罵我，卻不幫我。」亞當把父母對他的情況，拿來和父母因應妹妹食物過敏的方式做比較。「他們接受她的身體狀況，竭盡所能地為她尋找合適的食物，還教她學習如何因應食物過敏的問題，我希望他們當初也可以那樣對我。」

或許你也像亞當那樣，患有ADHD，覺得自己老是遭到責罵。或者，你和家人有截然不同的性格，例如在外向家庭裡，只有你一個人很內向，你覺得自己和家人格格不入。父母如何因應孩子先天的特質，會深深影響那些特質在孩子日後人生中扮演的角色。兒童發展研究人員傑羅姆．凱根（Jerome Kagan）多年來追蹤研究害羞的兒童。害羞是一種人格特質，是一種對新奇事物感到害怕和畏縮的心理。凱根發現，如果父母關心孩子的羞怯問題，在他們探索世界時給予關愛支持，讓他們感到安全，久而久之，這些孩子會逐漸克服害羞的傾向，更勇敢熱情地投入活動。沒有父母關愛的孩子，日後一直都有羞怯的心理。如果你先天特質和後天教養之間不協調，就很難培養堅定的自信，缺乏自信是導致拖延的主因之一。

不僅你和家庭之間必須融合，家庭和其所處的文化環境也需要融合，這對有些家庭來說可能很容易，有些家庭則不然。如果你的家庭不屬於主流文化（無論是國籍、語言、膚色、教育、宗教或經濟地位不同造成的），你面臨特殊的文化壓力，那可能造成你拖延的問題。

在第十七章中，我們會給面臨特殊壓力的移民和第一代大學生一些建議，現在我們先請你思考一下，你的家庭背景中是否有文化議題和你的拖延習性有關。你和家人需要自我調整才能適應文化差異嗎？例如，如果你的家庭來自強調集體利益、而非個人成就的文化環境，西方社會強調個人主義和競爭的論點可能讓你感到困惑，覺得那是錯的。如果英語不是你的母語，或你在一個不說英語的家庭中長大，你很可能會拖延寫論文、報告或商務信函，因為無法像母語那樣貼切地用英文表達，實在令人洩氣。如果你是家裡第一個上大學的人，可能會對校方在學業、財務、社交、校務等方面的要求感到不知所措，你寧可拖著不做，也不願尋求幫忙。如果你出身貧困，努力出人頭地，終於晉升上流社會，你可能感到不適應，沒有安全感，甚至覺得自己是打腫臉充胖子，拖延可能變成你迴避測試自己斤兩的方法。當你的家人與朋友是來自舊文化時，新的文化環境可能給你很大的壓力，你需要融入新文化，又要維繫和親朋好友之間的情誼，這兩者之間不免也會衝突，拖延幫你迴避困難的選擇，避免面對可能的失落。

誰是你的成功榜樣？

父母、兄弟姊妹、老師、教練、鄰居，甚至你讀過和聽過的人物，都可能成為你生活的榜樣。有時你希望自己將來就像他們一樣，例如小男孩希望長大後像爸爸那樣，學生決定長大後當老師，就像他最喜歡的老師那樣。不過，有些人則是你不想學的反例：父母做事毫無條理或沒效率時，孩子可能暗自決定，將來絕對不要像他們那樣！又或者，家長可能非常有效率，總是把工作擺第一位，不惜犧牲家庭，孩子也可能因此誓言，以後絕對不要把工作看得比人還重要。

誰是你的「成功」典範？他們身上有哪些特質讓你覺得他們很成功？他們是什麼樣的人？別人怎樣看他們？他們如何待你？他們如何對待自己？你如何學習模仿他們？

現在，想想誰是你「失敗」的樣板？他們身上有哪些特質讓你覺得他們很失敗？他們如何待人，如何對待自己？他們對你產生什麼影響？

當然，這裡也要問：誰是拖延者？

想想這些樣板如何影響你和你的拖延習性。例如，你可能竭盡所能想效法那個成功者，你是否因此為自己訂了不切實際的高標準？又或者，你可能認定自己永遠不可能像他們那樣成功，所以乾脆放棄了？還是，你下定決心，無論如何都不要像他們那樣，所以你盡可能不做他們做的事情，卻因此茫然不知自己真正想成為什麼？你可以列出你早期視為榜樣的名單，寫下你對他們的看法，以及你覺得他們對你的拖延習性有什麼影響。

以下是一些拖延者告訴我們的例子，他們覺得這些樣板影響了他們的拖延習性。一名男子提到他很怕父親，他父親的事業很成功，從小出身貧困，努力向上，後來成為獲獎肯定的科學家。他父親非常認真，總是在電腦前埋頭苦幹，床頭櫃上放著黃色記事本，如廁時間也不忘閱讀科學期刊。父親常對他說：「如果你不做重要的事情，就白白浪費了你現在所處的位置！」這名男子不斷驅策自己效法父親，對他來說，純粹為了樂趣而做任何事情是浪費寶貴的時間。久而久之，這壓力令他難以承受，他常覺得受到壓抑，無法做任何事情。

另一個拖延者是餐廳經理，她的拖延讓餐廳經營陷入困難。她出身大家庭，覺得家中女性「只是不用工作的家庭主婦，她們覺得能為丈夫和子女活著就心滿意足了」。她自己是抱持女權主義的觀點，覺得家族裡的女人是失敗者，她決心自己要有一個忙碌的事業，但她又擔心自己忙於發展事業，和家人漸行漸遠，而失去家人的支持。她的拖延使她的事業無法蓬勃發展，讓她不會覺得自己像是家中的局外人。

我們也聽過一位拖延的大學生提到兩個相反的樣板，這名學生深受兩位小學老師的影響。其中一位老師做事很有效率，但學生覺得她沒幽默感，不平易近人，沒什麼親和力。另一位老師毫無條理，經常延遲下課時間，但她真的很享受生活，常和學生打成一片。在那名學生的幼小心靈中，他覺得活力和雜亂無章及拖延有關，冷漠則和效率有關。

你或許覺得，成功的唯一方法是和你的成功榜樣做得一模一樣，完全認同他的一切，不許有自己獨特的做法。你可能很崇拜父母或朋友的某項特質，給他很高的評價，把他理想化，以至於你無法看清楚那個人，覺得自己比不上對方。當你把成功的榜樣理想化時，你不可能做到媲美他的境界。我們的建議是，你崇拜的人最好也有你不崇拜的特質，因為你把他們理想化以後，就看不見他們的缺點，會讓自己陷於低人一等的劣勢。你可能是以拖延的方式來貶抑自己。

家庭態度：拖延的成因

你家就像所有家庭一樣，從早期，甚至從你出生開始，就灌輸你價值觀、態度、信念和期許，因為父母都有望子成龍、望女成鳳的想像。這些家庭灌輸的資訊告訴你，世界是怎樣運作的，你在這世上應有的定位。他們一定會告訴你一些人際相處的基本概念或規矩，告訴你什麼是對的，什麼是錯的，什麼是安全的，什麼是危險的，以及如何處理衝突、協商和決策。你很快就會知道別人怎麼看你，以及你在家中是否有合適的地位。你從訊息中得知你是誰，你能做什麼，你的未來前景。你可能毫不遲疑地接受這些觀念，認定那些資訊都是真的，每個人都會認同，又或者，你也可能反叛家人主張的規矩和價值觀。

家庭對我們的影響很深遠，即使成年以後，我們在不知不覺中依舊受到家庭的影響。有些早期的家庭關係其實已經烙印在你的腦中，因為那些家庭互動在你腦中創造了根深柢固的神經迴路。神經科學家指出：「大腦以過去的學習作為預期未來的指南。」你是根據過去的經驗來預測未來。

蘿賓看到老闆對她的同事漢娜說：「漢娜，妳弄錯一個地方，把試算表的資料都搞錯了。」蘿賓聽到老闆這樣嚴苛的指責時，以為漢娜會被罵哭，但漢娜的反應出乎她的意料，漢娜對老闆說：「噢，請指給我看哪裡。」蘿賓以為漢娜會像自己那樣反應：採取防衛的立場自我辯解，或是哭哭啼啼，但是漢娜完全沒有這樣做。後來，她和漢娜聊了一下才明白，漢娜並不覺得老闆的指責很嚴苛，她其實把錯誤看成學習的機會！但是對蘿賓來說，她一直覺得犯錯只會挨罵，因為以前她每次犯錯，都會遭到父母的指責，如今則會因為犯錯而自責不已。

當我們從家中學到的觀念和規矩不知不覺地主宰我們的思想、感覺和行為時，如果我們從來不去評估或質疑它們，可能會遇上麻煩，尤其那些規矩又很僵化，抑制我們發展能力和創意時，對我們的禍害更大。那就像別人不管放什麼東西在你的盤子裡，你就什麼都吃一樣，你完全不考慮自己喜不喜歡，對你有沒有好處，甚至不管你餓不餓！你就只是張口，把東西吞下去，因此產生精神性消化不良。

有時你預期的事情的確發生了，你的預測是對的，有些時候則完全不是你想的那樣。你的預期深受過去的影響，但那預期究竟是對的、還是錯的，需要積極的思考和有意識的覺察來評斷，所以你需要特別注意你過去接受的資訊。或許它們曾經有幾分真實，但如今已不適用。當你仔細思考這些資訊時，你會發現你學到的有些東西無比珍貴，有些東西反而成了你的絆腳石。

哪個版本的你才是你？

回想一下你幼時從別人那裡取得的資訊，這些人包括家人、老師、教練以及其他重要的人。這些資訊一開始是從外面接收的，但久而久之就內化成你內心的聲音。

想想以下幾種類型的資訊：有的讓你覺得有成功的壓力，有的讓你感到疑惑，有的是無論你成敗都是你根本的後盾。珍有一個非常聰明的哥哥，她永遠忘不了六年級時，有一天她放學拿著全部優等的成績單回家，母親看了以後驚呼：「將來妳要是咱們家最聰明的，大家應該會很意外。」有時這種令人感到壓力或質疑的訊息，不是透過文字傳達，而是以肢體語言、語調或表情來傳遞，例如當你宣布你在學校戲劇表演中扮演一角時，母親意外地揚起眉毛，或者每次你有值得慶賀的事情，家人總會爆發難堪的爭執。

或許把你還記得的各類訊息寫下來，並列出每則訊息分別來自何人，對你會有些幫助。如果那訊息不是直接的，它傳達了什麼弦外之音？有人可能給過你相互矛盾的訊息，那些訊息可能不只出現在一個類型裡。

以下是我們從拖延治療課程中收集的一些例子。

❖讓人覺得有成功壓力的訊息

母親：我知道你會成功！什麼事都能做到！

父親：一件事做不好，就不值得做。

祖父：拿第一最重要。

父親：錯誤是一種腦筋混淆的現象。

母親：你必須賺很多錢來養家。

姊妹：妳那麼美，週末永遠不會獨自一人。

老師：你是我教過最聰明的學生。

❖讓人懷疑自己的成功

父親：我幫你做數學作業吧，你肯定做不出來。

母親：你是個一無是處的懶惰鬼！

父親：你為什麼會想上大學？

母親：當初你要是聽我的，就不會弄到這步田地了。

父親：早知如此，我就不該對你抱那麼多的期待。

父親：我是你爸，我知道什麼對你最好。

母親：哎，至少你還算討人喜歡。

教練：這孩子除了愛抱怨，什麼也不會。

❖讓人覺得有堅強後盾

祖父：不管發生什麼事，我們都支持你。

祖母：不管你做什麼，我都愛你。

父親：雖然我不會那麼做，但我希望你那樣做能成功。

母親：你應該過你想過的生活。

父親：別擔心，每個人都會犯錯，人非聖賢。

阿姨：你真的盡力了，做得好！

兄弟：不管怎樣，都有我在。

鄰居：我喜歡和你在一起，隨時歡迎你來。

看看你的清單，思考一下這些訊息對你人生的影響，這也是如今你對自己說話的方式嗎？這些來自外界的聲音已經變成你內心的聲音了嗎？它們對你的拖延習性有什麼影響？你該如何因應那些對你無益的訊息？試試看你能不能以正面、有益的方式回應？例如，當你內心說：「一件事做不好，就不值得做」時，你可以回應：「那是不對的，什麼事都值得嘗試。」或者，當你內心說：「小心！你還沒準備好！」時，你可以為自己打氣：「雖然我不太清楚自己在做什麼，但是沒關係，我可以試試看。」這種新的對話對你的身心都有益處。當你刻意從負面情緒轉變成正面情緒時，你正在打破大腦根深柢固的模式，創造新的模式。

五種家庭傾向造成你的拖延心理

多年來，我們聽拖延者描述五種家庭傾向，這五種傾向和造成拖延的恐懼心理有關，它們是施壓、懷疑、掌控、依附、疏遠。每個家庭中多多少少都有這五種傾向。哪些傾向的特殊混合導致你拖延？其中某個傾向可能是主要因素，你也可能是收到許多混雜的訊息。例如，有些家庭以高標準要求所有成員，有些家庭只在乎忠於家庭的表現。思考這五種家庭傾向的交互作用對你家庭的影響，或許你會更通盤了解自尊的發展以及你的拖延傾向。

施壓傾向

在重視個人成就的家庭中，施壓傾向尤其明顯。家族成員可能歷來成就過人，延續好幾個世代，或是父母對自己的人生不滿意，希望孩子能出人頭地。在施壓的家庭中，唯有一流的表現才會獲得讚賞，優點要完美才算數，無法接受能力有極限的想法。錯誤是失敗的證據，令人感到羞愧。「你要不是第一，就什麼都不是！」如果你只能拿第一，否則其他都算失敗，這種壓力可能會變成沉重的負擔，導致適應不良的完美主義和拖延症。一項針對大學生的研究發現，適應不良的完美主義和父母的高度期許及苛求有關，這些學生非常在意自己是否達到他人的期許。

有時候，家人會把「不能接受表現平凡」的這種訊息偽裝成支持的口吻來傳達：「你這麼聰明，想做什麼都能做到！」孩子聽多了這種不分場合的過度讚美時，會覺得很虛假，困惑不解，最後會認為自己能力不夠。或者，大家可能把表現平凡歸咎於外部因素，而不是怪到你頭上，他們傳達的訊息是：要不是外部干擾，你的表現就是一流的。這就好像你的實力無法靠自己證明一樣，必須經過虛飾才稱得上好。

兄弟姊妹在施壓家庭中也是常見的角色。有個「完美」的兄弟姊妹會讓你想要比他更完美（比完美還要完美，那是什麼？），又或者，家人把希望都寄託在你身上，期望你彌補其他孩子的失敗。有一個專科插大生面臨被退學的危機，他含淚說他絕對不能被退學，因為其他兄弟姊妹都不太長進，他是家中唯一可以讓父母感到驕傲的孩子。

成功的壓力也可能來自家庭以外。瑞可是墨裔美國人，相當聰明，出身加州農家，是那個小農村裡第一個從大學畢業的人。村裡每個人都非常關注他上大學到研究所的學業。瑞可回老家度假時，覺得很多人不僅認為他是全村之光，也希望他代表所有的墨裔美國人。瑞可對他們的稱讚感到光榮，但也覺得自己責任重大，他不確定自己能否達到大家的期許。他的博士論文拖了好幾年，總覺得自己寫得不夠好。

不管家庭給你什麼壓力，他們的焦點可能是放在你做的事，而不是你這個人。如果你在家裡的地位和你是否功成名就有關，你可能會覺得與其竭盡所能卻達不到標準，不如拖著不做還比較安全。但你可能不知道，多數人對你極限的接受度可能比你預期的還要高出許多。

懷疑傾向

家中充滿懷疑傾向時，傳遞出來的訊息是：「你沒那個本事。」懷疑可能是直接傳達，例如：「你驕傲什麼？不過是一場棒球賽。」或是以毫無興趣的態度間接呈現。這種家長只有在對孩子做的事情感興趣時，才給予鼓勵，因此孩子對自己熱愛的事情無法培養出信心。父母自己的人生失敗或一團亂時，可能也會灌輸孩子這樣的想法：別指望你過得比我好。父母覺得孩子的進步對自己是一種威脅時，他們的批評可能讓孩子開始懷疑自己，而非父母有問題。

家長可能告訴孩子，有些事情他們辦不到。或許父母經常拿你和表現出色的兄弟姊妹比較，暗示你比不上。兄姊可能很討厭在弟妹面前展現專長，儘管弟妹可能更擅長某些事情，但這樣比來比去之下，弟妹可能因自信不足、拖延和不求上進而推託。或者，你可能收到的訊息是，有些事情因性別差異而有侷限（「女孩子的數學能力較差。」），所以你乾脆就不努力了。

孩子聽多了這種懷疑訊息後，很可能信以為真，言行舉止也受到影響，面對新挑戰或任何感覺像測試的事情時，無論是練習擊球或作業，他們都畏縮不前。他們本能的反應是惴惴不安，心想：「我做不來。」即使他們真的做了，一碰到小困難就馬上放棄，更加深原本的自我懷疑。

拖延者因應家人懷疑態度的另一種方法是反叛，抱著「我會證明他們錯得多離譜！」的心態，他們給自己很大的壓力，不顧家人的懷疑，決心非成功不可，但是這種決心可能讓他們陷入完美主義的圈套，因而導致拖延。

無論你是退縮，還是反抗，如果你已經把別人的懷疑內化成自我懷疑，面對挑戰時，你可能會失去勇氣。拖延看起來是安全的因應之道，因為它避免你去證實你恐懼的真相：你做不來。

拖延者如果是來自不斷受到家人懷疑的家庭，他們通常認為，只要失敗一次，不分大小，都表示其他的所有懷疑都是真的。他們忽略了一點：一兩次失敗，甚至上百次的失敗，並不代表一個人永遠都很糟糕、不討喜或無能。

控制傾向

有控制傾向的家庭會掌控與指揮孩子的生活，父母會為孩子決定所有的事情，包括做什麼、穿什麼、怎麼做、交什麼朋友等等，他們也會給孩子「建議」，期望孩子乖乖地照著執行。父母通常沒意識到自己是在控制孩子，反而覺得這是在保護孩子，或以他們的人生智慧避免孩子犯錯。有些父母覺得自己有權控制孩子。他們制定規矩，發號施令，明訂生活中「該做」的事情，例如盤子裡的東西就應該吃完，不管你喜不喜歡；每週都應該去探望祖父母；每個孩子都該學鋼琴。孩子不斷接收這種建議和指令時，會覺得沒有權利做自己。有時父母控制很嚴，可能對孩子發火，那怒火可能和孩子的言行沒什麼關係，而是和父母那天過得好不好有關，但孩子依舊得承擔那怒火。言語或肢體所表達出來的憤怒，往往會破壞孩子對自己和他人的信心。當外界很危險，直接反叛又太冒險時，拖延就成了他們私下反抗的方式。

如果規矩多變或獎懲不一，孩子會覺得父母可以隨意更改規矩。父母的反覆無常令孩子無所適從，又不敢直接反抗，所以乾脆放慢步調，以龜速來做家事和作業，並開始懷疑努力不懈是否真能獲得可靠的回報。

有人總是主宰你的生活時，你或許可以從拖延中感到放鬆。延遲與拒絕做事情，就可以激怒有控制欲或要求嚴格的父母，削弱他們對你的掌控。儘管長遠而言，拖延可能對你不利，但是當直接公然反抗太危險時，這種消極的抵抗不失為一種比較安全的做法。拖延可能讓你覺得自己保有一些獨立感，對你來說，那比成績或讚美更重要，有時拖延是一種保護心靈的計策。

依附傾向

有依附傾向的家庭不鼓勵家庭成員開創自己的生活，而是鼓勵他們依附著家庭，大家串在一起。父母不僅給予孩子支持和鼓勵，也是孩子賴以生存的支柱，彷彿孩子需要幫助、保護、關照到長大成人才行。如此成長的孩子可能永遠都不知道自己可以做什麼，也對自己的能力沒有信心。所以他們不僅延遲挑戰，也推託掉需要他們獨自完成的活動，比如考駕照、結束一段感情、嘗試家人沒興趣的新活動，甚至有不同的見解也不敢說出來。有些家庭的運作就像一個多頭的有機體，每個人都連在一起，相互依賴。投入和家人無關的個人興趣，可能被當成一種背叛。獨立判斷、搬離家住、不同的宗教信仰或政治觀點等等特立獨行的做法都會受到勸阻。如此傳達出來的訊息是：你無法獨立思考，沒有我們，你無法生存下去。

依附傾向也可能是另一種方式：期待孩子照顧其他的家庭成員。這表面或暗地裡所傳達出來的訊息是：「我需要你，別離開我。」父母可能生病、憂鬱或情感上需要依靠，而向孩子尋求支援和安慰。我們當然都想幫助有需要的家庭成員，但是當孩子接管家庭，和父母的角色對調，管理家務，照顧弟妹，調解糾紛，或者以類似另一半的姿態出現時，問題就出現了。孩子覺得家庭責任重大，犧牲了個人利益，他可能不再和朋友出去，也不再參與課外活動，他可能為了處理家裡的事情而延遲做作業。有依附傾向家庭的孩子可能覺得家裡太需要他，所以他無法離開家庭，即使設法離開了，也會一直覺得很內疚，無法釋懷。

當你迴避可能讓你疏離家庭的活動時，拖延是幫你繼續依附著家庭的方法。或者，你也可能用拖延幫你爭取一些獨立感，在你和其他人之間製造距離，避免糾葛。如果關係親近讓你有種窒息感、被依賴感，或是和外界疏離的感覺，你可能會以拖延的方式迴避依附。

疏離傾向

疏離傾向在家庭成員無法培養親近、情感、關注或關懷的家庭裡很明顯。無論他們表面上看起來是否「親近」，每個人其實都活在各自的世界裡。大家鮮少表達感受，甚至不影射，有任何不滿都是輕描淡寫地帶過，對彼此的心事都不太了解，既不向家人尋求幫助，也不主動幫助家人。

父母可能一直過著沒生孩子的生活，他們傳達出來的訊息是：「走開，別來煩我。」有時是明講出來，有時是以行為表達。那種只知道工作或每晚只會看電視的父親就是一例，他們完全不理會家裡的其他人。

有些情感疏離的父母對孩子的經驗無法感同身受，所以孩子即使有家人的陪伴，也覺得很孤獨。父母預期孩子能獨自解決問題，沒人指導他們如何寫作業或報告，或是如何為比賽做準備。孩子遇到困難時，父母也預期他們能獨自面對挫折和失望。有時這樣的訓練反倒為拖延奠下禍根，在往後的日子裡，孤獨的痛苦感受可能影響工作效果，因為獨自工作容易感到空虛。如果沒人對孩子的想法和見解感興趣，日後他可能也不願意表達自己的想法，畢竟，有誰在乎呢？所以他們可能以拖延的方式迴避寫作和其他獨立作業的事情。

為了和疏離的父母拉近關係，有些孩子會盡量讓自己討人喜歡、充滿趣味和吸引力，讓父母難以抗拒。「我只要讓自己變得更好，他們一定會對我感興趣。」而「更好」可以有很多種意思：更聰明、更有魅力、更獨立自主、更活躍，更卓越。所謂的「更好」，是由孩子對家庭價值觀的認知所決定的。但是前面我們看過完美主義和拖延之間的關係——你對自己的期待愈多，愈擔心自己能否獲得真正想要的東西。當你追求完美的目的，是為了擁有足夠的吸引力，以引起別人的關注時，這賭注特別危險。在疏遠的背景下，大家可能會尋求他們錯失的親密關係，也可能以拖延的方式和人保持距離，維持疏離。

家庭對自尊的影響

或許，家庭對孩子最深遠的影響，是抑制孩子自尊心的發展，這點也和我們之前討論的恐懼最直接相關。自尊代表你對自我價值的評估。如果你的自尊低落，你會覺得自己一無是處。如果你的自尊膨脹，你會覺得自己所向無敵。成長的任務之一，就是對自己的能力培養出實際的認知，接受自己的極限，同時對自我價值抱持正面的看法。家庭可以幫你了解自我，接納自我，讓你的自我觀感不會隨著情境不同而大幅波動。

前面提到的幾種家庭傾向中，普遍都沒幫孩子培養良好的自我觀感。過度掌控的家庭會破壞孩子的自我認知，讓他無法獨立生存，做出明智的選擇，規畫自己的人生。太注重成就的家庭會讓孩子陷入不安的狀態，因為孩子覺得自己的表現代表一切。過度讚揚孩子，會讓他誤以為自己無所不能（「我可以做任何事情！」），因為父母沒教孩子容忍失敗和接受實際的能力限制。相反的，鮮少受到稱讚的孩子或經常受到批評的孩子，可能一直覺得自己除了令人失望以外，什麼也做不好（「我一無是處！」）。當家長只在乎成就，忽略個性因素時，孩子無法發展出廣義的自我形象。很多拖延者的家庭常忽略或低估許多人性特質，例如幽默感、交友能力、熱衷的興趣或創意天分、竭盡所能的意願、同理心等等。

有些人可能會發現，想到家族史，就勾起痛苦的回憶，因為有些家庭經歷過創傷，例如激烈的衝突、多次搬遷、移民、離婚、疾病和生離死別。父母可能情緒不穩或嗑藥，而忽略孩子或對孩子造成身心傷害、甚至性侵害。重複發生的小創傷在日積月累下可能變成「累積性創傷」，雖然較難發現，但可能造成很大的影響。如果你拿成績優異的成績單回家，父親卻忙著打電腦，對你的成績似乎毫無興趣，那就是一次傷害。在相互支持的家庭環境中，這件事或許沒什麼大不了。但是如果父親一直無法對你的快樂和自豪做出回應，每次他的冷漠以對會讓你覺得自己似乎隱於無形。

這類創傷會一直跟著我們，讓我們感到脆弱不安。本來沒什麼大不了的任務，卻讓人覺得風險很大，因為日常生活就充滿了威脅。不幸的是，當你以拖延的方式因應風險時，反倒增加了危險的可能。

破裂與修補

我們並不完美，父母也是如此，每個人都會犯錯。父母親總是有諸事不順、心情不好、行為失當的日子，這些時候，父母無法發現孩子的需求。還好，父母不需要完全關注孩子的事情才算「夠好」的父母。研究親子依賴關係的學者發現，父母親只要有三〇％的時間關注孩子，就可以培養出穩固的親子情感。

任何人際關係都會出現破裂，不管破裂是大是小，那都是很尋常的事，關鍵在於發生破裂時如何處理。如果父母表現失當或忽視孩子的需求，他可以啟動修補程序，告訴孩子：「抱歉，我火氣太大了。」、「我沒想到你會那麼生氣，不知道你想和我談談。」父母可以坦承錯誤並為自己的行為負責時，事情比較好解決。在修補關係時，把孩子視為夥伴，會讓他們覺得受到尊重和重視，受到尊重的孩子比較容易培養自尊。

遺忘的經歷

你拖延一件事情時，過往經歷都會在當下浮現，你可能知道讓你如此恐懼不安的原因。即使你不知道，一段和你自尊有關的陳年記憶肯定也在此刻啟動了。早年經歷對我們自尊的培養有長遠的影響力，它們就像鏡子一樣，反映出我們是誰，那反射形成我們一輩子的背景基調。

心理學家路易士．科洛里諾（Louis Cozolino）寫到這些早年經歷時問道：

父母珍惜、關愛、重視我們，還是覺得我們很煩人、討厭或無趣？我們和父母在一起時，是感到安全有保障，還是覺得沒人理，有種被遺棄的感覺？他們之所以愛我們，是因為我們這個人，還是因為我們做的事情討他們歡心？我們凝視他們的雙眼時，那眼神反映出我們的關愛，還是顯得不耐、冷淡或不悅？……我們只能從個人自尊的反射、對待自己的方式、允許別人對待我們的方式中，了解這些單純的經驗。我們關心自己、鼓勵自己、覺得自己有價值嗎？我們是否不斷地嚴格檢視自己、事後批評自己的每個想法和行為？我們犯錯時，如何對待自己？我們失敗時，能否面對失望，從經驗中學習，繼續向前邁進？

和孩子契合的父母，會給孩子一個安心的基地，那是讓人覺得受到接納、關愛、完整、有信心的地方。安心基地也是讓人探索世界、追求喜好、發掘機會和學習新知的基礎。幸好，成長過程中缺乏安全感的孩子，長大以後如果能找到可靠、關愛、令人安心的伴侶，也能獲得這樣的安全感。

一切都和愛有關

所有家庭經驗都會讓孩子對於「如何被愛」留下特定的想法。在有些家庭中，愛是無條件的，家人會完全接納你原本的樣子。在有些家庭中，愛是有條件的。一個家庭接受的東西，另一個家庭不見得會接受。例如，在有些家庭中，愛與關懷的表現是對彼此生活的每個細節都很感興趣，但別的家庭可能會認為這麼做是一種打攪或失禮，他們關愛的是能照顧自己、對人無求的人。

孩子可能以為他必須在家裡扮演某個特殊角色，才有可能受到關愛。例如，孩子可能覺得自己要做到下面幾點，才會被愛：

- 我是完美的孩子
- 我也能做到別人輕易做到的事情
- 我的成功不會威脅到你
- 我遵守你的規矩

- ◆我總是以你為重
- ◆我對你要求不多
- ◆我可以變成不同的人

這些條件代表了孩子希望被愛的想法，但那希望能否實現？即使孩子努力讓自己符合他認定該達到的條件，他不見得就能獲得關愛。如果他是在這種狹隘的條件下獲得關愛，那表示只有某些部分的他受到喜愛。拖延是把部分的自己隱藏起來，以維持他的假設成立（關於哪些是可行或可能的假設）。孩子可能覺得這是他獲得關愛的唯一方法。

假設一個孩子認為，為了獲得關愛，他必須相信父親對任何事情的看法都是對的。由於父親是「知道的人」，自己必須當那個「不知道的人」，所以孩子的自尊必須妥協。當孩子選擇拖到最後才提筆寫報告時，他是在阻礙自己，不肯充分發揮天分和能力，這樣做可以讓他持續當那個「不知道的人」。如果孩子不拖延，允許自己探索和表達自己的想法，他就頂替了那個「知道的人」的位置，這等於是直接挑戰自己的假設，質疑他和父親的相對關係。

質疑你對自己和家庭長期以來做的假設，並試圖改變它，可能令人感到不安又困惑。這也是拖延之所以難以克服的原因，這不單是改變習慣而已，更需要改變你的內心世界。不過，當你接觸到那些被拖延所阻礙的能力和部分自我時，你會因為取得完整自我的自主權而獲得極大的喜悅，這種自我整合是自尊的真正基礎。

第十章
展望成功

所以，拖延不是那麼簡單的事，對吧？以前我們覺得拖延是因為懶惰、缺乏紀律或道德瑕疵，現在我們知道原因並不單純。沒錯，你的拖延是可以理解的，那不是偶發的問題，而是你基於某些原因而產生的行為。拖延是一種由心理根源、生理因素、人生經驗交織而成的複雜問題。

就某種意義來說，拖延是在幫你，它讓你不用去面對不討喜的自己，幫你躲避不自在、甚至恐懼的感覺。在你不願採取讓你感到不安的行動時，它給了你一個方便的藉口。但是不管你拖延的理由是什麼，不管它給你什麼「安慰」，你都為它付出了代價。

我們來看看你付出了哪些代價。你壓抑自己在工作和學業上的努力，迴避冒險和探索新的可能，無法自然地表達想法和情感，照著自己認定的狹隘觀點行動，讓自己所愛的人失望，辜負或惹火了其他的人。不僅如此，你在情緒上也吃足了苦頭：焦慮、怨恨、欺騙或失望，其中最昂貴的代價是你削弱了自信。

如果你決心不再拖延，直接面對你的恐懼，你覺得會發生什麼事？如果你不夠完美，你會怎樣？成功對你來說有什麼危險？認清自己的能力侷限又有什麼危險？你做出承諾後，真的會無法掙脫嗎？如果你表明自己的觀點，會有什麼結果？誰說如果你照別人的時間表來做事，你就不是獨立個體？雖然你感到害怕，你還是可以著手改變你的拖延習性，就像馬克吐溫說的：「勇敢是反抗恐懼，戰勝恐懼，而不是毫無恐懼。」放棄對拖延的依賴需要勇氣，本章中我們將給你一些建議，幫你邁出第一步。

改善的風險

如果你被拖延搞得心灰意冷，分外挫折，任何減少拖延、提高效率的方法可能都對你很有吸引力，或許你還會覺得人生可以因此獲得全面的改善。很多人覺得，一旦克服了拖延的毛病，他們就會快樂、成功、輕鬆許多。但是他們忘了，改善拖延就得面對他們一直以來迴避的恐懼。

例如，假如你工作上的生產力大增，你會升到新的職位，面對更多的要求與職責。你可能會擔心自己應付不來，或必須更常出差，陪伴家人的時間更少。或者，假如你終於繳了拖欠許久的所得稅，你不僅需要面對拖欠的稅款，也必須承擔欠稅的罰則，不得不依法行事。

我們希望你思考一下「改善的風險」，亦即放棄拖延後，你可能面對的麻煩結果。這些潛在的風險不見得合理或符合邏輯。我們不是要你預測不再拖延後會發生什麼事，而是想想情況會有什麼改變，你會因此有什麼感受。

你停止拖延後，必須面對哪些你目前不必煩惱的新問題或新情況？

花幾分鐘想想這個問題，發揮你的想像力，努力想出至少五個你可能面臨的風險。以下是我們拖延治療團體的參與者所提出的一些改善風險，我們根據主題將它們分門別類。

❖ 我可能幻滅……

如果我竭盡所能，結果表現平庸，那該怎麼辦？

我可能達不到我一直以為自己能做到的事。

如果我發現自己和其他人不相上下，會失去優越感。

❖事情永遠做不完……

我會變成工作狂。

我會擔負愈來愈多的責任，反而把個人的需求擺在最後面。

我會發現需要做的事情比我想的還多，可能會沒完沒了。

❖我的人際關係可能會改變，而且不是變好……

高處不勝寒，我會失去朋友。

別人會和我比，把我比下去。

我的缺點將一覽無遺，沒人會喜歡我。

每個人都會嫉妒我。

我和家人的差異會太大。

❖我會無法掌控自己的生活……

我不得不接受別人的規矩和期待。

我得學習新的東西，重新當個新人，我比較想當專家。
新文化會徹底掌控我。
大家對我的要求會愈來愈多，我又不能說「不」。

❖生活會很無聊……

我會失去「時間抓得很緊湊」的刺激感和挑戰。
我會失去靈感，缺乏創意。
早早完成的事情感覺太容易了，沒什麼意思！

❖我得對自己負全責……

我無法再把自己做的事情或沒做過的事情都歸咎給別人。
在最後關頭沒人幫忙，完全得靠自己，那會是什麼情況？
我必須為如何安排時間做許多困難的決定。

❖我無法再當好人……

如果我成功了，可能會變成自大的傢伙。
我會變得自以為是，看不起那些還在拖延的人。

我可能會變得很無趣，不再特別。

我會變得很好勝，想和每個人一較高下。

❖ 或許我不配……

我得承認我還有一些價值。

我對自己的拖延還沒懲罰夠。

萬一我又開始拖延了，我會對自己更加失望。

這些「改善風險」讓我們更清楚了解為什麼打破拖延習性如此困難。如果你停止拖延，情況就會改變。即使是變好，你可能會覺得自己是踏入不熟悉的危險地帶。目前為止，雖然你為拖延付出了代價，也受到侷限，但拖延為你提供避風港，相形之下似乎沒那麼糟。那個嶄新、不拖延的你則是未知數，對你來說是一種風險。改善的一大挑戰就是，你必須找出定義自我的新方法。

當拖延是自我形象的時候

每個拖延者的自我形象中，有多少是來自拖延，情況各不相同。在你採取行動減少拖延的程度時，我們請你先思考一下，有些拖延行為可能提供你一種獨特的身分或形象，那些自我形象可能很難拋棄。

❖ 可愛的小丑

大家對待拖延的一種方式，是把它當成笑話來看待，以它為基礎來塑造身分。他們可能把自己拖延的經歷當成笑料，把最近差點趕不上期限的始末拿出來娛樂朋友；晚餐遲到許久時，以自娛娛人的方式謝罪；或者趕在報稅最後一刻才一路笑到郵局寄稅單。他們把拖延當成娛樂大家的重要素材，所以可能擔心自己不再拖延後，有失個人風格。

佘基爾常拿自己拖延的故事來逗大家開心，他告訴認識的每個人，有一次他必須在百貨公司的洗手間裡，用膠帶貼住新買的褲子褶口，因為他一直拖到要和執行長開會的前三十分鐘，才去買一套西裝。在大學的兄弟會裡，大家票選他是「最可能趕時間的人」。佘基爾的拖延變成他逗大家開心的方式，要是他放棄這個滑稽的角色，他不知道自己會變成什麼樣的人，也不知道大家還會不會覺得他很風趣。

❖ 聖人

有些人為人生增加目標及方向時，會考慮到別人的需要，卻拖延自己的需要。當然，有時候你會想要幫助親朋好友，但是持續關心他人時，你可能忘了自己已陷入難關。你隨時都在幫助他人，從來沒時間處理自己的要務。雖然你打算晚上工作，但是朋友哭哭啼啼地打電話來時，你和他講了兩小時的電話。學校的家長會請你擔任春節聯歡會的會長時，你雖然需要犧牲所有的閒暇時間，你還是答應了，這一切都是因為你覺得別人**需要**你。

由於這一切看來理由充分，隨時幫助別人變成一種自我欺騙的拖延。當你選擇為別人做事，而不是為自己做事時，你似乎做了一個無私、大方、值得讚揚的決定，但是幫助他人卻沒時間顧好自己，你很難了解什麼對你來說是最好的。當你把時間都拿來照顧別人時，你的身分和目標永遠沒機會出現。我們不是在鼓勵你過完全自私的生活，只要專心追求自己的目標就好。但是如果照顧別人讓你迴避了解自己，你並非聖人，而是砲灰。

❖ 萬事通

有些拖延者為自己塑造出什麼都懂一些的形象，他們希望自己的生活包含大家感興趣的各個面向，從政治、哲學、技術，到鍛鍊身體和編織籃子，無一不包。想了解每件事情需要花很多時間，所以他們擱著正事不做，卻花好幾個小時上網，追蹤最新的話題，下載書籍，瀏覽世界各地的新聞。

這些人通常無法善用才能為自己帶來效益。想要精通**每件事情**的欲望，讓他們無法達成**任何事情**。他們不願侷限在任一個學習領域、某個特殊興趣或平凡的職業，覺得自己是萬事通，往太多方向發展，結果一事無成。

❖奇人

拖延可能導致最後關頭陷入大混亂，有些人就喜歡扮演轉危為安的英雄角色。為了趕在最後期限完成任務，他們可以連續工作三十六小時，或臨時想出妙計爭取更多的時間。他們的創意不是用來生產，而是替危機找出富有想像力的絕妙解決之道，好讓大家把他們當成扭轉奇蹟的奇人看待。

通常這些人扭轉的奇蹟其實是他們自己一手創造的危機。今天之所以會大難臨頭，就是因為他們一直拖延，把自己逼上了絕路。如果不拖延，也就沒什麼問題需要解決，不需要扭轉奇蹟了。他們需要製造奇蹟，才會覺得自己與眾不同，拖延滿足了他們想要製造奇蹟的需要。

❖白紙一張

你可能對自己不太了解，也不知道自己想要什麼，拖延可以幫你隱藏這些事實。表面上看來，你因為有拖延問題而沒辦法達成目標，但實際上你連自己的首要之務是什麼都不清楚：你的興趣、偏好、價值觀、需要和目標是什麼？在缺乏進一步的自我認知下，即使你不再拖延，你可能也不知道該如何運用新發現的能力來追求進步。

如果你從來沒問過自己想從人生中獲得什麼，或你雖然問過，卻一直找不到真正的答案，你可能會覺得人生缺乏明確的方向或目的，缺乏方向感可能導致拖延。當你不清楚什麼東西對自己最重要時，可能會對每個新機會都充滿興趣，每件事情都只做一半就擱著，然後改做另一件事，以至於未完成的工作不斷堆積。如果做一半的任務、待辦事項、即將到來和趕不上的期限，把你壓得喘不過氣來，這可能是因為你像一張白紙，需要東西填滿，才會因此充滿焦慮。

拖延者背後的真實本色

拖延阻礙你了解自我。當你滿腦子想著拖延時，無法清楚思考重要的議題。你忙著向外界呈現某個形象，甚至謊稱你如何安排時間，不讓人知道你經歷的實況。拖延讓人覺得自己活在謊言中，充滿不安。我們鼓勵你減少對拖延的依賴，以便過更真實的生活。

你需要了解拖延之外的你，如此才能開始接納自己的真實本色，而不是你希望的樣子，或你覺得自己應有的樣子。這當然不是一件容易的事，需要誠實了解自己，真實地評價自己，接受你發現的自我。心理分析學家卡爾．榮格（Carl Jung）說過：「最可怕的事，莫過於完全接納自己。」不過，這種接納自我的「可怕」過程（接納所有的瑕疵、創痛和傷痕），也可以讓你如釋重負。

面對現實：認清你與生俱來的特點

每個人都希望能改變自己某些方面，但有些方面是與生俱來的。只要我們迴避或否認它們，就無法理解與整合它們，也無法把它們當成改變的基礎。

生理真相

每個人天生都有獨到的特質。也許你有某種特質，讓你碰到吵雜的聲音和喧鬧的活動就退縮；有些人則是需要動個不停，隨時有人陪伴。或許你喜歡接觸新鮮事物，或需要時間才能適應新環境。如果你需要安靜才能思考，你的朋友或許適合在咖啡館工作，但你就不適合了。如果你覺得自己應該可以通宵熬夜，但身體卻撐不過午夜，或許你應該聆聽身體傳達給你的訊息。個人特質沒有所謂的好壞之分，那是你與眾不同的地方，你必須從那裡開始出發。你應該要接納你的生理現實，想辦法找出因應之道，而不是讓它成為你拖延的因素。

每個人的大腦都有優缺點，有些功能運作良好，有些功能比較吃力。以珍來說，她很多事情都可以做得很好，但是一處理空間關係，她就沒轍了，她以前常為了老是迷路而氣自己沒用，立體幾何學的成績也是她高中成績單上的憾事。所以，她總是忍不住拖延自己不擅長的東西，例如修理東西或把東西裝進汽車後車廂之類的事情，因為這些事情總是讓她倍感挫折，也覺得自己很笨。不過，如果你接受自己的大腦某些領域原本就比較弱，你就能採取一些方法來彌補。珍現在裝了衛星導航系統，出發前會先看線上地圖服務 MapQuest 上的地圖，告訴大家她需要清楚的方向指引。還好，身為心理分析學者，她在工作上不太會用到立體幾何。如果你注意自己比較弱的領域，善待自己，多練習這方面的技巧，或想辦法以其他的輔助來彌補，你可以幫自己和大腦做得更好。

如果我們否認大腦某些方面的弱勢，或對自己的缺點感到怨恨，反而會因此陷入麻煩，接納它們則對我們有益。你可以多注意這些比較弱的領域，持續練習，加以改善，久而久之，你的大腦會建立新的神經連結，強化你原本比較弱的領域。不過，有些領域再怎麼加強還是有它的極限，所以接納你大腦的真實狀況，可以幫你過屬於自己的生活，不再怨恨自己，或希望自己像別人一樣。

情感真相

想要完全接納自己，需要了解和接受自己全部的情感，不分好壞。愛與恨、興奮與自責、妒忌與感激、欲望與懊悔，都是人類七情六欲的一部分。

不管是什麼情感，都要去了解，這樣才能幫你培養出丹尼爾．高曼（Daniel Goleman）所謂的ＥＱ。ＥＱ是「一種辨識自身和他人情感，激勵自我，幫我們管理自身情感和人際情感的能力。」ＥＱ不是指學識淵博，而是擅長人際應對，是從了解自己的情感開始。ＥＱ不僅對人際關係的和諧很重要，研究也顯示，ＥＱ對一個人事業成功的影響比智商還大。

拖延會引發自責或自我厭惡之類的情感反應，不過就像之前所講的，它也可能是在幫你躲避其他不安的情感。如果你花很多時間和心力迴避任務和專案時，可能也是在躲避和那些任務有關的不自在感受。例如，大家延遲報稅，可能是因為想到自己去年沒賺夠就心情不好；或是因為他們雜亂無章，找不到需要的東西，在紙堆中翻找東西時，可能會開始痛恨自己缺乏條理；也可能是因為他們對於算數感到焦慮。與某件事有關的焦慮情緒，通常暗示這其中也涉及了其他感受，才會導致你迴避那件事情。

情感不見得一定是暗中阻撓你如願以償的神祕敵人。當你注意到那些通常會導致你拖延的感受時（例如猶豫、不自在或焦慮等等），就有機會更了解自己，發現你拖延背後的原因，從而採取行動，幫你改善情緒。

很多人認為，感覺不自在是拖延的好理由，但是認為你只有在感到自在時才能採取行動，那是相當自我設限的假設。認為只有在情緒狀態「剛好」時才適合採取行動，那是一種完美主義。如果每個人都等到自己覺得自在時才採取行動，就不會有冒險（因為未知總是會帶給我們焦慮），也不會有學習了（因為適度的焦慮會激勵我們學習，過度的焦慮則會干擾學習）。

即使你對任務的焦慮感大到讓你吃不消，我們還是鼓勵你注意這種感覺，而不是希望它消失。關注你的感覺，以慈悲的態度觀察它們，試著去了解它們，依舊展開行動，才不會讓焦慮和拖延主導你的生活。心理學家喬治．艾弗特（George Eifert）和約翰．福賽斯（John Forsyth）注意到：「顧客花很多心力想要管理焦慮，彷彿管理焦慮是他們的正職一樣。」我們覺得很多拖延者也有這種現象。如果你也是如此，我們誠摯建議，或許你應該把焦點放在別處，別再把管理拖延當成生活重心。

當你允許、接納、探索、試著管理你的情緒時，它們就不會阻礙你行動了。當你不安地面對令人畏懼的任務時，試著讓自己平靜下來。或許你需要刻意地深呼吸，向自己強調你其實不是在面對災難和浩劫，恢復比較平衡的心態，讓自己可以真正地思考。切記，從大腦恐懼中心傳向思考中心的訊號移動極其迅速，從思考中心傳到恐懼中心的通路則緩慢許多，所以別期待你恢復平靜的速度像你感到恐慌時一樣迅速或徹底。

價值觀真相

接受真實本色是指真實面對你的價值觀。價值觀代表你生活中最重要的態度。「目標是目的地，價值觀是人生的方向。」了解自己的價值觀，可以幫你接觸核心自我。你不可能直接看到價值觀，但是它們會反映在你的行動中。無論你的目的是賺大錢，還是把多數財富捐給慈善公益；是為自己工作，還是為社群工作；是掌握權力，還是迴避權力鬥爭，這些目標都說明了你的價值觀。如果你拖延那些可以幫你朝目標移動的事情，拖延就妨礙你展現真實自我。例如，你很重視成就，拖延工作就是干擾你照著那樣的價值觀生活。如果你很重視家庭關係，拖延工作可能是你為了多陪伴家人而自願做的犧牲。其他一些價值觀的例子包括：幫助他人、根據心靈或宗教信仰過生活、維持身體健康、發展個人見解等等。價值觀就像生理和情感因素一樣，是你特有的。

想找出你自己的價值觀和優先要務，需要把你和這輩子接收的一些觀點和角色區分開來。如果現在所處的文化背景和你的出生背景不同，原有文化的價值觀和當前新文化的主流價值觀可能會相互衝突。我們鼓勵你找出對你重要的東西，思考你的親朋好友是否也覺得這些東西很重要。有時候拖延反映出別人對你的期許和你真正想做的事情之間的差異。

你的拖延可能是在警告你，你採取的方式可能有一些倫理或道德上的疑慮。例如，一名木工換了新工作，但是他天天都無法準時抵達施工現場，因此不斷責備自己。但是當他仔細思考這件事時，發現他之所以會這樣，是因為他對老闆的經營方式有所質疑。僱用他的包商涉入幾樁不法的生意，例如用不法獲利蓋房子。木工每天拖延上工是他不願妥協個人價值觀的徵兆。

有時你會發現，你的價值觀和優先要務與別人灌輸給你的觀念一致。你想要的東西或許和別人對你的期待一模一樣，但是你依舊拖延，因為你以拖延作為反抗他人影響的方式，在過程中你放棄自己的價值觀。為了反抗而放棄自己的價值觀真的比追求自己重視的東西還要重要嗎？

如果你在某方面的拖延是為了表達你在另一方面的價值觀，你是在傳達重要的東西，應該加以闡述。但是如果拖延妨礙你照著自己的價值觀生活，你是讓自己無法享有按核心理念生活的那種踏實感。

整合

健康體系運作時會呈現和諧感，那是連貫整合的，不僵化也不混亂。我們在任何組織裡，無論是企業、家庭、身體或自我，都可以看到系統的連貫性。當你的自我體系太僵化時，你以完美主義者的標準要求自己，結果導致拖延；你一再重複同樣的行為，不管它是否有效；你對別人的期許堅持不改；你認定的生活無法如你所願時，內心混亂難平。相反的，混亂的自我體系反映出一種失序狀態。當你對自己是誰以及想要什麼感到困惑，在憂鬱與衝突之中掙扎時，或是因拖延而在最後一刻陷入極度狂亂時，你不是以整合的方式運作。當你做事太僵化或混亂時，都會失去真正的自由和自發性，影響活力，逐漸變弱。

相反的，如果你以連貫的自我體系為目標，則是朝著活力、和諧與平衡的體驗邁進，幫你培養實驗與探索的彈性應變力。不管生活的路途上發生什麼，你都相信自己應付得來。相信自己的彈性應變力，可以讓你更有自信，那自信也會變成你自我形象的基石。當你把自己定義成有彈性應變力的人，而不是一定要表現出色時，你就打破了前面提過的自我價值等式，不再以表現和能力定義你的價值。

內心的檢察官與辯護律師

達到彈性應變的狀態並不容易，拖延者往往嚴苛評判自己的感受和行為。他們常拿自己去比較某些他們覺得**正確**的為人處事標準，彷彿現實中存在一種（而且只有一種）真理似的。拖延者對自己非常嚴苛。事實上，他們有些人的「內心審判長」通常非常苛刻、偏頗、難以取悅，與其說是審判長，不如說是檢察官還比較貼切。審判長會聽取各方的證詞，盡量做出公正的判決；檢察官則是只想要證明有罪，只提出有助於定罪的證據。內心檢察官可以隨意做出惡毒的人身攻擊——沒有朋友會那樣做——它會在失望的結果出現時，加以迎頭痛擊，咬住缺點不放，預言失敗，從來不給任何安慰或鼓勵。

每個人「內心檢察官」的批評各不相同，視拖延者最在意的議題而定。害怕自己太成功的人，或許會聽到內心檢察官說：「你以為你是誰？你憑什麼覺得你能承受自己創業的壓力？你怎麼可以去搶朋友的生意？」不願受到控制的人可能會聽到：「只有弱者才會順從那指令，不久他們就會得寸進尺，踩到你頭上。」可惜，對很多人來說，內心檢察官的批評一直支配著他們的生活，從未受到質疑。

為了反駁內心檢察官的指控，拖延者可能內心產生另一個聲音——辯護律師的聲音。檢察官開始指控時，辯護律師就出來替你發聲還擊。大衛是一個律師，他總是希望把每個案子都準備得十全十美。他寫下內心檢察官與心中辯護律師之間的一段對話。你也可以做同樣的練習，在腦中思考或寫下來都可以：

檢：你這個白癡！又把事情搞砸了。你根本不夠聰明，沒資格在這家公司工作，他們遲早會發現你很笨。

辯：我早點開始做的話，可以做得更好。

檢：你早該知道要早點開始，而不是拖那麼久。

辯：我還有很多其他的事情需要處理。

檢：你總是有藉口，不是因為這件事，就是因為那件事。

辯：如果你不追究，我可以更快回歸正軌。

檢：我要求嚴苛是為你好，沒有我，你就沒有動力。

辯：才不是這樣。如果你不要一直攻擊我，我可以做更多的事情。

檢：但是這樣一來你永遠做不好。

辯：不要預測我的未來。我已經學到很多，每個經驗都讓我變得更好，我只能從眼前做起。

挑戰在於學會為自己辯護，讓你的價值觀和行動以不受批判的方式盡可能地呈現。對於「我自己想要什麼？」這樣的問題，並沒有絕對正確或錯誤的答案。這表示你不僅必須遠離他人的影響，也必須隔離那個過度發達的批判觀點，你必須自己讓開，別再擋住自己的路。

那個辯護律師的聲音創造了全新的正面思想，我們覺得它可以幫忙建立新的神經連結，削弱舊的連結。你愈常練習自我辯護，它在大腦中的運作會愈來愈自動自發，更能幫你維持大腦的平衡，增添自信。

或許你現在可以思考替代「拖延者信條」的理念。

擺脫拖延者信條

✓ 十全十美是不可能的。

✓ 努力嘗試是好事，而非愚蠢或軟弱的表現。

✓ 失敗並不危險，在人生中是稀鬆平常的事。

✓真正的失敗是不去經歷。
✓每個人的能力都有極限，包括我自己。
✓一件事如果值得去做，就值得犯錯。
✓挑戰可以幫助成長。
✓我有資格成功，我可以因應別人對我成功的反應。
✓這次做好，下次還有機會。
✓按照別人的規矩做事，不表示我毫無權力。
✓展現真實自我，就可以和喜歡真實自我的人建立真實的關係。
✓可能的答案很多，我需要找出我覺得恰當的答案。

你讀這串清單時有何感想？這些觀念一開始可能讓你感到吃驚，但是你讓它們在腦中滲透時，就會逐漸感到豁然開朗。它們為你提供新的生活態度，讓你變得更有自信，跨出去探索和冒險，不再靠拖延尋求保護。

第二部

Part 2

克服拖延

採取行動

後續幾章中，我們將提出多種克服拖延的技巧，先幫你掌控這習性，最後完全克服這個問題。這些技巧都是專為拖延者設計的，**只要你確實執行**，一定有效果。

當你實際操作這些建議時，或許會產生一些拉扯，就像做其他的事情一樣，你會想要反抗，尋找藉口。我們希望你多注意你如何運用這些合理有效的技巧來改變自己，因為反抗不見得是你的敵人，你也可以把它轉變成盟友。當你發現自己延遲嘗試這些技巧時，可以從詢問以下的問題學到很多東西：究竟是什麼原因讓我感到不自在？這牽涉到我以前的事嗎？我面對的是我通常不想理會的事情嗎？什麼原因讓我覺得我現在無法做這件事？

我們觀察自己的行為，釐清反抗的原因時，可能會發現自己其實是以老舊模式因應，是過去的恐懼在作祟，而不是針對當下的情境反應。此外，只要我們發現反抗的原因，通常就不會覺得事情難以招架或那麼可怕了，比較能夠勇往直前。

改變至少需要四階段

改變和學習新行為是漸進的過程，改變的發生有多種模式。詹姆斯．普羅察斯卡（James Prochaska）和同仁研究健康習慣和藥物濫用的改變過程，結果發現一個可預知的順序，稱為「改變階段」。第一階段是「懵懂期」，這時你還沒準備要改變，甚至沒想過要改變：「拖延？什麼拖延？」你會讀這本書，表示你已經走過這個階段，至少已經到了第二階段：「盤算期」，這時你開始思考，自己是否已經準備好採取行動，是否已經做好因應正面或負面反應的準備。「我知道我在拖延，但我明天再考慮看看。」第三階段是「準備期」，你想試試看，你尚未完全投入，但願意嘗試新的東西，「好吧，我終於開始運動了。」接著第四階段是「行動期」，「我今天去了健身房，感覺還不錯。」由此可見，你需要經過三個階段才能著手做不一樣的事情，我們覺得這點很有趣，這也是「只管去做」（Just do it）為什麼那麼難的原因。

麥克·哈葛羅（Michael Hargrove）是傳授成功學的大師兼研討會的主講人，他也有一套四階段的模式，強調改變各階段的心路歷程。哈葛羅的第一階段是「不自覺不勝任或改變前」，這是不知情或否認的階段，這時我們不讓自己注意「不做該做的事會對我們產生多大的傷害」。第二階段是「自覺不勝任或醒悟」，這時我們意識到不做該做的事所付出的代價。哈葛羅覺得這是「改變最重要的一步」，因為這時我們開始意識到自己需要有所改變。

第三階段是「自覺勝任或決心改變」，這時我們努力完成現在我們意識到該做的事。這在改變過程中可能是令人尷尬的階段，因為學習新行為需要下工夫、練習、不斷地重複，過程中會遇到許多挫折。第四階段是「不自覺的勝任」，這時我們認為該做的事情變成習慣，不用花心思、甚至不假思索就可以做到。

從神經生物學的角度來看，你到達第四階段時，舊的神經迴路已經切斷了，開始使用新的神經迴路（新的神經元接在一起）。在某個時點以後，準時完成任務變成再自然不過的事，不過你還是需要留意老毛病可能復發，尤其是壓力大的時候。想要維護改變，需要不斷下工夫和反覆實踐。久而久之，你可能會覺得拖延毫無吸引力可言，「馬上動手做」比較容易。

一開始你可能只有小幅度的改善，而不是突然全面轉變。在固定心態下，採取任何行動都算成功，沒採取的行動就是失敗。在成長心態下，任何行動，不管是進步還是退步，都是從經驗中學習的機會。

終結四大拖延因素的技巧

第二部介紹的技巧是針對經研究證實「容易導致拖延」的四項主因（關於拖延的相關研究摘要，請參閱附錄一）。這四個導致拖延的因素是：

原因一：對成功的能力缺乏自信

為了建立成功的自信，我們建議你選一個切合實際、能達成又容易衡量的目標，接著把目標細分成容易面對的小單元，從可以在短時間內完成的單元開始著手，因為一事成功，事事順遂。我們替患有注意力缺失症和執行功能失調的人，以及經歷文化轉變的人，提出了一些特定的技巧。

原因二：任務令人反感（預期過程困難重重或結局很慘）

希望你讀過本書第一部已經了解到：一項任務困難或令人反感，可能和任務本身沒什麼關係。任務令你感到不自在，那和你內心的恐懼或焦慮有關，這種不安讓你對任務產生反感，所以才會想要躲避。當你了解自己的恐懼，逐漸接納真實自我時，可能會驚訝地發現，事情其實沒那麼討厭。有些任務對你來說可能變得毫無感覺（沒錯，即使是報稅也有可能），有些事情甚至會讓你覺得充滿樂趣！

我們會提供一些讓任務過程及結果變得更可親的建議，例如尋找盟友的支持、以社交經驗作為回饋、交派任務出去以減少待辦事項、設定承擔任務的極限，以免自己吃不消，以及放棄你不需要的東西。我們也會建議你如何因應不自在的感受，才不會因為不自在而停滯不前。

原因三：目標或報酬太遙遠，缺乏真實感或意義

為了讓遙遠的目標或報酬更有真實感、更明顯，我們建議你把任務細分成小段，經常獎勵自己。我們也會教你如何改善你和時間的關係，讓未來不再模糊，與當下更緊密相連。我們也鼓勵你注意自己的價值觀，如此一來你才能隨時提醒自己，長遠目標對於界定你是誰以及你想要什麼非常重要。

原因四：難以自我約束（例如容易衝動和分心）

在自我約束方面，我們會教你一些放鬆身心的技巧，協助你管理情緒，阻止你分心。我們也特別為患有注意力缺失症和執行功能失調的人提出一些建議。

運用技巧的心法

❖ 一次嘗試一種新技巧

我們建議你一次實驗一個技巧，一下子用上所有的技巧會讓你感到吃不消、應接不暇，或因為做不到而洩氣，導致你還沒進步就先放棄。

❖ 慢慢來

很多人一開始可能會想要全心投入，不過就像我們之前講的，想要一下子做很多，這本身就是一個問題，所以你應該慢慢來。不管你多想改掉拖延的習性，再怎麼努力，你都不可能隔天、隔週或隔月就完全停止拖延。

❖ 注意內心的抵抗

運用這些技巧時，你最好也留意內心的反抗。例如，即使你在處理拖延問題上有進展，你可能對自己不夠努力、進步不夠快，或未完成你設定的所有目標，而對自己失望或生氣。又或者，你可能覺得我們對你要求太多，認為這些技巧太費神。不管反抗是以什麼形式呈現，都會讓你在原地停滯不前。

我們感覺不自在時，通常會心生抗拒。這些技巧看起來簡單，其實不然。它們真的有效，但是你必須採取行動，實際落實才有效果，這當然也是拖延者最難做到的：把腦中所想的付諸實踐！當你停滯不前時，回想一下本書第一部提過的議題。恐懼如何阻礙你前進？你停下腳步是因為害怕面臨失敗或成功？你打定主意絕不屈服嗎？你擔心和人過於接近或過於疏遠嗎？你扮演符合家庭期待的角色，還是符合朋友或學校期待的角色？你雖然恐懼，還是可以採取行動。這是你的拖延問題，沒人可以逼你改變或替你改變。

❖使用筆記或日誌

追蹤變化過程的一個好方法是寫日誌，強烈建議你去找一本筆記本，來記錄接下來的練習，以及過程中的想法或反應。有些人喜歡記錄生活中發生的特定事件，一開始通常不太容易看出型態和主題，但是當你回顧生活中的連串事件時，就可以清楚看出其中的型態。如果你在描述事件時也把感想記錄下來，你也可以觀察到你思維與情緒反應的模式。追蹤你的嘗試和反應，可以提供你寶貴的資訊，這些資訊就不至於遺忘或扭曲了。

❖自由書寫

你可以拿筆記來「自由書寫」，自由書寫就是在有限的時間內，以不停頓、不判斷、不加修飾的方式，在有限的時間內寫下你想到的東西。作家通常用這種方式來動筆，或發現原本沒意識到的想法。

在十到二十分鐘的自由書寫過程中，你就是一直寫下去，即使你寫的是「我沒什麼好說的」或「我不知道接下來要寫什麼」。不要把筆移開紙上或停止按下鍵盤，腦中想到什麼就寫什麼。別擔心標點、拼字和語法，也不用在意你寫的東西有沒有意義或是否準確。不要塗掉、劃掉或刪除，自由書寫的目的不是要寫出一篇極品，而是要在不做判斷下探索你的想法和感受。

你可以用任何一種你覺得有用的自由書寫形式來克服拖延：探索恐懼，了解內心的反抗，找出價值觀，檢查你對我們這些建議的反應，或追蹤你對改變的反應。自由書寫之所以有效，是因為它不讓內心的檢察官對你的思想做評斷，讓大腦展開連串的聯想。通常在你開始自由書寫前，你不會意識到你有這些想法（切記，八〇%的大腦活動是在你不知不覺中進行的）。偉大的小說家兼短篇作家芙蘭納莉．歐康納（Flannery O'Connor）說過：「看到我寫的文字以前，我不太清楚我的想法。」

❖考慮心理治療

如果你能落實我們的建議，真的克服了拖延問題，我們在此恭喜你。不過，如果你發現自己一直拖著不試這些方法，你可能覺得自己陷入某種心理困境。如果你無法採用我們建議的方式，拖延問題持續破壞你的工作、人際關係和自尊，你可能需要去看一下心理治療師。在心理治療中，你可以探索拖延背後的焦慮，仔細發掘你選擇逃避而不面對時，究竟發生了什麼事。治療師提供的支持、尊重和保密關係也可以讓你受惠。

很多非西方的文化不贊成把問題拉到家庭或教堂外解決，尋求心理諮詢也讓人覺得羞於見人。非裔、亞裔、西裔美國人和移民通常不會向心理諮詢尋求協助，寧願從家庭、朋友、宗教領袖、傳統治療師那裡尋求幫助，如果這一切都沒效，他們會找普通的醫生看診。即使上了大學，逐漸相信心理治療的效用，他們還是不太使用這類治療。

心理治療機構和大學的心理諮詢中心通常都有來自不同文化背景的雙語諮詢師。推翻傳統文化的價值觀以尋求協助可能很難，不過就像你在本書第一部中看到的，拖延有複雜的心理根源，所以你很難獨自解決這個問題。從心理觀點了解拖延問題可能有很大的幫助。

有些人對於心理治療是否真能幫助他們感到懷疑。《消費者報導》（*Consumer Reports*）雜誌做了一個著名的研究，證實心理諮詢真的有效，多數做過心理治療的人都表示，他們的心理有明顯的改善。找到讓你感到自在的治療師，比治療的類型和治療師的憑證更重要。給心理治療一次機會，長期治療的效果又比短期治療好。如果你在服用抗焦慮和憂鬱的藥物，心理治療是不錯的輔助，雙管齊下的效果比單純服藥更有效。

其實心理治療也對你的大腦有益。榮獲諾貝爾獎的心理學家艾瑞克・肯德爾（Eric Kandel）

表示：「心理治療可以改變大腦，這已是毋庸置疑的事實。」大腦有可塑性，當你和治療師談過，以新的方法思考和感受後，大腦會重整。治療效果愈成功，改變愈大。

現在，你已經準備好跨出改變的下一步，學習和落實可以幫助你終結拖延的技巧。無論你能不能馬上輕鬆運用這些技巧，或是要花好一番工夫才能落實，你都是在進一步了解你的拖延習性，朝不受拖延主宰的人生邁進。切記，重複落實非常重要，改變大腦的過程中，每一步都不能輕忽。所以，堅持下去，千萬別放棄！

第十一章

盤點拖延狀況

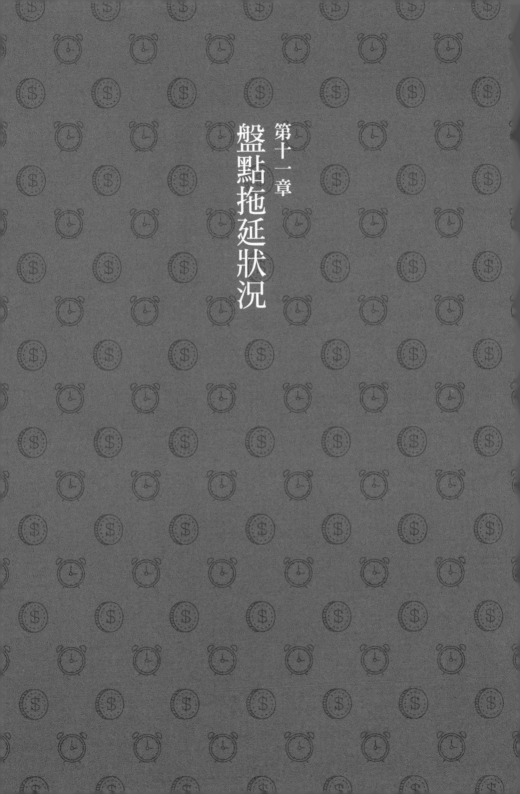

控制拖延的關鍵步驟，是先了解你的拖延方式。多數拖延者雖然經常拖延，他們除了希望戒除這個習性外，平時並沒有多去思考這個現象。以旁觀者的客觀觀點來看你的拖延習性，不做評斷，可以更深入了解你的問題所在。你只是在盤點你的狀況，目的是為了更了解你的拖延經驗。

檢視你內心的掙扎

回想你拖延的時刻，那可能發生在兩小時前，也可能是發生在兩年前。那可能很悲慘，也可能別人覺得沒什麼大不了。有時表面上看起來無傷大雅的情況，可能造成很大的情感衝擊，以下就是我們自已身上發生過的例子（譯按：指本書作者珍與萊諾拉）。

本書第一版在拖稿兩年後終於完成，準備送交出版社。編輯從波士頓來到柏克萊，和我們一起吃午餐慶祝。午餐後，她搭計程車去機場，我們兩人走回珍停車的地方時，發現車子不在。珍腦中馬上閃過一個可怕的念頭：車子被偷了，緊接著她又想到另一個同樣討厭的可能：車子被拖吊了。珍一臉茫然地坐到路邊，不僅她的車子被拖吊了，她也想到兩個可能的原因：她有一堆停車帳單沒繳、每年該登記的行照已經過期。這一切實在很諷刺：因為這發生在我們慶祝《拖延心理學》完稿的這天！還慶祝咧！所有的興奮、喜悅、放鬆的感覺瞬間一掃而空，取而代之的是自責和尷尬。

萊諾拉還在讀研究所時，一時衝動為她的舊金山小公寓買了一台磁帶錄音機。機器才剛搬回家，她的朋友瑞奇就來電說，她可以花更少錢買到品質更好的錄音機。誰能抵擋這樣的誘惑呢？於是瑞奇把那台更好的錄音機帶來，幫萊諾拉安裝好，一切都很順利，只不過萊諾拉自己買的那台錄音機仍原封不動地躺在門邊。萊諾拉當然想拿去退貨，但是七天的退貨期一晃眼就過了，接著十四天的換貨期也過了。她一直沒時間，因為在她退貨前，她得去一趟圖書館，查閱《消費者報導》（別忘了，當時還沒有電腦和網路），才知道要換什麼產品。接著，她需要花**一整天**，才能把機器連同箱子一起退回店裡，誰有那麼多時間？

一個月、兩個月、三個月過去了，每次萊諾拉進出公寓時，總會看到那個躺在門邊沒開的箱子。幾個月之後，進出公寓變成愈來愈大的折磨，萊諾拉聽到一個愈來愈嚴厲的聲音斥責自己：「妳是怎麼了？這麼簡單的事情也做不到？」表面上，退還錄音機看似一件小事，但是每次進出公寓時，萊諾拉都感到內疚、恐懼、焦慮和無能。

到此，請你寫下你記得最清楚的兩三件類似經歷，發生了什麼事？事件中牽扯到誰？什麼原因導致你拖延？你的感受如何？最後結果如何？有人因此受傷，或造成他人的不便嗎？接著自問，這些經歷是否有共通點或模式，你一直恐懼的可能是什麼？

萊諾拉最後終於可以平靜下來，客觀地思考她的狀況，她決定利用**一小時**的空檔把那台磁帶錄音機拿到店裡退貨，即使她連半期的《消費者報導》也沒翻閱過。她緊張地來到商店前，腦中反覆練習等一下要用來說服店員同意退貨的誇張理由，畢竟這比規定的退貨期限晚了半年。她走進店裡，遇到當初把那台機器賣給她的強勢女售貨員，對方問：「妳想退貨嗎？」萊諾拉說：「對。」她說：「好，我開一張退貨單給妳。」這個乾脆、意外的答覆，讓萊諾拉意識到她原來怕的是再碰到這個業務員，她想像對方會語帶輕蔑地說：「妳真是反覆無常！買東西前不先考慮的嗎？」雖然多年來萊諾拉沒刻意去思考這個恐懼，這是她從小時候就怕聽到的責罵，因為這讓她覺得自己很笨，很丟臉。難怪她一直拖著不退貨。這樣的領悟也幫她了解到，為什麼她寫這本書時第一個反應是：「我怎麼可能寫得出一本書？我根本無法思考！」

拖延的外在與內在後果

拖延會有後果，有時你和別人都可以明顯看出後果是什麼，例如：在高速公路上車子沒油、女子因長期遲到而遭到解僱、車庫裡堆滿半成品、十年前搬家就沒再開過的箱子、珍的車子被拖吊等等，這些都是外在的後果。

拖延也會有內在的後果，例如覺得自己能力不足、悲傷、內疚、欺騙、恐慌、永遠無法享受生活樂趣的感覺。例如萊諾拉每次看到門邊那個箱子就很焦慮。拖延者可能表面上看起來很成功，能力強，有才華，聰明大方，但是拖延的內在後果給他帶來很大的壓力，破壞他的自信和滿足感。

看看以下的清單，你符合哪些情況？還有其他的後果嗎？

拖延的後果

外在	內在
損失金錢	自責
丟了工作	尷尬或羞恥
成績退步	焦慮、恐懼
無法完成學業或培訓課程	無法集中注意力
喪失機會	內疚
和上司或同事起衝突	無法享受其他活動
職務調動	欺騙感
信譽受損	緊張、身體疼痛
和家人或朋友關係緊張	恐慌
意外或受傷	憂鬱
失去朋友	興奮和刺激感
分居或離婚	筋疲力竭、壓力
政府懲罰（例如納稅的滯納金或停車費罰款）	身體疾病
不敢投入感情	失眠和其他睡眠問題
債權人催繳	否認
濫用藥物（酒精、處方藥、非處方藥、毒品）	覺得自己能力不足
	感覺永遠被「待辦清單」追著跑
	最後關頭「大腦當機」
	感覺孤立、疏離

檢討你的拖延行為及後果之後，留心一下你的感受，你是感到難過？憤怒？放鬆？還是醒悟？如果你因為自己愚蠢、軟弱或沒原則而陷入自責，試著退一步想，安撫內在的批評者，啟動內心的辯護律師，尋找慈悲的聲音。試著想想，你可以從這些經歷中學到什麼。

你今日的拖延

拖延領域

有些人只在某個領域裡拖延，其他領域都沒問題。一名職業婦女有兩個孩子，她在工作和家務方面都很有效率，偏偏就是無法及時處理電子郵件。每次只要看到很多資訊等待處理，她就覺得難以應付，乾脆避而不開收件匣。有些人幾乎在各個生活領域裡都有拖延的毛病。一位四十幾歲的飛行員已經數年沒報稅，必要的家用與汽車維修都拖著不做，信用卡最低應繳額度也不繳，女友總是交往不久就分手，打算戒菸好幾年了卻依舊戒不掉。在生活各領域都拖延的人很少見，即使是那個飛行員，他還是天天準時上班，當初也順利從飛行學校畢業。切記，沒有哪個拖延者是無可救藥的，包括你在內。不管你拖延的毛病有多嚴重，都不至於影響你的每個生活層面。

為了幫你區別你在哪些領域會拖延，哪些領域不會拖延，我們列了一份活動清單，分成六類，這六類活動是：家務、工作、學業、個人護理、社交和財務。我們相信，不管你拖延的毛病有多廣泛，當你仔細檢討並勾選時，會發現你的拖延是選擇性的。

拖延領域勾選清單

家務

- □ 日常瑣事（例如洗碗、清潔、回收、洗衣、換貓砂、整理庭院）
- □ 小型家庭工程或修理
- □ 找維修工人、承包商、園藝師、清潔工
- □ 退還瑕疵品或不要的商品
- □ 大型家庭工程或庭院工程
- □ 汽車保養和維修
- □ 打開郵件或文件分類歸檔
- □ 買菜或日用品
- □ 做決定
- □ 扔掉報紙、雜誌和其他東西
- □ 開箱
- □ 電腦安全升級或軟體升級
- □ 其他 ____________

拖延領域勾選清單

工作（有酬或志工）

- [ ] 準時上班或開會
- [ ] 處理商務電話、電子郵件和手機簡訊
- [ ] 學習新技術
- [ ] 落實新點子
- [ ] 做決定
- [ ] 做行政工作和記帳
- [ ] 寫報告或做報表，製作簡報
- [ ] 對某人質疑一個問題
- [ ] 稱讚某人
- [ ] 開帳單或提出收據請款
- [ ] 要求加薪或升職
- [ ] 做研究，策略規畫，閱讀工作相關的資料
- [ ] 和老闆排開會的時間
- [ ] 找工作，規畫職業生涯，經營人脈
- [ ] 其他 ____________________

拖延領域勾選清單

學業

- ☐ 上課
- ☐ 做作業，為考試做準備，寫報告
- ☐ 和老師或輔導員交談
- ☐ 申請大學入學或獎助學金
- ☐ 做例行事務（繳費，買課本等等）
- ☐ 修完必修學分
- ☐ 選擇主修
- ☐ 為入學考試讀書
- ☐ 讀課程綱要，看哪些作業該交了
- ☐ 和其他學生聚會
- ☐ 打電話或寫信回家，或回家一趟
- ☐ 找工作或實習機會
- ☐ 申請特殊專案
- ☐ 其他 ______

拖延領域勾選清單

個人護理

- ☐ 運動
- ☐ 減肥
- ☐ 戒菸，戒酒，戒毒
- ☐ 預約健康檢查或牙齒檢查
- ☐ 個人衛生（刷牙，理髮）
- ☐ 常備處方藥
- ☐ 添購新衣
- ☐ 清理櫥櫃
- ☐ 衣服送洗或修改

- ☐ 培養個人嗜好或閱讀喜歡的讀物
- ☐ 參與有意義的話動，例如服務專案、幫助他人、心靈成長課程、成人教育課程

- ☐ 規畫度假計畫，去度假
- ☐ 長期生涯規畫
- ☐ 寫好遺囑或醫療授權書
- ☐ 其他 ______________________

拖延領域勾選清單

社交

- [ ] 和朋友保持聯絡，個人通訊
- [ ] 約心儀對象
- [ ] 邀人到家作客
- [ ] 造訪親戚，打電話或寫信給他們
- [ ] 規畫和其他人的娛樂活動
- [ ] 讚美他人或送禮
- [ ] 準時參加社交活動，準時和朋友見面
- [ ] 尋求幫助或支持
- [ ] 對某人提出質疑
- [ ] 結束戀情
- [ ] 其他 ______________________

拖延領域勾選清單

財務

- [ ] 準時報稅
- [ ] 整理收據和稅務紀錄
- [ ] 找會計師
- [ ] 編列預算，追蹤開支

- [ ] 投資
- [ ] 為了解決問題而聯絡銀行或信用卡公司
- [ ] 付租金或繳貸款
- [ ] 付帳單、清償信用卡債務，交保費
- [ ] 繳交違規停車的罰款
- [ ] 償還機構或個人貸款
- [ ] 收回別人欠你的債務
- [ ] 申請保險理賠
- [ ] 記帳或上網追蹤帳戶情況
- [ ] 檢閱銀行、貸款或投資公司寄來的信件
- [ ] 檢查個人的信用狀況
- [ ] 其他 ____________________

在每個領域中，想想拖延為你帶來多大的困擾。你拖延最嚴重的領域，可能帶給你最多的麻煩，也可能不是。例如，你可能習慣把碗盤留在水槽裡好幾天才一起洗，但你可能覺得那對你來說不是困擾。有些問題雖然只是偶爾發生，你可能會因此很氣自己。例如，你常拖著沒幫親朋好友買賀卡和禮物，或在特殊場合忘了肯定他們對你的重要性。

想想你拖延的事情和你準時做到的事情之間有何差異？你看到什麼模式或型態？從中看出你有什麼拖延問題？你是拖延瑣事，還是重要的大事？你只拖延自己的事情，不會拖延別人的事情嗎？你是拖延自己擅長的領域，還是不熟悉的領域？你發現你對拖延的事情有任何恐懼或不安嗎？

拖延的風格

每個人拖延的方式各不相同，有人可能花很多時間講電話，就是沒時間打掃家裡。有人可能每天以吸塵器清理家中兩次，卻遲遲不肯回電。為了逃避事情，女人可能週末跑去衝浪，年輕男子可能坐在家中電腦前，幻想自己是成功人士、天才運動員或大情聖。拖延時，可能做的事情有千百種，拖延者都很有創意，以下只是部分例子：

- ◆把冰箱搜刮一空
- ◆讀推理和科幻小說

- ◆打電話給朋友
- ◆讀取電子郵件、上網、寫部落格、發簡訊給朋友
- ◆做不太重要的事情
- ◆突然想把桌子清理乾淨
- ◆上健身房
- ◆坐著發呆
- ◆繼續研究
- ◆看電視、下載音樂、看電影、瀏覽新聞
- ◆睡覺
- ◆購物
- ◆帶電腦去咖啡館，結果都是和人聊天
- ◆酗酒或吸毒
- ◆想發洩性慾，上色情網站
- ◆玩寵物
- ◆讀食譜

你拖延時會做什麼？盡量多注意你的反應，包括典型的行為模式和少見的拖延方法。

有時候一種行為到底算不算拖延，其實很難區分。例如，何時去健身房算是一種逃避的計策，何時又算是為了提神醒腦或鍛鍊身體？何時打掃房間算是必須完成的家務，而不是拖延戰術？讀報是拖延，還是休閒？如果你常因為拖延而氣自己，你應該要**學習辨識打混和放鬆身心之間的差別**。即使是拖延者，生活也需要有一些樂趣。

多數人在拖延時，會看到一些跡象，通常他們會聽到內心有個聲音一直碎碎念：「你知道你現在不該做這件事。」他們腦中可能會浮現他們逃避的事情，或拖延的可能後果。一位拖延者說：「我拖延時，腦中會出現老闆擺臭臉，對我搖著手指的生動畫面。」有些人會感覺到身體的異狀，例如胃部糾結，頭痛，肩部、頸部或背部緊繃。又或者，他們可能無法集中注意力或盡情投入當下的活動。你拖延時，會出現什麼特定的跡象？

拖延的藉口

想想你可以動手做一件事卻拖延的時刻，當時你其實可以打那通電話、寫下第一句話，或打開第一個箱子，但你對自己說了什麼，讓你覺得先擱著不做也無妨？

列出你的藉口清單，有些人一開始想不起自己的藉口。這些藉口可能是自然而然出現的，你已經熟悉到不覺得那是藉口。但是如果你注意一下你逃避行動的當下，就會發現你的藉口了。以下是一些拖延的常見藉口：

◆我得先整理一下，有些東西還沒準備齊全。
◆現在我沒時間把它做完，所以現在動手也沒什麼意義。
◆今天多美好，應該做其他更有意義的事。
◆我一直都很認真工作，需要先休息一下。
◆我可能做得不夠好。
◆等一下，我可以做出一流的結果。
◆等我有靈感再說吧。
◆我覺得不太舒服，現在太累了，沒心情。
◆這不需要花很多時間，離期限還很久。
◆現在我玩得正樂，讓我再多玩一會兒。
◆我需要先運動（睡覺、吃點東西等等）。
◆掌握時事很重要，所以我最好先看看報紙。
◆這週已經過了大半，現在動手已經晚了。
◆何必週五寄出？反正下週一之前又沒人看。
◆週末我比較有時間。
◆只要拖得夠久，他們就會忘了這件事。
◆何必問呢？反正他們一定會否認。

◆最難的部分已經完成了，最後一步很簡單。

追蹤你的藉口一週，注意你拖延想做或該做的事情時所冒出的念頭，那些念頭給了你拖延的理由。這是了解你內心想法，觀察想法如何影響你言行舉止的好方法。

看看你能不能在你為拖延找出理由的前一刻，發現究竟發生了什麼事。在那前一刻，你在想什麼？有什麼感受？在做什麼？當時是什麼情況？內心冒出什麼想法？例如，一名男子答應幫女友製作一張桌子，他沒進工作室埋頭苦幹，而是心想：「今天那麼美好，窩在屋子裡多可惜。」是什麼原因讓他想出這個藉口？那天早上女友打電話來討論桌子的事，她說：「你手藝很好，做的每樣東西都是藝術品。」他想像自己做出一張普通的桌子而非藝術品時，她臉上失望的表情。他想到自己多想要取悅她，於是他開始思索兩人的感情發展，愈想愈擔心，只想逃避。

很多藉口都有幾分的真實性，例如，你可能真的需要運動，真的累了、倦了或沒有靈感，也可能是餓了或病了。你的屋子可能真的需要清理，工作室整理完後的確會變得比較井然有序，但問題是，即使你的藉口有幾分的真實性，藉口的真正功能是幫你逃避不舒服的感覺。你以那幾分的真實性得出拖延者想要的結論：「所以我以後再做。」例如，「現在可能不是最好的時機，所以我以後再做。」「我累了，等一下再做。」「現在播放的電視節目很有趣，所以我待會兒再做。」

每個人難免都會有疲勞、厭倦、沒靈感或太忙的時候，但不管你的藉口是什麼，不管你多累、多沒靈感或多忙，你總是可以花十五分鐘做點事，朝目標邁進。切記，不拖延的人也會碰到類似的困難，但是他們會想想自己還能做什麼，依舊動手做做看。克服你對動手做一件事情的反感，不是為了證明自己（那可能有風險），而是在挑戰自己。當你發現自己在找藉口時，就有機會思考拖延背後的問題所在，你會因此更了解自己。當你抱持不同的觀點時，可能會得出不同的結論：

◆現在可能時機不夠好，不過我還是要試試看。
◆我累了，我想做個十五分鐘再去睡覺。
◆結果可能不太完美，但我可以從中學到不少東西。
◆我沒有合適的設備，但是有什麼事情是我可以先做的嗎？
◆我現在沒有足夠的時間完成這件事，但是我想先做十五分鐘再說。
◆這應該困難重重，所以我最好留下足夠的時間解決問題。

抱持固定心態時，你會迴避冒險，不願採取行動。當你提出藉口時，就是在畏縮。抱持成長心態時，即使事情很難或你不喜歡做，你也會採取行動。你不會因為相信藉口而偏離正軌，你會不顧藉口，採取行動。

第十二章

設定與達成目標

根據定義，拖延者難以達成目標，拖延可能嚴重干擾你的生活，讓你鮮少完成設定的目標。或者，你最後雖然達到了目標，其間卻經歷了多次痛苦的掙扎。

另一個可能比較不明顯的現象是，拖延者通常難以設定目標，因為表面上看來他們老是忙著設定（和重新設定）目標，但是他們幾乎每次設定的目標都很模糊不清（今天我得完成一些工作），或太高不可及（我想當這領域的第一名）。如此設定的目標通常含混不明，容易引發拖延的問題。

我們開始撰寫本書第一版時，以為自己的目標很清楚：寫一本關於拖延的書。我們列出寫作大綱，宣佈我們要動筆了，接下來就是開始寫作。每次我們認真考慮要開始工作時，都會對自己說：「我得寫書了。」於是像社交活動的邀請、做其他工作的機會、娛樂的需要等等，都得拿來和「我得寫書了」這條指令權衡輕重。但是我們其實沒寫出什麼東西，最後我們發現自己被「寫書」這個目標嚇到了，每頁內容似乎都只是涓滴細流，我們寫的那幾頁真的能串成連貫的一本書嗎？我們把目標設得太廣大了，反倒不利工作的進展。我們看待目標的方式無異是在自找麻煩。

最終，我們開始聽從自己的建議，不再想著「我要寫書」，而是一次只鎖定一章，其餘先拋諸腦後。過程中，我們打算坐下來寫作時，對自己說的話也和以前不同：「今天下午我要花兩小時，為『目標設定』那一章寫前言。」這是比較合理、可達成的目標，可以幫我們投入工作。

行為目標

以行為來定義目標是最有效的方法。把焦點放在達成目標時你在做什麼，可幫你看清鎖定的方向。行為目標有以下的特徵：

◆你和他人都看得見
◆明確具體
◆可細分成幾個小步驟
◆第一步可在五分鐘內完成

「我想停止拖延」雖然是不錯的目標，卻不是行為目標，你無法真正看到自己停止拖延（那要怎麼看？），那不是具體的（你要停止拖延什麼事情？），也很難細分成幾個步驟（你如何開始停止拖延？）。

我們來細探行為目標的要素。

❖看得見

別人看不出你的感受，也不知道你在想什麼，但是他們可以看到你做的事情。你的目標若要讓人看得見，就要以行動來定義。想像一台攝影機在拍攝你完成目標的樣子，攝影機記錄你的成就時，你是採取什麼行動？如果你的目標真的是行為目標，它應該可以拍下你完成目標的行為。

例如，拖延者常說：「我希望工作沒那麼難以招架。」這是一個可以理解的願望，但不是行為目標。別人看不出來你是否覺得工作難以招架，而且這也是無濟於事的聲明。當你覺得工作「沒那麼難以招架」時，你是怎麼知道的？工作要到什麼程度，才會讓你覺得應付自如？為了把它改成行為目標，我們建議你選擇一件你拖延的事情，然後以行為來界定它的完成。或許你決定：「我要更新履歷表，把它放上網路。」或「我要讀那本有關拖延的書，讀其中一章。」或「我要和牙醫約時間看牙。」攝影機拍到的畫面是你按了電腦上的「發送」按鈕、讀完一章後闔上書本，或打電話到牙醫診所掛號後掛斷電話。當你達成這些目標時，你可能覺得事情沒那麼難以招架，你也確切知道是什麼事情幫你感覺更好。

❖ 明確具體

拖延者容易以模糊的用語來思考問題，所以他們無法具體描述。當你達成目標時，你究竟在做什麼？確切是在何時做的？還有誰也會在現場？

我們常聽到有人設定的目標是：「我想重整我的生活。」像這種模糊的目標，注定會讓拖延者陷入困境。然而，如果你把目標轉換成明確具體的用語，則會得到一些重新規畫的線索。你可能會決定整理一下堆積如山的檔案，把重要的文件留下來，丟掉其他的東西。「重整」可能是指清理櫥櫃，或是找來清理專家。明確指出你想達到的目標，可以幫你更快達成。

❖ 細分步驟

達成目標的唯一方法，不管目標大小，都是按部就班一步一步來，就像俗話說的：「大步難邁，小步飛快。」

行為目標可以細分成明確的小步驟，就像最終目標一樣，每個小步驟都必須是看得見、具體的。如此一來，你會有一系列的小目標，可以逐一完成。瞄準這些階段性的小目標，而不是直接瞄準最終目標，這有一個好處：每個小目標都比遙遠的大目標更生動清晰，比較容易達成。「我必須為下個月的年度會議，編好公司明年的預算」，這種目標可能讓人覺得難以招架，而且下個月感覺好像還很遠，容易令人厭煩，又沒那麼緊迫——儘管它明明很重要。你可以把這項工作分成幾個組成要件：找出去年編列的預算、更新預算分類、預估每項分類的收支、在週五的會議上和你的助理討論。把「編列明年預算」分解成連串的短期步驟時，就比較好處理了。

有時你分解目標時，會發現它比你想像的還要複雜。布蕾娜想在一週內完成ＩＴ部門服務的季報，但是她錯過季末的截止期限，報告已經過期了，她設想的步驟是：一、請所有ＩＴ工程師把他們的季度工作報告寄給她；二、檢閱他們的報告，整合成一份試算表；三、把編好的試算表寄給老闆，並附上一份說明，列出各部門尋求ＩＴ服務的常見理由。

布蕾娜的確設立了行為目標，因為她可以看到自己寄送報告給老闆，但是當她要跨出第一步時（寫電子郵件給ＩＴ工程師），發現一個問題：這一季裡，有個工程師離職，又進來一位新人。她有那個離職工程師的資料嗎？她已經向新人清楚說明如何追蹤自己的服務紀錄了嗎？她必須多花點時間指導新進的工程師，教他了解如何整理出她需要的資料。布蕾娜也想起她上次交季報時，做了一份筆記說明如何改善簡報。那些筆記到哪裡去了？她應該花時間把筆記找出來嗎，還是採用舊範本就好？當布蕾娜迴避思考任務時，當然更不會思考該如何完成任務了。現在，當她檢討行為目標時，才發現自己有些步驟沒考慮到，她不再確定一週可以如期完成報告，對於自己低估完成時間感到生氣。不過，在實現目標的過程中，通常都需要重新評估時間。把目標分解成幾個小步驟，可以幫你釐清任務的現實狀況（無論是好是壞）。

把焦點放在你需要採取的步驟上，也可以提醒自己：為了到達終點，你必須上路往前走。多數拖延者只想到「終點」，不願多想「如何到達」。很多人後來才驚覺，完成每個步驟的過程可能充滿挑戰和成就感。

❖最小目標

拖延者常對目標有不切實際的想法，因為他們想到理想的狀況，彷彿他們有無限的時間和精力似的。為了設立比較切合實際的目標，我們請拖延者思考最小的目標。設定什麼樣的最小目標可以為你帶來進度和成就感？較大的目標中是否有某個部分，是你可以先挑出來在有限的時間內完成的？例如，你的理想目標是重新裝修房子，最小目標可能是更換沙發套。

有些人可能不願意稍微降低目標，這就是完美主義在作祟！你貶抑所有低於理想的事情。雖然挑一個最小目標可能對你的自尊是個打擊，但是從小事著手，會讓你更有成就感。你可以一步步地達成目標，塑造真實的成就，而不是堅持設定超高的目標，卻毫無行動。

一週實驗

選定目標

我們建議你為下週選定一個目標，也希望你抱著成長心態來追求這個目標，亦即從成敗中學習的意願，接納挑戰，了解努力並非軟弱的表現，而是成長的必備要件。在你接近或迴避目標時，了解你的拖延問題。注意你如何設立目標，如何處理問題，何時出現進度，何時開始拖延。你也應該同時注意成功和挫折，把這一週當成自我觀察和學習的時間，而不是在評估你有多聰明、多麼負責或多有才能。試著採用收集資料的研究者觀點，而不是站在評論者的角度來講評。以下列步驟作為達成目標的指南。

❖ 只選一個目標

你想在下週完成哪些事情？每個目標的預定達成日期是哪天？切記行為目標應該是可觀察、具體、可按步驟完成的。寫下三個可能的目標及預定完成的日期。

從三個考慮的目標中挑一個目標，只挑一個就好，把它當成一週實驗的行為目標。只選一個目標會讓這個實驗更容易獲得接納，比較容易執行。它不見得一定要是你人生中最重要的目標，或最有挑戰性的目標。挑選目標沒有定義目標和努力朝目標邁進的過程那麼重要。

我們知道，要求拖延者只選一個目標，就像要求減肥者只吃一片洋芋片一樣，限定自己只能有一件東西非常困難，但是超過一件又很危險。對多數拖延者來說，什麼事都想做就是他們的問題所在。

❖ 列出步驟

把行為目標分解成幾個組件，每部分都是一個步驟，一個小目標。從第一步開始往前邁進，或是從最後一步開始倒推。下面是一位拖延者把他的一週目標分解成幾個小步驟的例子。

寫下你的行為目標，達成目標的步驟，以及下週打算何時落實每個步驟。別忘了把下週的其他事務和職責也考慮進去。

目標範例：週六、週日各花兩小時（共四個小時）把家裡的辦公間整理乾淨

步驟一：整理文件和列印出來的東西

1. 清理桌上和地板上堆積的雜物，把無關緊要的東西扔掉。

2. 把衣服和鞋子收進櫥櫃，把杯子放回廚房，把書本擺進書櫃，把雜誌放入回收桶。
3. 把該付的帳單都放進一個盒子裡。（我有盒子嗎？）
4. 把收據放進另一個盒子。（盒子夠嗎？）
5. 購買檔案夾。
6. 整理文章、照片和剪報。
7. 把想要保存下來的東西歸檔，其餘的都扔掉。

步驟二：打掃辦公間

1. 清潔電腦螢幕和鍵盤。
2. 拂去文件和書櫃上的灰塵。
3. 清空廢紙簍。
4. 用吸塵器吸房間地板。

可行性檢查：

這些事情都能在四小時內完成嗎？記得週五去買檔案夾。

❖你的第一步

找出行為目標（或許也根據實際情況做了修正），以及下週要採取的步驟後，如何開始？你的第一步會是什麼？第一步應該是很簡單的小事，例如找出去年的報稅單，買一本筆記本，或找幾個空盒子。你打算何時從哪裡開始動手？不管那件事有多麼微不足道，你都是朝正確的方向邁進，就像俗話說的：「千里之行始於足下。」

❖徵詢意見

你的一週行為目標對你來說可能很清楚、務實。不過，我們還是建議你詢問一下別人的意見。你或許會因此發現，看起來清楚的目標可能還是太模糊，看起來務實的目標可能還是有點不切實際，看起來細分的步驟可能還是太大。更具體地說，就是請夥伴幫你思考一下，你選的目標是否真的是可接受的最小目標。以前例來說，或許一開始先訂週六和週日每天花一小時，會比每天花兩個小時來得實際。

啟動

現在你有一件想做的事情，已經定義出清楚務實的目標，你真的可能在下週達成。這展望讓你有何感受？你腦中有什麼念頭？以下是我們從拖延者那裡聽到的一些反應：「我覺得鬆了一口氣，因為我終於有辦法開始了。」—「我很焦慮，萬一又失敗怎麼辦？」—「我覺得自己好像關在牢裡，想逃跑！」注意你預期這次實驗的反應。啟動的想法是一個觸發裝置，會引發連串的內在反應：想像、感觸、思緒、預期、過往記憶等等。

❖ 想像進步

想像具體的步驟以及通往目標的確切過程，或許對你很有幫助。想像常用來減輕壓力、放鬆心情、安撫不安、促進療癒、改善學業和運動績效。

想像你跨出第一步，落實即將採取的行動，接著想像你完成每個步驟，朝目標邁進。如果腦中突然冒出悲觀的念頭或預見障礙，可以想像你找到因應之道。最後你會看到自己走向終點，完成目標。想像這些畫面（最好是在自在、獨處、放鬆時這麼做），可以為你的行動預作準備，讓你更容易跨過思想和行動之間的門檻。

❖ 提升成功率

即使你有詳細的目標，第一步也容易上手，你打算何時在何處開始也很重要。你安排的環境可能大幅提升或降低你成功的機率。崔佛是二十歲的大學生，他決定以「寫一篇中東政治的學期報告」為行為目標，第一步是隔天晚上九點到十點讀一本書，這聽起來不錯。但他打算在兄弟會的房間裡閱讀，這就不太妙了。兄弟會是大家社交的場所，很容易令人分心。快到晚上九點時，崔佛和朋友聊得正開心，根本不想回房間讀書。他先拖到九點半，接著又拖到十點、十點半，最後他放棄了，因為「那時已經太晚了」。崔佛選在不理想的環境中跨出第一步，無疑增添了起步的難度。他以為他可以、也應該克服社交活動的誘惑，結果反而把事情弄得更難。

第二天，崔佛更改計畫，決定去學校的圖書館讀書。為了增加自己到圖書館的機率，他還約彼得一起去，因為彼得是兄弟會裡認真好學的好兄弟。崔佛不是去大學生圖書館，因為那裡可能遇到朋友，恐怕又會有社交壓力。他選擇去法學院的圖書館，因為「那裡的人都很認真」。崔佛並未改變第一步驟，但他改變了環境，以增加順利跨出第一步的機率。

❖ 堅守時間期限

另一種幫你順利啟動的方法，是為了達成行為目標而設定工作時限，並堅持做到。工作不要超過那個時限，如果你決定花三十分鐘在某件事情上，就真的花三十分鐘做，不管你完成多少或覺得成果如何，至少你都成功了，因為你真的遵照意念行事，履行你和自己的約定，這可幫你培養自信，這是許多拖延者失去的寶貴感受。

你設定的期限愈短，愈容易開始動手。多數拖延者發現一開始設定十五分鐘到半小時的期限，效果最好。如果十五分鐘還是讓你覺得難以忍受，可以改成十分鐘、五分鐘，甚至一分鐘！一開始，當時間期限到了，一定要停下來，這時你會想：「我做得很好，應該趁這個機會繼續做下去，打鐵趁熱。」但是如果你第一次就卯起來做了兩小時，遠超出你的時限，下次你會覺得自己應該也可以做兩小時，**這容易導致挫敗和逃避。**

❖不要等到你想做的時候才開始

如果你要等到你想做的時候才開始，可能永遠都不會開始。許多拖延者預期自己跨出第一步時，毫無畏懼、信心滿滿、準備充分或充滿靈感。凱莉是一名三十三歲的護士，她說：「我一直覺得我開始申請重返校園深造以前，就應該先做好準備。我應該感到冷靜振作，對自己毫無懷疑。一旦我不再焦慮，重返校園就應該沒問題了。」凱莉為了達到「冷靜振作」，等了三年。但是她離開學校已經很久了，重返校園勢必會讓她感到焦慮，要等到毫無焦慮才回去念書，那表示她永遠都不會回學校了。

有些人覺得他們應該會有想要開始的意願，所以他們等著那欲望出現。不過有些事情原本就讓人感到不快、單調乏味，例如報稅。我們不知道有人是期待報稅的，如果你要等到想做才肯做，那會等到地老天荒。其實，即使你不是在理想狀態或心情不對，還是可以開始動手。

堅持到底

一旦啟動，跨出第一步後，如何堅持下去，達成目標？拖延者通常一開始很努力，接著就放慢步調，最終完全放棄，他們往往一開始很樂觀，但是過了一個時點後，就卡住，動彈不得了。

如何避免任務又做不完而造成失望？以下是一些幫你堅持到底、不輕言放棄的指導原則。

❖小心藉口

在一週實驗中，你在第十一章看到的許多藉口免不了都會出現。切記，藉口的出現表示你在選擇的路口：你可以選擇拖延，也可以選擇行動。你不必聽任拖延的藉口，可以轉變藉口：例如把「我留著以後再做」轉變為「我現在做十五分鐘就好」。在你朝目標邁進幾步後，你可以拿藉口來獎勵自己。「今天真美好，付完帳單後，我要出去散步。」切記，藉口也是在邀你探索你對目標的感受：你感到矛盾、害怕，叛逆、生氣嗎？當你開始找藉口時，花幾分鐘注意你的想法和感受，可以幫你更了解自己。

❖一次只專注一個步驟

寫這本書的過程中，我們常有以下的想法，弄得我們十分沮喪：「還有那麼多事情得做」、「我們永遠無法準時完成」、「萬一寫出來的東西很糟糕怎麼辦？」。這任務看起來工程浩大，令我們覺得難以招架。每次有這種想法時，我們其中一人都會對另一人說：「別想那麼多，一步一步來。」這讓我們從滿腦子可怕的未來中回過神來，為眼前的事情先做計畫。如果你一次只專注一個步驟，可以縮短達成中程目標的時間，這是減少拖延的重要因素。

❖克服障礙

即使一開始事情進展順利，某個時段難免會遇到障礙，或許你想找的談話對象不在，你不知道該如何解決程序問題，打算啟動慢跑計畫的第一天就碰到下雨，或你就是提不起勁。這時你到了一個關鍵時刻：第一個障礙——許多障礙中的第一個。障礙無法輕易移除或克服時，拖延者往往會停止前進。任何障礙，無論大小，只要你把它看成自己能力不足的證明或失敗的證據，就會讓你感到挫折和羞恥。如果障礙讓你感到挫敗，你就不願意再回頭設法解決問題。如果你把障礙當成有趣的謎題，或是需要加倍努力才能完成的任務，是反映任務本身的難度，而不是反映你的無能時，比較容易克服障礙。障礙就只是一個障礙，不是在指控你很愚蠢、無能或沒用。

有時面對障礙時，或許休息一下對你最有利。我們一起寫這本書時，在漫長一天即將結束以前，我們有時會生對方的氣，為了書中的用語而爭執不下。經過幾次的爭執後，我們了解到，這些怒火可能表示我們累了，該休息了，不表示對方就是愚蠢或無可救藥的。隔天，我們通常都可以輕易找到合適的用語，達成共識。

如果你打算休息一下，就先訂好回頭再繼續做的具體時間和地點，盡量確切地指出到時候你要採取的行動。如果你是寫作寫到一半，可以在休息前，先記下一句話，或一些想法或短句。等你回來工作時，就有下筆的地方。如果你是暫時抽離障礙，可以思考是否有其他方面可以先做。如果外面在下雨，你能在室內運動嗎？如果你想找的人不在辦公室，可以先打電話給其他的人嗎？你可能暫時停在某個領域，不過你不需要完全停下來。拖延者的風險不是暫時抽離，而是完全放棄。

❖有了進度以後就獎勵自己

「獎勵自己」這個概念對你來說或許很陌生，因為拖延者比較可能懲罰自己，而不是稱讚自己。令人遺憾的是，幾乎每位拖延者都是撻伐自己的高手，卻不擅長給予自己應得的獎勵。

例如，史考特在一週實驗接近尾聲時，對自己相當生氣。他選定的目標是支付那些折磨他好幾個月的過期帳單。他懊悔地告訴我們，他只處理了其中一份：他繳了停車罰單，現在可以更新行車執照了。但是他責怪自己沒付牙醫和信用卡的帳單。史考特無法為自己完成的事情感到高興。繳了停車罰單和更換行照後，罰款不再累增，現在他開車時看到員警不必再提心吊膽了。但是，就像多數拖延者一樣，史考特對自己完成的事情並不開心，因為他滿腦子都在想未完成的事情。

當你有進步時，即使那進步沒你想要的多，也沒達到你想像的結果，你還是可以給自己一點肯定。你喜歡的任何東西都可以作為獎勵，例如到喜歡的餐廳用餐，看場電影，週末去爬山，打一場壁球，和朋友聊天，或讀一本書。獎勵也可以是其他人的稱讚，或是你私下給自己的肯定。最好讓獎勵和成就成正比，在工作一小時後，可以去散個步，而不是度兩週的假。

在完成想要的行為後，馬上給予獎勵的效果最大。「我先去看場電影，接著就坐下來工作」不如「先做點事再去看電影」來得有效。獎勵是正面的激勵，增加重複同一行為的可能。大腦也會幫你重複成功的行為。當你達成目標時，大腦會釋放多巴胺（一種讓人感覺良好的神經傳遞物質）。多巴胺會把負責這些成功行為的神經元網路連在一起，讓你將來更有可能重複這種行為，這就是「一事成功，事事順利」的道理。

❖彈性目標

當你朝目標邁進時，可能會發現最初做的可行性檢測依舊不切實際，或許你忘了為重要的約定騰出時間，例如，有個戲院經理設定遠大的一週目標，忘了大學室友剛好那週要來找他。又或者，你會發現事情比你預計的花時間，或比你想的還複雜。一些你無法掌控的情境可能造成干擾：孩子病了或車子壞了（如果你該做的汽車保養已經拖很久沒做，那就另當別論了……）。在某些情況下，你可能需要修改目標。

修改目標不見得就代表失敗，其實這可能是你反應靈活而不僵化的表現，這是一種穩健、整合運作的重要特質。修改目標可能是因應實際的限制，顯示你能夠評估現實可行性並據此調整，而不是死守不可能的理想。

❖毋須完美

如果你是完美主義者，可能會想把所有事情都做到盡善盡美，即使實際上並沒有必要達到那麼高的標準。把節慶賀卡寄出去比較重要，不必講究每個人的賀詞都要獨一無二，不必把你的近況、這一年做了什麼、現在的人生理念都寫進去，也不必堅持附上一張看起來年輕又苗條的照片。如果要堅持完美，那些賀卡可能一直躺到明年的節慶來臨都還沒寄出。

如果你不執著每個步驟都要盡善盡美，長期而言，你或許可以完成更多的事情。當你等待完美的時機、期盼完美的結果時，可以提醒自己：「不必事事追求完美，只要完成就好。」

回顧

在一週實驗結束時，回顧這一週發生了什麼事。對拖延者來說，他們可能不喜歡回想自己做了什麼或沒做什麼。有些人覺得回顧是浪費時間。「做了就做了，已經過去了，又不能改變什麼，何必花時間回想？」不過，認真回顧是一種自我監督的重要形式，否則你還能用什麼方式從經驗中學習？

❖ 評估進度（或缺乏進展）

如果你真的達成了目標，可能不願意仔細回想你是怎麼走到終點的。有些人甚至有點忌諱這麼做，擔心太仔細檢視一件成功的事，會看到隱藏的缺點，就再也無法為完成目標感到高興了。一名會計師說：「即使我完成了任務，但過程中錯誤連連，我想保留對成就的自豪，不想回憶那些不好的過程。」她這麼說，好像把掙扎的懊悔看得比成功的喜悅還嚴重。

很多拖延者通常會低估他們做過的事情，或許你在計畫之外又額外採取一些步驟，它們幫你往前邁進，這些步驟也很重要。或許你覺得有些步驟微不足道，但是它們依舊算數。你可能覺得自己做得不夠多，但是當你回顧你做過的一切時，或許會驚覺自己其實做了不少。

回顧時，你也可能意外發現你在自欺欺人，實際完成的東西沒你想的那麼多，這也是重要的發現。如果你沒完成目標，可能更不願意回頭檢討。如果你已經因為任務沒完成而自責，可能不想再進一步苛責自己。

你是否達成目標，其實不像你如何看待這件事情那麼重要。當你開始了解自己的成敗時，就是幫你下次少拖延一些。切記，自我監督是重要的執行功能，只要多練習，就可以愈做愈好。

❖ 注意感受

在一週實驗結束後，我們聽到拖延者形形色色的反應：「我覺得如釋重負，因為總算有了一些進度，但是我也有點失望，因為我沒做完。」「我做的比我原先想的多出許多。」「我有點賊，抄捷徑，我覺得不太光彩，因為我沒照計畫來。」「我又失敗了。」「我做的和原本計畫的完全不同。」「我終於說到做到了！」

你回顧自己的經驗時有何感受？你因一事無成而失望嗎，還是因為沒有完成一切而感到失望？你因為沒完成太大的任務而難過嗎？還是因為終於學會一步一步來而鬆了一口氣？不管你的感受是什麼，試著不帶判斷地去觀察這些感受。再怎麼強烈的感受也會消失，不會永遠存在。

❖ 檢討選擇點

過去你可能在不知不覺中選擇了拖延，或許你不加思索就接納了藉口，或是一時衝動就放棄了目標。如果你在一週實驗中一無所獲，我們希望你至少學會注意你的拖延現象。當然，我們難免都有想要拖延的時候，或在邊緣舉棋不定，不知道該不該踏出下一步，還是要迴避。有些時候我們可以選擇往前邁進，或選擇放棄，這些選擇點是重要的時刻，這時做出的選擇不僅影響我們的表現，也影響我們對自己的感覺。

回想一下這一週實驗裡的選擇點。如果你還記得你曾經猶豫不決，後來決定邁向目標，當時是什麼原因促使你那麼做？你做了什麼或對自己說了什麼，才讓工作有一些進度？拉吉是系統工程師，也是科幻小說迷。他原本打算整理工作間的工具，到了預定的時間時，他卻開始翻閱一本引人入勝的科幻小說。雖然小說裡的未來世界令他著迷，但是內疚感也一再干擾他。「最後我發現我讀不下去，因為我內心充滿矛盾，所以我決定先去工作間做十分鐘，再回來看書。我意外發現其實我還滿喜歡整理工作間的。等我回頭讀那本書時，我覺得那是我應得的回報。」這個例子中有兩件事幫拉吉往前邁進。首先，為了不讓自己有困在工作間裡的感覺，他決定先邁出一小步。第二，他以閱讀樂趣來獎勵自己的進度。

或許你記得自己在選擇點決定放棄目標的經驗，當時是什麼情況？是什麼念頭、感受或影像讓你覺得很難繼續向前？艾比是自由作家，編輯等著她交稿，她偏偏跑去跳民族舞蹈。她解釋：「我覺得焦慮不安，毫無頭緒，覺得非出門不可。」她又認真想了一下，接著她想到：「我覺得有點孤單，不想一個人待在家裡。去跳民族舞蹈時，是和很多人在一起，讓我感覺好多了。」那天是什麼原因讓她感到孤單？她記得那天原本約好和朋友一起吃午餐，但朋友臨時來電取消了。

「我一直很期待看到他，他打電話來取消時，我有種被人拒於門外的感覺。」艾比努力回想後，終於明白她的拖延其實是想取代她錯過的人際交往。早知道她真正需要的是有人陪伴，或許她可以打電話約另一個朋友吃飯，或約朋友晚上一起工作。

❖你學到了什麼？

回想一下你投入專案的過程，從定義行為目標，開始動手，到堅持到底。在這個過程中，你覺得下次有什麼地方可以改進？就像崔佛發現兄弟會不適合念書，決定改去圖書館K書一樣，你想改變那件事以增加下次成功的機率？

我們希望你從一週實驗中也對自己有了新的認識。有什麼是你原先不了解，但現在了解的？不管你學到什麼，那應該可以在下次幫你對抗拖延的毛病，所以別低估一週實驗的任何發現，因為不管你做了或沒做什麼，你都可以從中學習。

第十三章

學習如何判斷時間

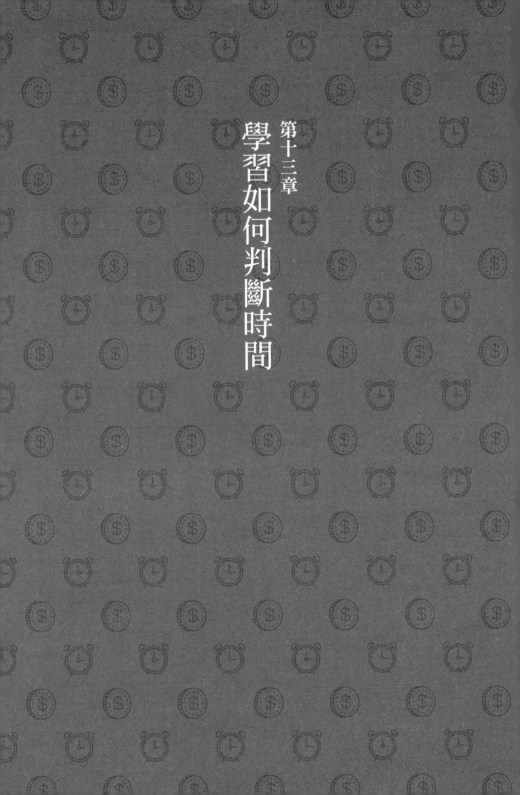

表面上看來，拖延似乎是時間管理上出了問題。如果你安排好你的時間，更有效率地運用，就不會拖延了，不是嗎？很多拖延者抱著這樣的想法去求助時間管理專家。時間管理諮詢是一個龐大的產業，有大量的文獻資料，你可能已經讀過其中一些，也瀏覽過那些作者、專家、講師的網站。他們建議你採用行事曆系統、待辦清單、設定優先要務、做出有利決策等等。你可能明白這些建議的道理，多數時間管理專家也都會勸誡你別再拖延，但是如果你正在讀這本關於拖延的書，你可能已經發現，要落實那些看似合理的建議很難。如果你能做到，早就做了，為什麼你就是做不到？

就像第六章說的，時間是拖延者面對的一大挑戰。他們滿腦子想著時間，一小時、一分鐘地默數，或假裝時間毫不重要。拖延者在跟時間玩遊戲，想以智取勝：「今晚我想看一場電影，明天早上照樣交出報告。」「總是有更多的時間，時間不成問題。」

然而，拖延者和時間周旋時，對時間抱著不切實際的看法，他們和時間的關係比較像是「一廂情願」，希望能得到比實際更多的時間，彷彿時間是可以延伸的，而不是有限的。

時間是固定、可衡量、有限的，或許就是這點讓拖延者難以接受。根據我們的觀察，拖延者喜歡待在有潛在可能性的模糊範圍裡，不喜歡具體、可測量或有限的框架。當他們終於發現時間不夠時，他們感到驚訝、失望，甚至不高興。為了運用本書和其他書裡的時間管理技巧，你必須先轉變你對時間一廂情願的態度。

該是思考時間的時候了

如果你為下週選定一個行為目標，你想過何時開始落實嗎？為了以更切合實際的方式運用時間來達成目標，最好能提前規畫。我們知道很多拖延者反抗這個觀念，我們不是要建議你放棄自發性，變成準時的機器，也不是要鼓勵你花太多時間規畫，反倒讓規畫變成另一種拖延的方式，因為你在某個時點總是得結束規畫，開始實踐。我們是建議你花點時間想想時間這個問題。

我們知道，對罹患注意力缺失症或執行功能失調的人來說，規畫可能特別困難，也需要特別小心，要把大腦面對的挑戰也考慮進去。為ADD和執行功能失調者所量身訂制的技巧，請參見第十六章，那章的觀念可以幫忙落實一些建議。

你提前規畫好時，就有機會冷靜處理事情，不會因為截止期限將至而驚慌失措。比較一下放鬆心情規畫和最後焦急抓狂的效果，前面我們看過，壓力增加會干擾規畫時所需要的認知能力，所以在壓力來襲以前就開始規畫，效果更好。相反的，缺乏規畫會讓你在時間緊迫時更加焦慮。就像時間管理學宗師艾倫．蘭凱（Alan Lakein）所說的：「不做規畫，就等著失敗。」

大家抗拒規畫，是因為規畫涉及未來，他們想活在當下。他們可能覺得承諾投入未來的活動，會限制他們的自由。規畫不見得是綁住你每天的每個小時，你必須為意外的事情預留空間，也需要時間享受一時興起的樂趣，更需要休息以恢復體力。拖延者可能因為時間的流逝感到內疚，所以他們逼自己有效運用每一分鐘，結果才發現自己的要求不切實際，規畫不是問題，問題是出在壓力。

不過，時間計畫可以成為你的最佳夥伴，成為你連接未來的橋樑，再套句蘭凱的話：「規畫是把未來帶到當下，以便現在就先做點事情。」想讓時間計畫成為你的夥伴，它必須切合實際，考慮周延。規畫需要務實看待你的實力，不光是盤算你該做什麼而已。

你選定行為目標，為目標規畫行動時，我們來看一看，你如何挪出時間完成每個步驟。你想到即將來臨的一週時，知道自己有多少時間可用嗎？你知道自己還做過哪些承諾嗎？你把常做的活動（例如看新聞或寫部落格）也考慮進去了嗎？這一週會發生什麼平常罕見的事嗎，例如有人來訪、週末的研討會或球類錦標賽？

「未計畫」的概念

我們設計拖延治療課程時，心理學家尼爾・費奧瑞（Neil Fiore）是我們在柏克萊諮詢中心的同事。他知道很多人排定的時間表從來無法真正落實，因而感到失望，最後只好放棄。費奧瑞博士發明一種追蹤時間的方法，不是以「該做什麼」為基礎，而是創造「未計畫」（un-schedule）這個概念。我們發現「未計畫」對我們的客戶和拖延治療課程的參與者都很有幫助。

「未計畫」是每週行事曆，列出你預定要做的事，這可幫你以兩種方式達成目標。首先，提前了解你有多少時間已經排了事情，剩下就是你能用來達成目標的最多時間。其次，它可幫你在一週結束時，回顧時間都用到哪裡去了，這也是另一種自我追蹤。

「我不知道我的時間都到哪裡去了。」想想從明天開始的七天，以二五一頁的「未計畫表格」，寫下你往後七天預定會做的所有活動，不管那些事情有多瑣碎，把確切的時間都標注在表格裡。例如，和人共進午餐，週二，下午十二點～下午一點半。如果你不知道確切的時間，就估計一下它占用的時間長度，標記在可能做那件事的那天上。把那週安排好的特殊任務都列進去，例如，晚上開會或約會。此外，也把日常活動標出來，例如超市購物或汽車加油等每週例行的事務。

把生活中的所有事情都考慮進來：工作時間，安排好的會議和約會，上課和社交活動，運動時間，用餐時間（包括烹飪和餐後清洗時間），家務時間（例如打掃、洗衣和購物），陪伴朋友、伴侶或孩子的時間，睡眠時間。如果你一定會看晚間新聞、週一晚上的足球賽或其他電視節目，也把它們記下來。別忘了為週日讀報預留時間，還有上下班和出差的通勤時間。用行事曆提醒自己這些事務，因為我們很容易遺忘一些瑣事。如果你覺得你可以把一切都記在腦子裡，那就太高估自己了。第二五二頁是中學歷史教師桑雅的未計畫日程表，她遲遲無法幫學生打完期中報告的分數。

切記，我們不是要求你寫下你「該做什麼」，不要把你希望何時開始朝行為目標邁進，或你覺得何時該寄電子郵件給老朋友之類的事情記下來。如果你是學生，別寫下你打算何時開始做作業。我們不是要求你保證做額外的事情，只是要你確認下週你有哪些時間已經占用了。

當你填完這張「未計畫表格」時，再檢查一遍。這張表格代表你下週的生活，當你預計接下來七天的生活時，你有什麼感受？這些事情讓你感到難以招架嗎？對於如何完成未安排的事情感到焦慮嗎？對於所剩時間太少而感到憂鬱嗎？想像你度過那一週的感受，思考這份時間表為什麼會給你那樣的感覺？

從這裡可以學到什麼？這張「未計畫表格」顯示你可以利用的最多時間，空格是你沒被占用的所有時間。當然，沒有人會把所有沒占用的時間拿來完成目標，但是「未計畫表格」顯示你還有多少時間可以利用。

一位設計工程師把「向客戶提交設計稿」當成一週的行為目標，他打算每天花三小時在這個事情上。他填完這張「未計畫」表格時，發現他每天甚至連三小時的空檔都擠不出來！以他目前的行事曆來看，他無法達成目標。所以低估已占用的時間，等於是置自己於失敗之地。他只能修改目標，或是修改行事曆。

Let's Do It!

每週未計畫表格【空白範例】

填表人＿＿＿＿＿＿＿＿

＿＿月＿＿日

目標＿＿＿＿＿＿＿＿

	週一	週二	週三	週四	週五	週六	週日
06:00							
07:00							
08:00							
09:00							
10:00							
11:00							
12:00							
13:00							
14:00							
15:00							
16:00							
17:00							
18:00							
19:00							
20:00							
21:00							
22:00							
23:00							
合計小時							

投入目標的小時數：＿＿＿＿＿＿＿＿

每週未計畫表格

11 月 17 日

填表人 歷史老師桑雅

目標 打完學生的期中報告分數

STEP 1

	週一	週二	週三	週四	週五	週六	週日
06:00	起床，慢跑	起床，慢跑	起床	起床，慢跑	起床	睡懶覺	睡懶覺
07:00	早餐 送孩子上學	早餐 送孩子上學	早餐 送孩子上學	早餐 送孩子上學	早餐 送孩子上學	陪老公散步	打電話給媽媽
08:00	在學校教書	在學校教書	在學校教書	在學校教書	在學校教書	和家人吃早餐	和家人吃早餐
09:00	↓	↓	↓	↓	↓	打掃家裡	
10:00	↓	↓	↓	↓	↓	↓	整理花園
11:00	↓	↓	↓	↓	↓	午餐	
12:00	↓	↓	↓	↓	↓	孩子的足球賽	午餐
13:00	↓	↓	↓	↓	↓	↓	帶孩子去 參加生日派對
14:00	↓	↓	↓	↓	↓	↓	

15:00	接小孩	看牙醫	接小孩	教師會議	接小孩 練足球		
16:00	陪小孩做功課		練足球	教師會議	辦雜事		
17:00	煮晚餐	煮晚餐	晚餐吃披薩	接小孩 吃晚餐	送洗衣服	接保母	煮晚餐
18:00	和家人吃晚餐	和家人吃晚餐	陪小孩做作業	讀書會	外帶晚餐	孩子吃晚餐	和祖父母 吃晚餐
19:00		陪小孩做作業，孩子就寢			全家電影時間	跟朋友吃晚餐、看電影	準備讀書會資料
20:00	孩子就寢		孩子就寢				
21:00							
22:00	晚間新聞	晚間新聞	晚間新聞	晚間新聞			
23:00							
合計小時							

投入目標的小時數：＿＿＿＿＿＿

每週未計畫表格

11 月 17 日

填表人 歷史老師桑雅

目標 打完學生的期中報告分數

	週一	週二	週三	週四	週五	週六	週日
06:00	起床，慢跑	起床，慢跑	起床	起床，慢跑	起床	睡懶覺	睡懶覺
07:00	早餐 送孩子上學	早餐 送孩子上學	早餐 送孩子上學	早餐 送孩子上學	早餐 送孩子上學	陪老公散步	打電話給媽媽
08:00	在學校教書	在學校教書	在學校教書	在學校教書	在學校教書	和家人吃早餐	和家人吃早餐
09:00						打掃家裡	
10:00							整理花園
11:00						午餐	
12:00						孩子的足球賽	午餐
13:00							帶孩子去 參加生日派對
14:00							

STEP 2

09:00–10:00

15:00	接小孩	看牙醫	接小孩	教師會議	接小孩 練足球	15:00-16:00	15:00-16:00
16:00	陪小孩做功課		練足球	教師會議	辦雜事		
17:00	煮晚餐	煮晚餐	晚餐吃披薩	接小孩 吃晚餐	送洗衣服	接保母	煮晚餐
18:00	和家人吃晚餐	和家人吃晚餐	陪小孩做作業	讀書會	外帶晚餐	孩子吃晚餐	和祖父母 吃晚餐
19:00		陪小孩做作業，孩子就寢	19:30-20:00		全家電影時間	跟朋友吃晚餐、看電影	準備讀書會資料
20:00	孩子就寢	20:00-21:00	孩子就寢				
21:00							
22:00	晚間新聞	晚間新聞	晚間新聞	晚間新聞			
23:00							
合計小時							

STEP 3

投入目標的小時數：4.5小時

或許你有大量沒占用的時間，很多在家工作者或兼職人員、個人工作室或失業者發現自己有很多沒規畫的時間。對拖延者來說，這些「空檔」可能讓他們非常焦慮，因為那表示他們必須自己規畫時間，才能完成事情。

從這張「未計畫表格」也可以看出你目前如何管理時間。一位聰明的研究生填完表格後才發現，他每天八點五十起床，趕九點的課實在太趕了，難怪他做什麼事情都遲到！

有時我們檢查自己平常做的事情時，才發現有很多時間都花在社交娛樂上。這些拖延者提前為自己找好了藉口，所以社交娛樂的時間到了的時候，他們覺得自己在履行義務，不覺得自己是在拖延。一位雜誌編輯說：「我在下班後排了很多社交活動，所以從來不需要思考何時開始寫書，我幾乎沒時間完成目標。」

仔細觀察你的「未計畫表格」，你生活中是否少了什麼？有些拖延者不讓自己享有任何娛樂，由於他們老是進度落後，覺得自己不配休息。那些娛樂活動一個接一個、忙碌不完的人，如果是以娛樂來逃避工作，可能無法從瘋狂的娛樂活動中感受到真正的樂趣。艾美是房地產經紀人，她表示：「我開心不起來！想到我該做的所有工作，我就非常內疚，覺得自己不該花任何一丁點時間放鬆自己，難怪我一直都很緊繃。」

有些拖延者安排太多的社交活動，沒給自己獨處的時間。有的拖延者則是遠離人群，不太和人交際。你的行事曆裡，什麼東西太少了？陪伴家人的時間？和朋友相處的時間？運動？休閒閱讀？

記錄與獎勵

當你落實行為目標時或任何專案時，使用「未計畫表格」來記錄進度。你朝目標工作了半小時後，就在「未計畫表格」上塗掉半格。如果你做了一小時，就塗掉整格。（有些喜歡表格的人，還會用不同顏色來追蹤不同的任務。）接著把那星期花在目標上的時間加總起來。例如，桑雅週二做了一小時，週三做了半小時，週六和週日做了兩小時，總共是四個半小時。（參見二五四頁桑雅填完的「未計畫表格」。）如果你喜歡用更小的時間單元來記錄工作，你工作十五分鐘，就可以塗掉四分之一個格子。

當你為了實現目標而工作一段時間後，記得把進度記錄下來。你可能會發現那週的進展和你原本預期的不一樣，所以你塗掉的格子可能是出現在你原本打算做其他事情的時段。以這種簡單的方法追蹤進度有幾個好處：首先，記錄進度後，你會把注意力放在已完成的事情上，而不是老想著你承諾何時要做多少事情，結果無法履行承諾時，才覺得自己很失敗。當你把實際完成的事情記錄下來時，比較可能給你成功的感覺。以這種方法追蹤進度，可以讓你對事情的看法更積極，你看到「杯子是半滿的」，而不是「杯子是半空的」。其次，那些塗掉的空格是你有效行動的獎勵。做完事情後，愈早記錄進度，獎勵的效果愈好。減少拖延的一個方法就是更及時地給予獎勵。工作十五分鐘或半小時後就記錄進度，是一種及時的獎勵。

一週過去時，你看著塗掉的格子愈來愈多，可能會更積極投入。一位覺得這種方法相當有效的拖延者表示：「這些標記就像小學時老師給的星星一樣。每次我塗掉一格，就很有成就感，會想要多做一點。」

在工作三十分鐘後就記錄進度，也是肯定個人努力的好方法，讓你知道即使只做半小時也很值得。你不需要等自己完成整個任務才開始啟動。「未計畫表格」顯示你能利用的零碎時間，只要你為目標付出半個小時，就給自己肯定。

記錄你朝目標工作的時數，是一種自我追蹤的方式。研究顯示，自我追蹤有助於增進工作時間及改善績效。自我追蹤也幫拖延者建立更務實的時間概念。數一數你花了多少小時在目標上，是在面對現實。當你一週只花半小時在目標上時，就無法欺騙自己你做了很多事情；當你一週花十個小時在目標上時，你也無法假裝你一事無成。你可能會發現，你對已做事物的感覺和這些數字告訴你的事實並不相符，你可能做了十個小時，還是覺得沒什麼成就感。但是如果你把這些時數記錄下來，至少眼前有**具體的證據推翻你的失落感**。你是以**客觀的方法**取代你對時間運用的**主觀詮釋**。

改善你判斷時間的技巧

❖ 練習判斷時間

你可以精確預測一件事需要花多少時間才能完成嗎？有時我們會低估所需的時間，心想：「我兩晚可以讀完《戰爭與和平》。」或「報稅只要兩小時就能搞定。」有時候拖延者會高估所需的時間，所以一再拖延該做的事，例如打掃地下室，因為他們心想：「現在我沒辦法做，沒那個時間。」這兩種情況下，結果都是一事無成。

大腦的化學反應會影響我們精確判斷時間的能力。當大腦欠缺神經傳遞物質多巴胺時，腦中追蹤時間間隔的機制就失靈了。判斷已經過了多久的能力，也會隨著年齡的增長而減弱。如果你判斷時間的機制失靈，可能需要多練習。

想要克服一廂情願的時間概念，並改善判斷時間的能力，有個方法是比較你預測的完成時間和實際完成的時間。例如，預估你早上從聽到鬧鐘響起到離家的時間，然後測量你實際花多少時間。或者，預測你開始工作時會花多少時間處理電子郵件，然後測量你實際花多少時間。或是測量你開車穿過市中心的時間。某位紐約市的企業家有拖延的習慣，他打算開車去長島，他預計的時間表是：「如果不塞車，要花四十五分鐘。」這樣估計或許沒錯，但問題是：他開車去長島時，哪一次不塞車？

❖學會利用零碎時間

蘭凱在著作《掌握你的時間與生命》（*How to Get Control of Your Time and Your Life*）中給拖延者一個很好的建議，他提到所謂的「瑞士乳酪時間管理法」：善用零碎時間，而不是等待很長的空檔，就像在大任務上「戳洞」一樣（乳酪上有很多小孔）。這個方法可以有效幫你啟動工作，或是在你啟動後持續幫你維持動力。

瑞士乳酪法的意義，在於它重視任何一段時間，不管那段時間有多短。你的目標需要十小時才能完成，並不表示你要等到出現十小時的空檔才能開始。很多重要步驟只需要十五分鐘、十分鐘，甚至五分鐘就能完成。如果你覺得工作多到難以應付，可以先花一分鐘列出清單。如果你一直在迴避那個堆滿半成品的房間，你可以只站在裡面十五分鐘，繼續保持呼吸，習慣那個環境。如果你有很多東西需要整理，可以先花幾分鐘找出檔案匣。任何往目標邁進的步驟，都至少比你繼續迴避多邁出了一步。

零碎時間的好用可能令你吃驚。如果同事取消和你約定的半小時會議，你就多出了三十分鐘。如果你在下班前十分鐘打完電話，那十分鐘空檔就可以善加利用。

瑞士乳酪法對拖延者有幾個特別的好處，其一是它很務實。比起騰出一大段的空檔，你更容易找到十五分鐘或半小時的零碎時間。如果你始終在等大空檔出現，可能會等到地老天荒。

此外，當你利用零碎時間時，那時間本身就有時限。為自己設定時間限制對拖延者來說是個很好的練習，它破除你原本不切實際的想法，例如「一旦我有很多時間，就可以集中精力，一鼓作氣地完成任務。」那樣的時間和精力鮮少出現，同時出現的可能性更是微乎其微。

限制你投入任務的時間，也讓任務更容易接受。任何事情再怎麼困難、討厭或乏味，你應該都可以忍耐著做十五分鐘。當你發現開始做一件事並不代表永無止境的折磨時，討厭的事情也顯得沒那麼討厭了。如果你真的設法完成了一點任務，你可能會感覺很好，這種從進度衍生的滿意，可以作為一種自我獎勵。切記，完成任務的良好感覺會讓你的大腦釋放化學物質，讓你覺得心曠神怡。你會因此想要重複同樣的經驗，讓自己再次感覺良好。

瑞士乳酪法和你以前用工作來懲罰自己的方式截然不同。以前你拖延某事時，可能會逼自己週末閉關趕進度。但是這種閉關法會讓你覺得自己好像被綁在辦公桌前，而別人都在看球賽或在海灘上玩耍。想到自己要孤單過一個辛苦的週末，就讓你產生反感，導致你設法迴避。經驗也證明以下的研究結果：懲罰不是動力，獎勵比懲罰的效果更好。

當你的拖延是因為意志力不堅時（如第四章所述），利用零碎時間這個技巧特別管用。如果你拖延是因為不喜歡被人驅使或掌控，那拖延其實是在宣告：「你無法逼我做這件事。」如果你做了那件事情，你的獨立自由感就受到了威脅，但是如果你決定由自己來設定時間限制，決定做十分鐘或五分鐘就好，你等於重新取得你需要的掌控權，而且還可以繼續往前邁進。

利用零碎時間也可以提升效率。一位大學教授對這個技巧非常滿意，她說：「我以廚房計時器設定一小時，把這招套用在各種活動上，從批閱報告到清理櫥櫃，我都會用計時器來定時。這讓我馬上行動，也知道不久後就可以抵達終點。」不過有些人沒那麼容易改變，如果你無法馬上看到具體的結果，會覺得一開始那幾個步驟毫無成效，彷彿你什麼也沒做似的。你可能覺得每次做一點點很沒面子，不像一鼓作氣達成目標那樣令人興奮。一名律師覺得這個技巧很難落實，他告訴我們：「除非我有足夠的時間完成任務，否則我不想動手。我知道一下子訂遠大的目標可能結果適得其反，但我做每件事都是這樣。」由此可見「非全有即全無的」的觀念對拖延者來說是常見的障礙。如果你可以接受「小有所成」的價值，就可以有效善用零碎的時間。

❖為干擾預做準備

根據墨菲定律：「能出錯的事情都會出錯。」但是很多拖延者認為，一旦他們下定決心做某件事，這條經驗法則並不適用在他們身上。你可能會回想起以前拖延到最後一團亂的狀況，因為事情在最後關頭出了狀況。一通電話或檔案放錯地方之類的意外狀況可能讓你忙到昏頭轉向，為什麼你沒為可能出錯的事情先做好準備？為什麼你覺得你只需要考慮到你投入多少心力就好了？當你真的克服反抗心理，準備好做事時，你可能以為外界一切都會配合得天衣無縫。可惜，這世界不見得都是照著你的計畫運轉的。

泰勒週一下午兩點有一場工作面試，面試前一週，他知道他該把西裝拿到洗衣店，卻遲遲沒去。週日他花了一整晚研究這家公司的財務狀況，週一早上他起了個大早，趕在早上七點半以前把西裝送到洗衣店，以便下午一點取回。一點半時，他身穿襯衫，打了領帶，穿著一雙好鞋，配上牛仔褲，打算先到洗衣店拿西裝再去面試。結果洗衣店找不到他的西裝，可能還在洗，也可能有人把號碼搞錯了。泰勒衝到櫃檯後面的洗衣區，心急如焚地尋找他的西裝。結果他不得不在最後一刻取消面試，當然也沒有得到那份工作。

世界不會隨時注意到你下定決心發憤圖強，事情會還是照著平常的機率出錯，你能掌控的東西有限。遇上大塞車時，你也無法準時趕到機場。電腦當機了，尤其你又一直懶得備份時，你也無法及時把資料交給老闆，讓他拿去開重要的會議。萬一感冒了，你也無法有效地熬夜抱佛腳。如果你預先就想到意外災難的可能性，比較可能從容地處理障礙，不會亂了陣腳，埋怨運氣不好或自責。

❖ 交派任務

交派任務是提升時間效率的一種方法。如果你把部分工作量交給別人，可減輕自己的負擔，又可以專注處理其他的任務。交派的流程包括：找出不需要你插手的事情，找出處理這件事的最佳人選，清楚說明該做什麼，追蹤事情的進展。

時間管理專家對此的一致建議是，分出事情的輕重緩急，把時間花在最重要的事情上。不太重要的事情可以交給別人來做（甚至先擱在一邊）。知名的時間管理專家彼得．杜拉克說：「要事先辦，次要的事，放著別管。」史蒂芬．柯維（Stephen Covey）指出，高效人士的第三個習慣是：「要事先辦。」你應該把時間用在最重要的事情上，把非優先要務交派出去。

時間管理專家一致這樣建議，這是很合理的。你可能以為拖延者會迫不及待想減輕自己的負擔，但是當我們請拖延者想想哪些工作可以交派出去時，他們通常不願意這麼做，為什麼？以下是拖延者不願把事情交派出去的幾個理由：

「我應該可以全都自己來。」或許因為你追求完美，覺得自己不該尋求他人的幫助，所以你把交派任務視為自己未盡全責，或自己沒那麼能幹。一位律師說：「我原本想在我處理重要案子時，僱人幫我打掃屋子。但是我認識一些女性可以兼顧工作和家務，所以我應該也可以。」

我們不覺得交派任務是一種失敗的表現，那是一種技巧。真正的失敗是緊抓著生活中的每件事不放，結果只做了其中一半。

「我是唯一能把這件事做對的人。」這是另一個完美主義的陷阱，可能有些事情真的只有你才能把它做好，但是你未完成的瑣事清單上，真的每件事情都非你不可嗎？即使別人不會照著你的方法來做，讓別人以不同的方式把它做完，總比你一直拖著不做還好。把工作交派出去以後，你會失去部分的掌控權，但是為了完成任務，你可能需要忍受那點損失。

「交派任務是逃避。」你可能太內疚，而不敢尋求協助。你可能覺得自己一直做得很糟，所以這次必須做得很好才能彌補過來。你可能覺得你不配獲得幫助，所以你無法把任務交派給別人或依賴別人。

如果你想繼續拖延，把自己搞得可憐兮兮，惹人同情，拒絕求助是個好方法。一位慈善機構的委員告訴我們：「我是委員會裡唯一沒為會議做準備的人，我覺得很丟臉，不敢對任何人說。其他人都做了份內的工作，他們哪裡有義務得幫我？我希望為下次的會議好好準備一番，但是到了下次，我還是沒準備，所以我沒去開會，後來我就離開委員會了。」

這種自我懲罰的方法並不會增加你的生產力，只會增加壓力，讓你更加苦惱。壓力愈大，問題愈多。

「我可能把錯誤的事情交派給錯誤的人做。」即使你也覺得有些事情可以交給別人來做，你還是遲遲無法決定該交派什麼事情給哪個人。你最好把事情交派給有能力幫你、對你沒有怨念、不拖延也非完美主義者的人。把不需要你經常監督的事情交派出去也對你有幫助，不然可能會得到適得其反的效果。不過，如果你認定只有一種正確的交派方式，你會從很多角度思考這件事，尋找完美的解決方法，以至於無法做出最後決定。無論是交派的事情很普通，還是很重要，一旦交派出去，你都可以減輕負擔。

「我將無處可躲。」想像如今拖住你的許多任務都有人幫你做，然後呢？少了那些急事的羈絆，你和你一直迴避的真正要務之間就少了障礙，你得面對內心的恐懼。所以，如果你可以刪減待辦事項，最先感受到的可能不是如釋重負的感覺，而是焦慮。但是如果你堅持下去，面對並處理內心的恐懼，後續可能會苦盡甘來，輕鬆許多。

❖別過度分散精力

我們認識一個大學生，他叫伊森，一學期修了十八學分，同時參加學校的樂隊和足球隊，還常回家鄉探望女友。他只能在通勤的路上或樂隊及足球訓練的空檔擠出時間來念書。儘管伊森宣稱學業是他的首要之務，但是他的所作所為讓人覺得他似乎把學業排在最後一位。

顯然，如果伊森想讓學業成績更好，他必須放棄一些東西，例如退出樂隊或足球隊，少修幾個學分。但是我們建議他這麼做時，他拒絕了，他什麼都想做。

太忙碌和拖延是不是同一回事？如果你像伊森那樣，以忙碌作為逃避更重要事情的藉口，那可能就是拖延。當你一次投入很多事情時，不僅為拖延種下禍根，也為自己準備好拖延的藉口：

「我不是在拖延，只是太忙了，無法即時完成每件事。」

認真檢視一下你的任務（「未計畫表格」在這方面很管用），你是否把精力分散到太多地方了？那是否成了你拖延真正重要事務的陷阱？這些事情真的都不能放棄嗎？過程中你可能會失去一些東西，但是為了完成更大的目標，這些事情都是必要的嗎？

我們自己也是吃足了苦頭，才學到這點教訓。當初我們寫本書第一版時，還有全職的工作，你猜當時發生了什麼事？我們根本沒辦法寫書！除了拖稿老是被大家無情地取笑以外，進度緩慢也讓我們感覺很糟。最後在極度不情願下，我們決定只做兼職的工作，一半時間拿來寫書。結果，這個決定證明是對的，儘管我們很懷念以前的同事和薪水，但我們終於有足夠的時間寫書了。

❖ 找出最佳時間

如果你承諾每天早上上班前運動三十分鐘，但你其實不是晨型人，而且你原本上班就快遲到了，你等於是為自己設定不可能的目標。每個人都有自己的生理時鐘，想想一天當中何時你的腦力最旺盛，何時體力最充沛，何時最適合社交，何時感到筋疲力竭。如果你工作一天以後，只有力氣打個盹或讀別人寫的小說，你還計畫每晚寫小說就沒有意義了。

或許你已經看出這裡拖延者的問題在哪裡：找出你的最佳時間，等於是承認你有些時候不是處於最佳狀況。這表示你無法永遠在最佳狀態或你認為自己該有的狀態下工作，也就是說，你坦承你是凡人，也有極限。

❖ 學會在過去、現在和未來的觀點之間拿捏平衡

不要卡在時間上不動，這點很重要。如果你卡在過去，就無法享受現在，也無法規畫未來。如果你卡在現在，你完全受到當下所控制，失去和過去及未來的聯繫，無法從經驗中受惠。如果你卡在未來，你陷入幻想世界中，無論那幻想是正面或負面的，你只能規畫或擔憂。在《時間悖論》（*The Time Paradox*）這本書中，作者津巴多（Zimbardo）和博伊德（Boyd）強調在這些時間傾向之間拿捏平衡的必要，也為如何重新設定時間觀點提出多項建議。

❖ 享受「自由」時間

拖延者顯然無法有效地工作，不過大家也常忽略了一點：他們其實也很難放鬆。即使你拖延時沉迷於娛樂，很可能你無法完全樂在其中，因為你知道你是以娛樂來逃避別的事情。或者，你甚至不允許自己有任何娛樂活動，因為你覺得自己缺乏生產力，不配參與娛樂。無論你是哪種情況，你其實都不是真的開心。

愉悅在生活中非常重要。試著為自己規畫一些開心時刻，不要感到內疚或絕望。不管你覺得自己有多墮落，每個人都需要一點玩樂時間。如果你剝奪自己放鬆的權利，你會像耗盡汽油的汽車一樣毫無動力，而以拖延的方式趁機偷閒。

第十四章

學會接受和拒絕

當我們無法直接拒絕時，可能會以拖延的方式來間接回絕。拖延也可以用來偷偷爭取一些時間，做我們不敢公然接受的事情。決定接受什麼和拒絕什麼，可能是很大的挑戰。在這個消費者導向、索取導向的社會裡，代表現代生活的一個主要字彙就是「更多」（more）。我們想要更多資訊、更快的速度、更多選擇、更多汽車、更多東西、更多電視頻道、更方便移動、更多時間。凡事都想要更多。然而，當我們似乎永無止境地要求更多時，多數人最後反倒覺得，我們其實擁有的重要東西更少了：更少休息、更少隱私、更少機會投入興趣、更少時間陪伴我們所愛的人、更少時間發揮創意。我們很容易因為忙著追求「更多」而迷失，拖延可能反映我們追求「太多」而力不從心的感覺，或是我們對錯失東西的渴求。與其依賴拖延，我們覺得拖延者更應該努力接納改善生活的事情，拒絕對生活無益的事情，而且要直接表達出來，不是以拖延的方式來表達。

學會接受有益的人和事

接受他人的支持

拖延者通常對尋求他人協助抱著矛盾的心理，他們可能對自己等到最後關頭才開口求助感到羞愧，因此認為自己不配獲得幫助。有些人堅信自己可以獨自完成一切，也堅信自己應該獨自完成任務，所以覺得依靠他人像一種失敗。在有些文化中，向外人求助是件可恥的事。有些拖延者把尋求支持視為「獲救」，希望別人可以接手幫他們完成任務。然而，尋求支持本身不見得有這些意思，而是指運用人脈來幫你自己採取行動，往前邁進。我們來看以下幾種接受別人支持的方式。

❖選對人

當你尋求支持時，第一件事就是要找對人。社交圈有很大的影響力，研究顯示，如果周圍的人都不吸菸，你就很容易戒菸；如果你身邊有很多胖子，你就容易變胖。你需要尋找友善、鼓舞人心、沒偏見的人，而且他們必須務實，注意你的任務。選擇站在你這邊，可以從你的觀點看問題的人。可惜，有時候我們渴望獲得協助的對象，往往無法給予我們這樣的協助。你可能渴望父母、配偶、上司或兄弟姊妹的支持和鼓勵，卻一再發現他們給你的不像是支持。一位女企業家說：「每次我碰到問題，都會打電話給我父親，我覺得他會知道如何處理工作上的問題。但是偏偏我打給他的時候，他都會為了那些問題而責怪我。我可能不該再為了那些問題而打電話給他，但每次我還是希望他能有不一樣的反應。」

你要好好思考，哪個情境找誰幫忙最適合。我們有一位朋友，她是我們的最佳參謀，她非常聰明，每次我們確切知道自己在講什麼時，她都能針對我們的想法提出質疑，幫我們釐清思緒。但是當我們還在腦力激盪的階段，才剛開始思考時，如果找她談論，她的質疑以及善於挑出矛盾的銳利觀點，常讓我們覺得非常沮喪，提不起勁來。我們還有一位朋友，他對玩樂總是興致勃勃，每天晚上他都知道哪裡有派對，城裡放映哪些老電影，以及哪裡有免費的音樂會。如果你想犒賞自己，可以找他規畫一下活動，但他不是很好的工作夥伴，因為他滿腦子只想著玩樂。

你可以和支援你的人討論你的拖延問題或行為目標。以開放的心胸聆聽對方的意見和建議，不要一心只想為自己辯解。你永遠不會知道何時你會聽到一個激勵你向前邁進的想法。光是請人聆聽你的經驗，這本身就是一種很大的支持，讓你覺得努力時不是那麼孤單。

❖ 公開承諾

告訴大家你在做什麼以及打算何時完成。我們對公開承諾的重視，通常比對內心的想法還要認真。承諾愈公開，我們愈不願意改變它。當你必須向別人交代時，更難放棄目標或中斷步驟，因為有人知道你的計畫，你無法再私下逃避目標。例如，如果你告訴朋友你決心減重五公斤，你會發現自己比較容易拒絕甜點的誘惑。你知道朋友會問你進度如何，而你不會想承認昨晚吃了兩片蘋果派。

除了朋友以外，你也可以上網尋求協助。你可以找到專為拖延者設立的聊天室，以及來自「匿名拖延者協會」（Procrastinators Anonymous）的協助。我們也推薦 StickK.com 這個網站，它可以幫你做出承諾，堅持到底。這個網站是二〇〇八年由兩位耶魯大學的經濟學家成立的，他們了解「承諾合約」背後的心理和經濟原則。我們不見得什麼事情都能說到做到，但是一旦我們公開意念，並涉及金錢承諾時，就比較可能成功。在那個網站上，大家針對需要有人鞭策的目標做出承諾（例如減肥、規律運動、戒菸），你可以設定任何目標，把它公布在網站上（寫上你的名字或匿名都可以），和其他有類似目標的人相互交流。為了增強你的動機，你可以為自己的目標押一筆賭金。如果你達成目標，就可以把錢拿回去，如果沒達成目標，那些錢就會捐到慈善機構。

❖ 一起規畫

你可以和別人討論，一起制訂行動計畫。如果你像多數拖延者一樣，不太清楚自己需要做什麼，不如把你的打算告訴另一個人，這樣單純的行動也可以幫你釐清思緒。你對別人說明時，可能會發現自己計畫太多，有點不切實際，或是發現你的計畫其實相當可行。當你把計畫講出來時，或許後續步驟就變得愈來愈清楚了。

找一個優點和你互補的人來談，效果特別好。如果你擅長思考結果，但不知道該如何達成目標，就找一個善於落實核心要務的人來談。如果你擅長處理細節，但不善於看清大局，就找一個有宏觀思維的人來聊聊。

聆聽別人面對類似問題時如何解決，也對你有益。有一次我們採訪一位多產的作家，針對如何把寫作和生活的其他要務整合在一起，彼此交換意見。我們是想辦法把寫作塞進生活的空檔，那位作家卻不一樣，他說：「我把寫作當成首要之務，每天從早上九點寫到十二點，不讓任何事情干擾，連電話也不接。」我們聽了都很驚訝。不接電話？那可能是有人打來聊天或邀約，也可能是緊急電話，難道就讓它一直響嗎？我們從他明確的目標可以看出，我們需要改變自己的觀念。

切記，你尋求幫助時，不見得一定要接受。別人提出的觀點剛好是你沒注意到的事情時，不需要害怕。幫別人規畫總是比為自己規畫來得容易。我們開拖延治療團體時，要求參與者設定一個目標，接著和兩個人討論那個目標。我們一再看到，拖延者可以清楚務實地分析別人的目標，但對自己的目標依舊模糊不清，過於理想化。幫別人思考計畫時，可以發現自己有一些組織與時間管理技巧很有創意，你甚至可以想像是朋友要執行你的計畫，思考該如何提供他協助。

❖ 卡住時尋求協助

大腦卡住無法運作時，應該尋求外援。當你拖延到進退兩難時，可能不知道該如何輕易脫身。不要放棄，這是尋求幫助的好時機，不過這時可能也是你最自責的時候，你可能覺得自己不配找人幫忙。一位拖延者告訴我們：「我困住時，在原地打轉，非常痛恨自己，甚至不想和任何人交談，更別說是找人幫忙了，我覺得自己不適合和人接觸。」但是當你陷入自我厭惡的深淵時，別人的支持可以帶給你最大的解脫。連你都無法善待自己時，別人可以善待你。此外，和人討論困境也可以得知你沒想過的解脫辦法，從而邁出一小步，知道自己還有一線生機，還有希望。

❖ 找個同伴一起做

討論很重要，但效果畢竟有限，你還是得做點事情才會有進展。採取行動的方式之一，就是找個同伴一起做。我們不確定我們兩個人能不能獨自寫這本書，但是兩人一起寫時，我們就樂觀多了。（事實證明我們是對的！）兩人為共同目標奮鬥時，每個人都有更大的衝勁去實現目標。因為你不好好做，不僅損及自己的生活，也影響到別人的生活。

此外，有個工作夥伴也可以一起設定幾個階段的期限，期限愈近，愈可能逼你採取行動。如果你和夥伴約好定期開會討論，即使你是拖到開會前一晚才動手，都有動力催你快點工作。此外，當你知道自己不是唯一為了工作而掙扎或失去休閒的人時，你也會覺得好過一些。如果我們是獨立寫書，拖延對我們的誘惑會強大許多。在風和日麗的加州，當我們都窩在家裡寫書或改稿時，我們知道加州至少還有一個人和自己一樣，沒在戶外享受好天氣。

你可以和夥伴以對等的身分合作，像我們合寫這本書一樣，或是找夥伴專門負責檢查你的進度。你可以把老闆當成夥伴，和他約好固定的時間，討論你的專案進度。一位作者寫第一部小說時遲遲沒有進度，於是他請朋友當他的「編輯」，兩人約好每週見面討論，這樣他就有壓力，每週必須寫點東西讓朋友閱讀。一對有拖延習性的朋友是把彼此當成戰友，約好時間定期檢查彼此的進度。不管你實際完成的事情有多少，至少和夥伴見面這件事會時常提醒你保持進度。

❖ 各做各的

孩子學步時，會經歷所謂的「平行遊戲」（parallel play）階段，亦即幾個小孩在一起，但各玩各的玩具，不是一起玩。同樣的，你也可以找另一個人一起工作，但各做各的。例如，我們知道有一群人都很討厭報稅，他們每年三月會辦一場聚會，名為「報稅折磨」，每個人都帶一台筆記型電腦，以及一個裝滿單據、支票、文件的箱子到場，然後一起坐在一張大型會議桌邊，一邊抱怨一邊報稅，不知不覺中就把報稅這件事搞定了。

你可以把這種「各做各的」方式套用在你拖延的各種事情上。有兩位婦女都對於製作家庭剪貼簿這件事感到力不從心，所以她們輪流到對方的家裡，一起各自拼貼自己的剪貼簿。一位會計師約好週六上午和朋友在圖書館碰面，以便各自完成他們在辦公室裡沒做完的事情。他們都覺得在家裡做事容易分心，圖書館方便他們專心做事。約定見面可以督促彼此開始工作，同時強化人際關係。

❖社交獎勵

有時候進度本身就是一種獎勵，但更多時候社交其實是更好的獎勵。一位在家工作的婦女叫她先生下班前一小時先打電話給她。如果她在先生到家時完成一定的工作進度，他們就一起出去吃晚餐。她利用那段時間翻閱公司交代她閱讀的枯燥背景資料，期待和先生一起出門用餐，變成激勵她完成苦差事的動力。

你可以在各階段以社交活動來獎勵自己朝目標邁進：跨出第一步後打電話給朋友，獲得朋友的鼓勵，以便繼續努力下去；需要休息時，找人一起去散步；過了漫長的一天，去看場電影；完成大專案後，安排一次假期。

❖ 和你關愛的人相處

拖延常導致你無法和身邊最重要的人無憂無慮地相處。如果你上班時拖著要事不做，週末提了一大箱公事包回家，可能會覺得自己沒時間和家人好友相處，如此一來就錯過了珍貴的時光。人生苦短，工作時間就要用來工作，家庭時間就要留給家人。切記「要事為先」，如果陪伴你關愛的人是首要之務，就應該以他們為主，把其他的事情排在空檔，而不是本末倒置。如果你沒有朋友，現在就該多交點朋友。當你覺得受到關愛，和人維持密切的關係時，拖延對你來說就不會有那麼大的誘惑力了。

接受個人成長

❖ 嘗試新挑戰

拖延往往是迴避挑戰的方式。切記，克服挑戰對你有益。這挑戰讓你充分發揮潛力嗎？幫你發展和成長嗎？新挑戰會讓你不斷地學習，學習讓你保持活力，活力會讓你覺得活著真好，幸福快樂。新挑戰也對你的大腦有益。大腦每天都在改變，新挑戰會刺激大腦細胞的成長，以更複雜的方式建立連結。

❖ 多做你熱愛的事

拖延者一心只想著他們害怕的任務，或是對沒完成的事情感到內疚，往往不允許自己做些可以帶給他們很多樂趣的事。不論你喜歡做什麼，盡情去做吧。無論是園藝、學外語、說故事給孩子聽、和朋友一起做裁縫、完成交易、為你支持的理念募款、跟家人一起烹飪、親近大自然、讀小說、照顧動物、玩音樂或跟著音樂起舞，還是創作藝術，只要那件事讓你覺得充滿活力，人生豐富，就把它加入生活中。那些活動讓你覺得活著很有意義，應該在你生命中占有更多的時間，而不是更少。

學會拒絕無謂的人事物

拒絕浪費時間和讓人沮喪的人事物

思考你想在生活中減少或排除什麼，和思考你想在生活中加入什麼一樣重要。你要學會找出那些對你毫無助益或無關緊要的事情，遠離為妙。每個人都會碰到一些令他們感到沮喪、疲累、脫軌或降低生活品質的事情。對拖延者來說，一想到要消除這些拖住他們的事情，就令他們手足無措。把時間花在這些無關緊要或有害的事情上，通常是導致我們拖延的原因。更重要的是，決定什麼該納入生活、什麼該排除，這本身就不是一件容易的事，當你不相信自己的判斷時更是如此。

❖ 拒絕空洞的任務

生活中有很多我們不想做、卻不得不做的事情，例如報稅和保養汽車。即使這些事情令人厭煩，做這些事情可以讓你的日子過得更平順，所以非做不可。不過，處理正事和浪費時間在空洞的任務上，兩者之間有很大的差別，如果你做的事情無法讓你朝想要的方向邁進，就不要做。

所謂的空洞任務，就是相對於當前的目標和價值觀來說，最微不足道的事情。時間管理中常引用「二八法則」：二〇％的任務很重要，可得到最多的結果；八〇％的任務不太重要，做不做沒多大的影響，這就是所謂的「主要少數，瑣細多數」。你要學會回絕許多微不足道的事情，把八〇％的時間用來完成少數重要的事務。

你打開電腦工作以前，真的有必要先清理桌子嗎？如果當下最要緊的事是寫一份行銷文案，列印出來，推銷生意，清理桌子不必急於一時。不過，如果當下最重要的事情是在過期前償還貸款，把桌子清乾淨，找出貸款繳費單就很重要。能夠辨識空洞事務，表示你知道什麼事情重要，什麼不重要。這對拖延者以及患有注意力缺失症或執行功能失調的人來說非常困難。你可以自問：「我現在該做這件事嗎？」然後拒絕微不足道的任務，這是不錯的做法。

❖ 拒絕不必要的事情

我們很容易就攬下太多的事情，拖延者往往抱著很高的期許，心懷偉大的理想，覺得自己可以做好所有的事情。但是攬下太多事情也等於為無法完成每件事或一事無成找了藉口。不必要的事情占用了我們完成重要大事的時間。

別人請我們做事時，可能很難回絕，例如幫他們走出困境、加入他們主張的活動、提供服務。有人需要我們，重視我們時，尤其是對方又說我們是那任務的最佳人選或唯一人選時，容易讓我們自我膨脹。有時我們答應別人的請託，是因為想要取悅他人，或是擔心回絕會冒犯對方。但是為了錯誤的理由而答應做事情，可能心生不滿，甚至怨恨和拖延，不如回絕。

❖ 拒絕不適合的人

你成長過程中，父母或許曾教你要「明智擇友」。挑選可以坦然面對、一起歡笑、相互信任、一同患難的朋友很重要。「明智擇敵」也很重要，你可能也認識一些人讓你感覺變差，而不是變好。或許他們時常發怒、沮喪、苛刻或高傲，你和他們在一起時，覺得自己變得沉默寡言、失去活力、能力不足或沒有人緣。如果你發現周遭有這樣的人，應該考慮減少他們對你的影響。你能遠離他們嗎？可以盡量減少和他們的接觸嗎？你沒有義務騰出時間和想要接觸你的人相處。

有些人可能對你有負面影響，但你無法遠離他們，尤其當他們是你的同事或家族成員的時候。或許你可以減少和他們相處的時間，或在內心築起一個緩衝區，讓他們的負面言行不會影響到你。泰芮是個拖延者，長期充滿內疚，她有一次問妹妹，她是如何反抗母親的不斷批評和施壓？妹妹回答：「我就把她當成耳邊風。」泰芮從來沒想過她可以在心裡回絕母親。

拒絕雜亂

「丟掉50樣東西，找回100分人生。」我們很喜歡生活導師蓋兒．布蘭克（Gail Blanke）提出的這項建議，他建議大家從扔掉雜物做起，接著開始清理腦中的雜物。布蘭克表示，我們都可以清理掉五十件東西，從只剩一只的襪子和耳環，到幾年沒穿的衣服，從乾掉的唇膏到無法辨認的鑰匙等等都是。任何你不知道該用來做什麼或為什麼還留著的東西，都可以扔掉。如果有一些雜物讓你一看到就覺得心情沉重、低落或沮喪，就扔了吧。不過，有一點很重要：不管你扔了多少報紙、雜誌和目錄，那都只算一件東西。當你扔掉五十件東西時，把這些東西列成一份清單，之後你可以回顧這份清單，為自己清除的東西感到自豪。

你也可以看看自己內心有什麼「東西」是可以扔的，你還緊抓著一些不適合你的舊想法、怨念、憤慨、希望或夢想不放嗎？你心中有什麼遺憾或失望一直揮之不去嗎？有什麼關於你自己、他人、成敗或生活的老舊想法已經對你無益了嗎？拋除雜亂情感並非易事，但是當你允許自己這麼做時，可能會覺得輕鬆、自由、幸福多了。把腦中拋除的雜念也列入清單中，其中有些雜念可能就是造成你拖延的原因。

拒絕電子上癮

❖ 拔掉插頭

禁用網路、黑莓機、手機和電子郵件一段時間，拒絕周遭讓你分心的東西。幾個小時或幾天不上網可能讓人不知所措，甚至令人焦慮（「我可能會錯過一些重要的事情！」）。不過多數人切斷這些連結後，都有一種解放的感覺。史丹佛大學的法學院教授勞倫斯・雷席格（Lawrence Lessig）是網路法律專家，每年有一個月他都會「刻意遠離數位網路，不寫部落格，限制電子郵件的使用量，減少通電話的次數」。當他需要專心寫作時，他會把無線網路停掉，以免電子郵件干擾他寫作。當你拒絕電子郵件、即時通訊、簡訊、部落格、上網瀏覽時，會發現你多了很多的時間和心理空間，可以專心處理該做的事情。切記，你的大腦其實無法多工處理（每次轉移注意力需要〇・七秒）。所以，即使會議很無聊或教授講課很悶，都請你切掉網路連線，關掉手機或PDA，認真聆聽他們在說什麼，否則你無法真的集中注意力。

❖ 減少資訊接收

你每天真的需要收看或收聽四、五次新聞嗎？你真的需要上網查看最新的比價數據嗎？你真的需要零售促銷、政治團體，或你支持的每個理念團體所寄來的電子報嗎？你應該要拒絕接收電子雜訊！太多資訊湧入，遠超過大腦所能處理的限度。限制資訊的吸收量完全看個人而定，過量的資訊不僅無法改善我們的生活，反而會破壞我們的生活品質。

❖ 拒絕電玩、虛擬世界和網路色情

這些東西的確都很誘人，但是太沉迷其中時，也會讓人上癮耗神。那就像藥物一樣，劑量剛好時有益健康，劑量過多時反而會變成毒藥。好好檢查你迷戀這些東西的程度，它們不僅非常浪費時間，也讓你喪失和真實人群健康互動的機會。

以上接受和拒絕的建議只是開始，我們希望它們可以讓你進一步思考其他的選擇，生活中想要什麼、不要什麼。當你可以為你運用時間的方式設定標準時，就會減少拖延，在生活中騰出更多的空間。

第十五章

運用身體減少拖延

我們在拖延時，不管是裝忙逃避或窩在沙發上看電視，其實都疏離了最基礎的自我：生理層面。花點時間注意你的感官體驗，培養良好的身體狀態，可以幫你面對你遲遲不肯做的事情。注意自己的身體不會讓你一夜之間就擺脫拖延的習性，但可以讓你的身心更加平衡、穩定、自在。當你身心和諧時，更有能耐應付那些等著你處理的事情。

藉由運動開始啟動

對有些人來說，利用運動幫你擺脫拖延的痲痺狀態，可能會讓你鬆一口氣，也帶來一絲希望。有些人可能會覺得提不起勁，一想到穿上運動鞋就覺得排斥或壓抑。在你伸手去拿遙控器或再打一輪電玩之前，我們希望你至少考慮一下把運動當成管理拖延的方法。運動就像我們建議的所有技巧一樣，只要你試試，就有幫助。如果你發現你雖然知道運動的好處，卻依然像拖延其他事情一樣，也拖延著不去運動，可以回顧第一部中對恐懼的描述。害怕失敗、成功和被掌控，會妨礙你把運動整合到生活中。

我們早就知道，運動除了有益身體健康以外，也可以大幅改善心情。憂鬱的人出去散散步或走一趟健身房，通常會覺得好過很多。運動會刺激身體釋放腦內啡，讓人覺得更愉悅和幸福。無論我們是否感到憂鬱，運動只要不過量，都能幫我們提振精神。

有證據顯示，運動除了可以改善心情以外，還可以刺激大腦的成長和調節。哈佛大學精神科專家約翰．瑞提在著作《運動改造大腦》（*Spark*）中寫到運動對大腦的許多助益，以下內容摘錄自他的研究。

瑞提寫道，運動時不僅讓你感覺更好，大腦也會運作得更好：你學得更快，認知更靈活，思緒更清楚，記憶更牢固。運動時流到全身的血液，在你停下來時，幾乎馬上就回到大腦中，讓大腦隨時準備好學習新知。一份研究報告指出，運動後記憶單字的速度比運動前快二〇%。另一份研究指出，芝加哥校區安排學生早上先做運動後，八年級學生在一項標準化的科學測驗中獲得世界第一的佳績，打敗台灣、新加坡和日本等數理一向很強的國家。

運動會刺激一種名叫「大腦衍生神經滋養因子」（brain-derived neurotrophic factor，簡稱BDNF）的大腦成長因子，BDNF就像大腦的肥料一樣（瑞提稱之為「奇蹟成長素」），會讓你的神經元長得更健康，更粗壯，觸角和上萬個其他的神經元相互連結。此外，BDNF也會刺激新神經元的成長，包括海馬迴裡的新神經元。你可能還記得前面提過，海馬迴主要是負責儲存記憶，它幫我們把任一時刻發生的事情，融入先前體驗更廣的脈絡情境中。在海馬迴的幫助下，我們可以看清大局。

這種把事件融入脈絡情境的能力，對管理煩亂情緒非常重要。當你在拖延之中掙扎，內心充滿擔心、焦慮、反叛或恐懼時，腦中的威脅偵測器「杏仁核」就啟動了。通常海馬迴會幫你看清威脅，以免你陷入恐懼中，你可以告訴自己：「如果我不及時支付這筆信用卡帳單，不會真的失去一切。上次，我只不過付了滯納金而已。」不過，瑞提和其他學者指出，這種長期的壓力會破壞海馬迴（當神經元死去時，海馬迴會萎縮），降低它回憶過去的能力。隨著威脅偵測器的訊號逐漸增強，你愈來愈恐慌，逐漸失去實際的想法，開始對寫報告、處理過期稅單、去郵局領取積壓六個月的郵件等事情產生強烈的恐懼感。

運動不僅能「趕走長期壓力的不適感，也可以扭轉負面效果」。研究證實，海馬迴縮小的老鼠可以藉由運動，讓海馬迴恢復到萎縮前的狀態。只要規律運動三個月，就可以讓海馬迴的血液增加三〇％。所以，去運動吧，它可以讓大腦幫你快點動手做該做的事，以下是一些建議，教你怎麼做。

❖ 使用計步器

健康專家建議每天步行一萬步，大約是八公里的距離。用計步器（別在腰際）可以大幅增加你每天走路的步數，每天增幅可達一．六公里！當你戴著計步器時，每一小步真的都很重要。多走幾步會讓你感覺更好，大腦更清醒，讓你有心去處理長期迴避的任務。

❖ 休息做點運動

當你發現任務停滯不前或你遲遲無法動手時，先休息一下。休息可以打破讓你充滿恐慌、焦慮或自責的神經線路。不過，休息時做的事情很重要。你應該想辦法活動身體，而不是坐著看你最喜歡的電視節目，或吃一碗冰淇淋。去街上散步一圈，踩十分鐘的健身腳踏車，或是隨著你最喜歡的音樂在客廳裡起舞，都可以促進血液循環，幫大腦準備好集中精神。

❖做你喜歡的事

你要如何運動都無所謂，不過，挑選你感興趣的運動很重要，因為如果你討厭運動，那很難持久。如果你喜歡的活動不僅可以鍛鍊心血管，還可以幫你動動腦，那更好。你可以報名舞蹈課或約朋友打網球，當你的大腦學習不熟悉的動作，或預測對手在球場上的動作時，你可以同時鍛鍊身體又訓練腦力。

❖和朋友一起運動

運動就像許多難以達成的任務一樣，找個朋友陪你做，可以讓你更投入，讓那活動更有趣。當你和人約好時，就更有可能出門運動，不會受不了偷懶的誘惑而在家裡打盹。切記，社交也對大腦有益，可抑制孤獨所激發的壓力荷爾蒙。

❖處理棘手專案前先運動

運動時，會加速全身的血液循環，停下來後，那些血液會馬上流回大腦。大腦會因此獲得更多的氧氣、ＢＤＮＦ和腦內啡，所以你的頭腦在運動完後一小時左右會更清醒。你可以把握這段時間，馬上投入棘手的任務。

❖慢慢起步

我們知道我們一直在強調這點，好像沒什麼特別。如果你對運動感興趣，即使你已經好幾年沒運動，可能會想要一開始就跑五公里或打全場的籃球，畢竟運動太少顯得微不足道。但是運動就像其他的事情一樣，從少量運動開始是最好的辦法。儘管這策略不如你的理想那麼遠大，但這比較務實。一開始運動就做得太劇烈，不僅容易受傷，也容易半途而廢。慢慢開始，一點一點地進步，是比較好的方式。

❖運動大腦

大腦就像肌肉一樣，會愈練愈強，它對需要全神貫注的新奇挑戰反應特別明顯，可以幫你進一步發揮潛力，創造更好的佳績。加州大學舊金山分校的研究人員邁克・莫山尼奇（Michael Merzenich）是率先證明大腦一生都有可塑性的科學家，他為大腦開發了一套電腦運動程式。他發現，受試者接受聽覺和視覺挑戰時，大腦的運轉速度和精確度都大幅提升了，而且可以持續很久。六十五到九十歲的人可以讓大腦功能回春十五到二十年！腦筋急轉彎之類的難題、學習新語言或打橋牌也可以產生同樣的效果。如果你想看看莫山尼奇博士的網站，可上http://www.positscience.com。

運動是強化大腦功能最有效的方式。如果你能運動身體，拓展大腦，就能開始動手做你拖延的其他事情。

正念：主型和變型

運動可以讓身體動起來，那是幫大腦準備好對抗拖延的方法。另一種幫你做好準備以對抗拖延的方法，則是運用剛好相反的技巧：放慢下來，培養「正念」（mindful）。

正念是指「在當下刻意專注，不帶判斷」，這是一種觀察自我經驗的禪修方法，已流傳兩千五百多年。這對拖延者來說特別有效，因為它強調每一刻都保持不判斷的知覺。由於「修練正念的主旨在於溫和、感念和培養」，正好可以對抗自責。修練正念可以培養你慈悲觀察自己的能力，給予自己溫和的支持，而不是嚴苛的要求，體驗到穩定、平衡的接納，而不是憂心忡忡或內疚不已。想像一下，在你修練正念後，自我體驗會有多大的差異。當你心境比較平和時，會如何處理你因為害怕而遲遲不肯動手的任務？

正念對身體也有益處。修練正念可增強身體的免疫力，減少心血管疾病，降低壓力反應。由於拖延者一直承受著強大的身心壓力，修練正念是紓壓的好方法。

❖ 正念紓壓法

喬．卡巴金（Jon Kabat-Zinn）開發出一套可以融入現代生活的正念修行系統。「正念紓壓法」（mindfulness-based stress reduction，簡稱 MBSR）在全美國各大醫學中心和診所都有教授，很多研究都證實了它的效用。例如，哈佛大學最近有一項研究顯示，經常修練正念可以促進大腦某部分的成長（皮質的前腦島），那部分和關愛、和善、開放、感受度有關。

ＭＢＳＲ像多數正念修行一樣，先以舒服的姿勢坐著，把注意力放在呼吸上。光是花點時間注意你身體這個根本的活動，就會馬上帶你遠離充滿壓力的自動化身心活動─我們多數人成天都是處在這種壓力中。很多人發現，當他們把注意力放在呼吸上，沒想要改變任何事情時，他們的吸氣開始變得更緩慢、更飽滿，呼氣也變得更深長。

一開始先不帶判斷地注意你的呼吸和身體的感覺，漸漸地延伸到不帶判斷地注意你的思緒。在修練正念時，不管你在想什麼，你就只是觀察它們，看著這些想法來來去去，感受它們時時刻刻的變化。以這樣溫和、敏感的方式觀察你的想法，可以幫你以不嚴苛的態度更了解自我，你可能還會因為感受到自己身心的活躍而充滿感念。

❖ 神聖暫停法

有一種方法可以把正念融入生活中的短暫片刻，那就是善用所謂的「神聖暫停」（sacred pause）。這很簡單，也相當困難，它的做法是：在投入某項活動或採取下一步驟前，刻意停頓片刻。在短短數秒內，停頓下來，注意呼吸和身體的感覺。盡可能回歸當下，在那短短的幾秒內，別的事都不做，也不去任何地方，不用思考過去或預想未來，直接停止手上正在做的事情，「全心投入當下，專注，往往身體靜止不動」。你現在就可以試試看，就在當下，停止閱讀，只要注意你感受到什麼就行了。

神聖暫停法對拖延者來說特別有效。當你開始感到愈來愈焦慮、害怕、內疚、自責或恐懼時，可以運用神聖暫停法讓自己回歸當下，只感受到自己的身體狀況。當你準備好向行為目標邁進時，在你打那通電話、開啟那個檔案、寫下那個句子或支付那筆帳單之前，花片刻的時間運用神聖暫停法平靜自我。每次你運用神聖暫停法時，都會稍微鬆開那熟悉、鍛鍊許久的拖延神經線路，讓你有機會以稍微不同的方式接觸人生的下個時刻：更開放、更平衡、更有信心因應任何狀況。

❖ 心能開發術：態度呼吸法

把注意力集中在心臟上，可以調整心律。平順的心律會給人一種和諧、活力或自在感，和正面情緒有關。負面情緒則和不平穩、混亂的心律有關，給人一種心神不安的感覺。當你因拖延而氣自己，或是為了趕最後期限而焦躁不安時，可能就會有這樣的感覺。

只要一兩分鐘，「心能開發術」（Heartmath）就能協助你調整心跳。首先是把注意力放在心臟上，你可以把手放在胸口。呼吸的時候，想像空氣流進和流出心臟，緩慢溫和地找出你的心律，直到你覺得自己的呼吸很平順安穩為止。對多數人來說，每分鐘五到六次呼吸是平靜的節奏，不過最重要的是找到最適合你的律動。當你繼續呼吸並感覺心律時，回想生活中的美好感受，享受那片刻的甜美。

你可以選擇你想培養的態度或感受，每次呼吸都鎖定那樣的感覺。例如，你可以心想：「呼吸平靜」、「呼吸勇氣」、「呼吸寬容」或「呼吸平衡」。這種「態度呼吸法」和神聖暫停法一樣，在你感到力不從心、緊張或害怕，或處於激動的情緒時，特別有效。你可以想著「呼吸平穩」或「呼吸目標」。你也可以在呼吸時想著「呼吸淡定」或「呼吸中立」，幫自己減少情緒反應，從而降低和工作有關的緊張程度。

❖ 班森的放鬆技巧

剛才介紹的「態度呼吸法」是改編自三十多年前赫伯・班森醫師（Herbert Benson）的研究成果。班森醫師是哈佛大學的心臟病專家和身心醫學的先驅，他開發了一套看起來很簡單的壓力管理技巧，也是把注意力放在呼吸上。你只需要用腹式呼吸法，緩慢規律地吸氣和呼氣就行了。每次你呼氣時，就說一次讓你感到放鬆的單字。在班森最初的教學與研究中，他是叫參試者呼氣時說「one」（一）這個字，其實任何單字都行，只要是讓你感到自在和平靜的字都有效。有些人喜歡用「peace」（和平）、「ease」（自在）、「calm」（平靜）、「warm」（溫和）等字眼。每天試著做兩次，每次十到二十分鐘。做愈多次，就愈容易，緊張時可以更快放鬆自己。

除了運動和正念以外，還有很多方法可以照顧你的生理自我，幫你紓壓，變得更平衡，更能處理你拖延的事物。如果你試過這些方法，卻還是遲遲不行動，我們再次建議你思考一下，你心底有什麼焦慮阻礙著你。我們也建議你適度使用這些技巧，因為它們也可能變成拖延的藉口！

- 充分睡眠，必要時打個盹。
- 攝取滋養大腦和身體的食物。
- 限制咖啡因、酒精和其他藥物的攝取。
- 維持良好的性生活，最好是和你相愛的人。
- 養寵物。養狗可以幫你維持散步的習慣，養貓和狗都對血壓和心血管健康有益。
- 打電話給朋友，最好和朋友聚一聚，經常笑逐顏開，可降低你和朋友的壓力荷爾蒙。
- 記得玩樂，騰出時間享受生活樂趣。

你嘗試這些方法時，切記，這些方法就像學習任何事物一樣，需要不斷地重複，熟能生巧。你是在大腦中建立新的神經迴路，上述技巧需要不斷地重複，才能讓神經元產生連結，所以不要放棄，再小的努力都有幫助。

第十六章

給患有ADD和ED的拖延者的建議

患有注意力缺陷（ADD）和執行功能失調（ED）的人常有拖延的問題。之前建議的管理拖延技巧雖然有效，不過這一章我們想為ADD和ED的患者提供一些額外的建議。即使你可能沒有ADD和ED等症狀，我們還是希望你也讀讀這一章，其中有些觀念可能也對你有益。

ADD和某些ED狀況主要是抑制方面有問題，也就是說，你難以管控衝動和干擾，那正是造成拖延問題的主因之一。你很難不去注意你經歷的所有新奇刺激，舉凡觀念、想法、聲音、感覺、衝動、他人等等。分散注意力又無法專心，讓人很難有條理地做事，堅持不懈，也因此容易拖延。你需要費好一番心力才能拉回注意力，回歸正軌。所以，我們應該規畫策略，以減少干擾並提醒自己回頭繼續完成任務。

本章中，我們說明一些對ADD患者證實有效的原則，並以每個原則為基礎提出建議。此外，我們也希望你運用本身的經驗和創意，自行規畫策略和方案。我們建議你廣泛閱讀談ADD和ED的書籍和網路資訊。

由外而內

我們學習新的行為模式和技巧時，典型的過程是從許多外在支援開始，然後隨著我們逐漸把那些行為內化，外界的支援便逐漸消退，最後我們在沒有外界的暗示或架構下，即可獨立完成。

例如，父母指導孩子做事，教他們思考時間（解釋時鐘或月曆），引導他們走過連串的步驟。漸漸的，多數孩子在做事時，會開始大聲地自言自語（「先拿出紙筆，然後在紙的上面寫下名字，接著再寫標題……」）。愈來愈熟練了以後，孩子開始改成默念，亦即輕聲地自言自語，幾乎只有他們自己聽得到。最後，這種說話功能也完全內化，變成小孩自己也沒意識到的內在引導和支持。成人身上也會經歷這樣的過程：我們在一些指導下學習新技術，當我們可以自己運用新技術時，指導就愈來愈少了。我們也會自言自語，可能是發出聲音，也可能是在心裡默唸，我們會自我監督。

自我監督是一種重要的執行功能。我們運用自我監督，要求自己按步驟行事，幫我們維持正軌，適應新環境，管理情緒，知道自己的表現如何。不過，許多患有 ADD 和 ED 的人很難自我監督，他們的大腦無法輕易做到這點。所以提供外在支援顯得特別重要，在他們真正內化以前，這種外部支援可能需要持續很久。你或許可以找人幫你規畫策略，並在過程中檢查你的進度，或練習以自我對話的方式引導自己走過每個步驟。

執行點提醒

你可能設了清楚、有意義又務實的行為目標，也很想實現那目標，但是萬一你的工作記憶力不太好，當你五分鐘後準備好跨出第一步時，可能已經完全忘了自己想做什麼！或者，你已經準備好開始往目標邁進，這時正好有出乎意料的事情抓住你的視線。或許你看到一個有趣的雜誌封面，或想起某人提過的一個書名，於是你打開筆電開始查詢，而不是做工作檔案。我們在第二章到第五章描述過內在的深刻衝突，那拖延背後通常潛藏著恐懼，但這裡描述的不見得是那種現象，你只是不記得而已，那也不是因為你有早發性老年癡呆症，而是因為你的大腦可能不善於記憶，難以專注。

巴克立最近對成人ＡＤＤ患者所做的研究摘要強調，做事的根本策略是在執行點獲得提醒。光有計畫可能不足以幫你堅持到底。你需要外在事物提醒你，你該在何時何地採取行動，亦即在哪個執行點採取行動，既然我們這裡是談拖延，這裡的執行點就是指逃避點。提醒逃避點有很多方法，包括以下幾種。

❖視覺提醒

你周遭的視覺提醒可以產生很好的效果。便條、圖示、箭頭、清單等等，任何可用來提醒任務的東西都有效果。例如，如果你打算在電腦前工作，可以在螢幕上貼便利貼，提醒你行為目標的步驟。萊諾拉在美國矽谷開業看診時，看過很多科技從業人士，這些人自己設定電腦，讓螢幕定時出現提示訊息，所以他們如果上網瀏覽或看新聞而忘了正事時，電腦會自動跳出提示，幫他們把注意力拉回正事上。

把視覺提醒貼在你周圍的其他地方，也可以有效提醒你開始工作。在你經常不知不覺流連忘返的地方貼便條紙的效果特別好，例如浴室的鏡子、電視螢幕、房門、汽車方向盤、枕頭上。我們認識一位拖延者把便條紙貼在冰箱裡，發現效果還不錯。

❖ 聽覺提醒

聽覺提醒的效果和視覺提醒相似。如果你有智慧型手機或有鬧鐘功能的手錶，可以用它們來設定時間，提醒你何時該採取下個步驟。你也可以設定廚房計時器，提醒自己何時開始工作，或限定你打算工作的時段（例如十五分鐘），這樣一來，你就知道你只要專心工作一小段時間，之後就可以隨心所欲地做你喜歡的事了。如果聽覺提醒對你有效，可以上 www.watchminder.com 網上瞧瞧，那上面有多種產品，專門用來幫人監督時間。例如，你可以買在預定時段提醒你的手錶，提醒你拉回注意力。

❖ 真人提醒

活生生的人也是很好的執行點提醒，只要那個人了解你的需要（專注和提醒），可以熱心地提供幫助，他也可以有很好的提醒效果。不管他是你的搭檔、好友、同事、教練、治療師或員工，最重要的是，他讓你感到放心，覺得自己受到接納，他就可以在你無法激勵自己與專注時，提供你需要的鼓勵，幫你集中注意力。關於如何尋求他人的幫助，可參閱第十四章的建議。

架構和慣例的重要

如果你患有ADD或ED，每個決策點都可能讓你分心。每次你必須決定該做什麼時，都可能被帶到完全不同的方向，或陷入猶豫不決的狀態。不論是哪種情況，你都偏離了正軌，那正是導致拖延的情境。不過，如果你有習慣性的架構和慣例，就可以大幅減少脫離正軌的機率，因為你就只需要做你平常做的事情，毋須多問。你不必把架構和慣例看成剝奪自由和創意的囚牢，試著把它想成幫你處理好日常瑣事的方式，以便你成為獨特、有創意、自發的人，不受拖延的牽累。

❖列清單

把想法和計畫寫下來，寫在對你有效的地方。攜帶筆記本，善用黑莓機，在廚房或辦公室裡放一塊白板，寄電子郵件給自己，任何可以幫你記得計畫的東西都可以。在你忘記以前就把它們寫下來！有一種列清單的方法是只列短小的清單，項目不超過五個，以很大的字體列出你今天想做的事情。如果這招比較有效，你可以在每晚就寢前，列下明天想做的簡短清單。一定要把清單放在顯眼的地方，以免漏看了。這樣一來，隔天早上起床，你不用思考或決定就可以開始動手做。

❖ 在門邊擺個放鑰匙的籃子

這個簡單的建議可以幫你省下不少時間和火氣。如果你養成回家就把鑰匙放進籃子裡的習慣，就不會為了瘋狂尋找亂擺的鑰匙而導致面試或開會遲到。何路威曾一語中的地說：「對ADD患者來說，魔鬼的確藏在細節裡。」儘管處理細節可能很枯燥乏味，但那是必要的，你必須處理好細節，生活才能過得平順。想想哪些有創意的慣例可以幫你處理好細節，如此一來你就不必多想，不會導致你分心，例如帳單自動扣繳，運用 Quicken 或其他記帳軟體來追蹤與分類你的開支。

❖ 設定例行時間

每天（或每週）設定一個固定時間來處理日常瑣事。和朋友或訓練師約好固定運動的時間，或是報名運動課程，讓你每次打算動動身子時，不必猶豫不決。找個時間整理電子郵件及清空垃圾郵件。即使你找不出固定的時間做這件事，可以找一件你固定做的事，把整理郵件也歸在那件事裡一起做。例如，你可以決定每次出去倒垃圾或做資源回收以前，先整理郵件。如果你把這些事情變成慣例，就比較不會拖著不做了。

保持精簡

對ADD患者來說，精簡比冗長好，因為精簡比較務實。如果你的注意力本來就短，就應該去適應它，讓「精簡」成為你做事的準則。

❖善用一分鐘

在很短的時間內，做一點點該做的任務。之前我們建議你花十五分鐘朝目標邁進一步，這裡你可以把它改成花一分鐘。沒錯，即使只有一分鐘，你也可以做點事情，例如把抹布從地上撿起來扔掉，從你的雜物堆中扔掉某件東西（如果你每次經過雜物堆，就順手挑出一件可以扔掉的東西，你會意外發現那堆東西迅速縮減），發給親朋好友一封簡訊或電子郵件以保持聯絡，洗碗盤，開支票，打開履歷表，迅速瞄一眼最後更新的版本，打開車庫裡的某個箱子，但不必整理，只要看一眼裡面有什麼就好。

❖像服務生那樣思考

保持行動，一邊行動一邊清理。清走髒碗盤，再上下一道菜。這是運用快速運轉大腦的一種方法，可以避免你因為事情不斷累積而難以招架。事情一進來，就馬上處理掉，完成後就改做下一件事，別讓待辦事項像客人用過的剩菜殘羹一樣，堆積在桌上。

別努力精進你不擅長的事

這是何路威和瑞提給的重要建議。沒有什麼事情比努力做你大腦不擅長的事情更令人沮喪和洩氣的了。很多拖延者渴望自我約束，像周遭的人一樣做該做的事情，即使他們並不想做。拖延者一次又一次地嘗試，失敗時對自己感到失望，心想下次再更努力一點，就可以像別人一樣。雖然我們不鼓勵大家每次碰到困難就放棄，但是認清自己的極限也很重要（例如珍知道自己對空間認知有障礙）。如果你的大腦很容易分心，自我約束對你來說總是相當掙扎，或許還有別的方法可以完成事情，大可不必逼著自己做你不擅長的事。

❖ 盡量把工作交派出去

找能力和你互補的夥伴，請他們做對你來說很難、但他們樂在其中的事情。有個人善於思考妙點子和經營人脈，但不善於落實細節，他在一家行銷公司裡找到適合自己的職位，負責會見新客戶，思考充滿創意的獨特點子，公司的其他人則是負責思考如何落實客戶最喜歡的點子。

你甚至可以僱人來做你不擅長的事，例如一位拖延者多年來為了報稅，把自己搞得焦頭爛額。儘管他是國際知名的專業人士，卻總是無法找到他需要交給會計師的所有收據、稅單和財務文件，每年他都得在辦公室、廚房、衣櫥翻箱倒櫃，翻遍所有抽屜、鞋盒、衣服口袋、檔案夾和雜物堆。他永遠都不知道自己是否已經收齊每張單據，害怕哪天突然發現外套口袋裡有遺漏的收據或稅單。這讓他覺得很慚愧，最後他終於決定花錢請一位記帳員。現在他把所有財務單據（包括收據）都扔到一個盒子裡，每個月記帳員會到他家來收箱子，幫他分類、整理、記錄所有的單據。他每個月付給記帳員的錢，相當於一頓高級晚餐的費用，但他覺得很值得。如今他可以享受幾十年來未曾體驗的輕鬆感受。

❖ 整理得「夠好」就行了

對很多拖延者來說，不管他們有沒有ADD，整理都是一件令人頭疼的事。井然有序的辦公室、隨時可以讓人來家裡作客的完美居家、可向鄰居炫耀的乾淨車庫等等誘人想像，讓人馬上就舉白旗，因為你覺得自己永遠無法讓辦公室或居家變成想像般那麼美好。何路威借用精神分析學家唐諾．溫尼考特的「夠好的母親」概念，把它套用在「整理」上：你不必做到盡善盡美，只要夠好就行了，整理到能讓生活順利運作就好。所以，與其浪費很多時間研究理想的整理系統，並設法完美地落實那系統，不如確定你有空檔處理重要的事情，確定你有慣例處理真正重要的事務，即使桌上堆滿文件，暫時看不到桌面，也不要驚慌。

你擅長什麼？

不論你是否有ADD或ED，都想想你的優點，你擅長什麼。你充滿創意嗎？還是擅長整合各種想法？你很會講故事？善於和孩子打交道？還是對狗很有一套？你在不熟悉的地方，即使沒有地圖也很會找路嗎？再想想你喜歡做什麼，什麼事情讓你覺得精力充沛，充滿喜悅？跟著爵士樂起舞？打一場勢均力敵的網球賽？為公司拉進重要的客戶？嘗試新菜單，邀朋友來用餐？跟人聊天，找出他們的喜好（這是我們喜歡做的事）？不管你喜歡做什麼，多做一點。找出你的優點，多去發揮。把你喜歡的事情做得更好，讓生活充滿令你快樂的人事物，讓你覺得生活更有意義、目的，和周圍的世界更緊密相連。

就像何路威說的，管理 ADD（這裡我們要加上拖延問題）不單是找出你的問題所在，想辦法因應而已，怎樣快樂的生活也是個重要的課題，他說的一點也沒錯。

第十七章

拖延與跨文化體驗

假如你從一個文化轉到另一個文化，有一些特殊壓力會導致你拖延。本章中，我們探討和文化轉變有關的議題，請你想想這些問題是否對你造成影響。我們也會提出一些建議，幫你對抗拖延的誘惑。

文化轉換可能是指從一個國家遷居到另一個國家，也可能是從一個社會經濟或教育層級轉換到另一個層級，例如有些人可能是家族和社區中第一位上大學的人，亦即所謂的「第一代大學生」。這些轉變涉及複雜的心理、社會和情感經驗，對人造成多重的挑戰。有些人以拖延與迴避的方式面對這種額外的壓力和複雜環境，反倒讓他們更加難過或難以承受。

移民經驗

艾利克西是俄羅斯的物理學家，十年前移民到美國，在本業找不到工作，因此改當電腦軟體設計師。他對工作不太滿意，但他需要一份穩定的收入，他很難和本地人競爭，因為美國人在就學或就業期間都已經打好人脈，他抱怨：「這份工作沒什麼挑戰性，我受到的訓練完全派不上用場。我的老闆比我年輕二十歲，比我懂的還少。我不是很認真看待這份工作，所以老是遲到。」艾利克西對自己的工作情境感到無奈，那情境受到他移民身分的影響，他的拖延反映了他的不滿，讓他覺得自己握有一點掌控權。

如果你是移民或移民的子女，你是這股龐大移民潮中的一分子。隨著全球化的普及，愈來愈多人到別的國家定居。二〇〇六年，約有兩億人在祖國以外的地方生活至少一年。全球勞動人口在一九八〇到二〇〇八年間成長了四倍。二〇〇五年，每八個美國人中就有一個移民。到二〇五〇年，預計這個比率會升到近五比一。美國正經歷有史以來最大的移民潮。現代的移民潮和過去不同，如今是吸引很多受過高等教育的人來美國。一九九五到二〇〇五年間，移民建立或合創的高科技企業占二五％。二〇〇〇年開始，工程、物理、數學等領域的外國研究生人數超過美國本地的學生。二〇〇六年，加州大學發現，五四％的學生有一位父母是在另一個國家出生。加州大學柏克萊分校和洛杉磯分校四分之一以上的學生是移民。

雖說移民都有豐富的人生閱歷，但他們都有一個共同的經驗，那就是離鄉背井。有些人是暫時離開故鄉求學，或為了某個專案到國外工作一段時間。有些人是永久性遷離，可能再也不會回到故鄉生活。有些人是自願移民，不分合法或非法。有人是在恐懼中逃離家園，變成難民，他們的離開是為了逃離貧窮，或是基於宗教、種族、政治迫害。有些家庭是一起移民，不過更多家庭是妻離子散。有些移民受過高等教育，有富裕的背景；其他移民則是一直活在貧窮中，移居新國家時，幾乎沒受什麼教育。很多移民有語言障礙，每個移民都得適應新文化的挑戰，面對新文化的不同社會規則、家庭倫理、工作期許，以及對時間和守時的不同觀念。

你愈接近實際的移民行動，面對新國家和新文化時所需要的調適愈大，新舊國家之間的語言、儀式、價值觀的潛在衝突也愈大。不論你是移民，還是移民之子或移民之孫，調整、適應、同化等議題都會影響你的自我認知、生活態度、歸屬感、你對目前生活與工作文化的看法、你對時間及尋求幫助的態度。這些議題和態度會進一步影響你拖延的可能性。

第一代大學生經驗

第一代大學生像移民一樣，在踏入大學校園時，面對新的文化。如果你的成長環境中沒人讀過大學，你就像去另一個國家一樣，本質上你是個移民，很容易覺得自己和他人不同，導致你開始懷疑自己真正歸屬哪個圈子。即使你在高中名列前茅，如果你的學校在比較差的學區，進入大學後，你可能會覺得自己不再是人中之龍，可能想繼續留在大學裡都得費好一番工夫。你可能沒想到在一群比較精挑細選的學生族群中，重新定位自己的相對位置其實是大一新生的普遍經歷。每個大一新生都必須面對新的資質分配，在這分配中找到自己的新定位。對第一代大學生來說，他們面對更激烈的校園競爭，可能需要做更多的調適。

多數第一代大學生在學業與社交方面不如那些父母唸過大學的大學生。父母本身就念過大學的人，享有高等教育帶來的好處，例如高收入、專業的職業生涯、工作習慣、有助於大學課業的學習技巧、對教育體制的了解、開啟門路和機會的人脈。對第一代大學生來說，即使父母以他們為榮，傾全力鼓勵和支持他們，父母也不知道該如何幫他們在大學發展，大學對他們來說就像外國一樣，一時間他們彷如身處異鄉的異客。

保羅是獨子，父母都是勞工階級，沒念過大學。保羅在大學的課堂上，看到私立高中畢業的學生用最新的筆電來記筆記，覺得周遭的人都是出自高等教育背景和權貴世家，這樣的新環境令他感到害怕，也感到好奇。想要融入大家的渴望，讓他覺得自己好像疏忽了父母，於是他第一次拖延作業。

我們可以輕易看出第一代大學生很容易就進入迴避的型態：想要留住舊關係，又想發展新關係，於是產生不確定、混淆和內疚感。此外，學業上準備愈不足，愈覺得困難，排斥感就愈強烈，愈可能導致拖延，尤其在你覺得沒人可以幫你脫離困境的時候。這也難怪第一代大學生比較可能退課或重修，大學順利畢業的機率也比較低。

文化改變的挑戰

❖ 失落

從一個文化遷入另一個文化的人，不管是為了什麼理由，或是對新生活抱著什麼希望和夢想，他們都為此拋棄了許多東西。他們離開故鄉，拋棄和故鄉息息相關的身分。他們拋下家庭、朋友、寵物、鄰居和同事，以及多年來這些人所提供的熟悉支持。他們離開熟悉的體制，拋下面對這些體制的方式(從如何求學到如何求職，從如何購物到如何繳稅及如何和員警打交道等等)。他們拋下熟悉的語言、食物、氣候、音樂，以及整個文化所熟知、支持和共享的傳統及價值觀。遷離代表和過去斷絕關係，儘管離開可能伴隨不少正面的情感，這其中也包含重大的失落感。無論你是離開國家，還是城市或鄰里，都會有這種現象。

如果留在原處的人無法了解搬到新環境的體驗，那種失落感會更強烈。如果你從來沒去過那個國家，很難理解不同的世界。對第一代大學生來說，這可能表示他們和親朋好友的關係變得尷尬，家鄉的人可能會說：「你變了。」，甚至說：「最近你只顧自己。」在此情況下，雙方可能很難了解彼此的感受，也難找到共同的興趣，彼此可能都覺得很不舒服，充滿內疚、嫉妒、拋棄、漸行漸遠的感覺。

只要有尷尬和不舒服的現象，就可能產生拖延：學生可能和家人及老友避不見面，開始拖延功課，破壞自己的學業成績，以減少和原有社交圈的隔閡感。有些人甚至因成績不及格而退學，不得不回老家。

有些移民雖然受過高等教育，有專業背景，但是他們在新的國家裡找不到適合的工作，因此產生另一種失落感。他們可能還無法流利地使用新語言，或在職場上遭到歧視；也可能他們的專業領域並沒有職缺，導致他們不得不接受遠低於其專業和知識水準的工作。有些人或許能接受職業地位的降級，盡快培養新的工作技能和建立新的人脈。有些人則因為工作地位降低而覺得有失身分，因此開始拖延，迴避新挑戰，侷限了未來的發展。

❖ 文化衝擊

移民都經歷過某種程度的文化衝擊，即使祖國和新的國家很類似，免不了還是會有些差異需要調適。多數拖延者在學習適應新文化時，都會歷經一段時間的掙扎，覺得生活難以預測。很多人常需要刻意注意那些原本習以為常的事情，因此覺得疲憊。一直處在警覺狀態會令人緊張，久而久之便產生以下的跨文化焦慮症狀：

◆ 無助感或嚴重的思鄉病
◆ 想要依靠同鄉或同背景的人
◆ 延遲或拒絕學習新國家的語言
◆ 為小挫折而大動肝火
◆ 過度擔心受騙、被搶或受到傷害
◆ 過度擔心身體健康、衛生或食品安全
◆ 擔心家庭價值觀之類的文化差異
◆ 發呆

我們覺得拖延也可能變成焦慮的一部分，因為經歷文化衝擊的人比較沒有精力因應新文化的種種混亂要求，往往會想要逃避困境和尷尬的感受。

❖ 卡在不同文化間

當你一腳踏進新世界，另一腳還留在舊世界時，你等於跨在兩者之間。一隻腳離開舊環境，表示你已經不屬於那個圈子。儘管你很想進入新環境，也準備好了，但你可能發現那個環境並沒有全面接納你。所以，你可能覺得自己「活在兩個截然不同的世界裡，兩邊都沒有完全接納你」。對於非法移民來說，沒有安全居所的壓力讓這種情況更加惡化。第一代大學生常有疏離感，覺得格格不入，當他們是少數民族時更是如此。這種疏遠感可能讓他們覺得自己能力不足或產生怨念，我們前面提過，這種感受可能導致拖延。

❖ 比預期還難

融入新文化很難，通常遠比預期困難。想像的新生活和真正面對的現實生活之間會有落差，那落差可能是導致你開始拖延的第一個障礙。第一代大學生承認，留在大學裡比考進大學還難，因為學業和社交壓力比他們預期的大很多。同樣的，移民面對語言障礙、公然或暗中的歧視，以及所有的文化變化時，可能發現他們對平等待遇及經濟機會的夢想都幻滅了。

❖ 自我懷疑

碰到比預期還多的障礙時，可能讓你陷入自我懷疑的深淵。「或許我不是讀大學的料。」「或許我不屬於這裡，我應該回老家才對。」「我不夠聰明，沒辦法做到。」自我懷疑會侵蝕你的自信，打擊你嘗試新事物和冒險的意願。如果你一直擔心自己不夠聰明，永遠成不了氣候，可能看到因難任務就退縮了。既然你相信自己沒那個本事，又何必學習或設法爭取那份工作？相反的，如果你預期自己可以從經驗中受惠，即使你測試沒過，或沒爭取到那份工作，你還是會學到東西。

❖ 額外的責任

移民和第一代大學生通常會長時間工作，工資往往很低，他們竭盡所能想創造更好的生活。移民可能兼好幾份工作養家，或是把錢寄回老家。第一代大學生讀大學時，可能每週工作超過二十小時，他們選讀離家八十公里內的大學，住在家裡，而不是住學校宿舍。他們打工不僅是為了支付學費，也要貼補家用，所以他們往往放著作業不做，因而影響到學業成績。學業落後以後，他們又更加沮喪，疲於應付，拖延問題可能愈來愈嚴重。移民和第一代大學生常希望自己能改善個人的生活，也改善家人的生活。上大學不單是追求個人目標，更代表家人和社群世世代代努力和進步的成果。很多年輕人覺得自己有義務把書念好，以彌補父母的犧牲和辛勞，但這種壓力可能導致完美主義和拖延問題。

❖ 孤立

一個人愈孤立，愈容易感到沮喪，在新文化中愈難成功。如果你有拖延的問題，孤立會讓你更難擺脫這個習性。孤立的第一代大學生比較容易遭到退學，孤立的移民可能鑽牛角尖，變得更加孤立。孤立讓你開始懷疑自己和你的決策，讓你更不確定該如何因應陌生的官僚體制（無論是政府機關或是學術機構）。

克服拖延的建議

❖培養社交關係

在管理拖延的問題方面，尋求支持對移民和第一代大學生來說更為重要，可能也是我們的建議中最重要的一點。歸屬感是一種根本的人類需求。缺乏歸屬感時，可能感到孤立，喪失動力。在鄰里社群中尋找社交、宗教或興趣團體，加入他們。你和他人培養的任何關係，無論對方是不是同鄉，都可以讓你在新文化中感到更自在。

社交關係對大一新生來說特別重要，因為這時學生比較容易落單，所以你應該加入團體，例如社團、球隊、兄弟會或姊妹會、服務團體或學習團體。參加由系上贊助的活動，尋找你可以分享經驗的人，不管他們是不是來自你的故鄉。切記，善用社交支持和大學是否過得順遂有很大的關係，這對**所有的**學生來說都是如此。

❖培養「大學知識」

不要害怕求助輔導老師，請他指導你如何應付大學的種種要求。多數大學和一些高中都會開讀書技巧課程，教大家如何管理時間、分辨輕重緩急、設定目標，甚至也教如何克服拖延問題。這些課程會教你如何因應大學的行政體制，例如報告交到哪裡、如何申請獎助學金、哪裡可找到特殊的活動和機會。你可以參加這些課程，把握機會認識其他的學員。當你感到停滯不前、挫折、孤單或陷入拖延時，可以向這些人求助。

❖ 注意時間

不同文化對時間有截然不同的看法，了解新文化對時間和準時的預期、規定和態度非常重要。知道跨文化的商業、學術、社交環境對時間認知的差異更是關鍵。在新文化中，「準時」是什麼意思？開會、約會、上課遲到，錯過最後期限，意味著什麼？不要以為新文化裡的時間也和你原來的觀念一樣。在陷入尷尬或麻煩以前，先了解時間觀念有何差異。

❖ 學會說寫當地語言

這可改變你的生活，為未來開啟許多機會。有些人不想學當地的語言，覺得學習新語言好像變回小孩一樣，無法以睿智或機靈的方式溝通。他們可能把學習語言看成自己不見得能通過的測試，於是遲遲不肯學新語言，以免感到羞愧或丟臉。這是妨礙你成長和學習的悲觀看法。神經科學家認為，成人保持大腦活躍的最好辦法，就是學習新語言。試著把學習語言看成改善新生活的機會，不光是增進語言能力而已。

❖堅持克服障礙

我們提過，多數拖延者遇到困難時很難堅持下去。移民和第一代大學生面臨很多障礙，遇到困難時，千萬不要放棄。對第一代大學生來說，大一第一學期特別難熬，剛上大學那幾個月常讓他們感到難以招架、困惑和畏縮，這時最好不要修太多學分。有一個第一代大學生在第一學期修了四門需要大量閱讀的課程，當她趕不上進度時，覺得自己很失敗。一開始學業失敗的障礙很難克服，但是如果你不把它視為自己能力不足的象徵，並從經驗中學習，你還是可以跨過那障礙。如果你在班上成績不好，切記，那不是世界末日，你可以參加讀書小組（那是成績優異的重要因素），或是找同學當你的家教，以你擅長的技巧作為回饋，例如修電腦或修車。如果你發現自己有拖延的問題，可以把拖延看成你需要注意焦慮現象的訊號，了解它究竟是在傳達什麼資訊。

❖和家庭保持聯繫

夾在兩種文化之間的人往往想要擺脫家人、傳統、老舊觀念的壓力，這是可以理解的。你渴望融入新文化，如果家人又擔心你被同化，你可能會想要和家人保持距離。如果你從強調家庭和團體的文化中，轉進強調個人利益和發展的文化中，特別容易和家人產生衝突。

面對這種痛苦的衝突時，並沒有簡單的因應之道，但我們覺得家庭是重要的社交和情感連結。幫家人多了解新文化可以減少這種衝突。例如，父母也參與孩子的大學過渡期時，比較了解孩子經歷過什麼，更能給予適度的支持。我們鼓勵你想辦法和過去維持關係，讓你在探索新生活的同時，持續保有豐富的傳統。

❖ 考慮去看治療師

如果你一直有拖延的問題，或其他問題持續干擾你的進度、讓你感到不滿，可以考慮去看一下治療師。即使你的傳統文化認為，承認自己有無法解決的痛苦是件可恥的事，與其繼續受苦，破壞你現在和未來的生活，不如正視這個恥辱。一位四十幾歲移居美國的職業婦女也陷入這樣的兩難，她對第一位治療師說：「我家鄉沒有人看過治療師，但我先生建議我把這件事當成找一位睿智的阿姨聊天，這讓我覺得好多了。」有些人認為治療是針對有嚴重問題的人，有些人只相信傳統療法，他們看完治療師後，往往驚喜地發現：治療師也有療癒效果。

第十八章

如何跟拖延者相處和共事

這一章是寫給生活因他人拖延而受到影響的人看的。不管你自己是不是拖延者，如果你和老是延誤的人一起生活或共事，你很可能也陷入掙扎，想激勵拖延者採取行動總是徒勞無功，導致你更加沮喪。看著你關心的人把生活弄得一團糟，卻不知道如何幫他，是一件痛苦的事。對拖延者來說，並沒有簡單的解決之道；對拖延者身邊的人來說，也沒有簡單的答案。不過，我們知道什麼方法有幫助，什麼方法沒效果。

相互挫折循環

吉米不做作業，我實在受夠了。我試過所有方法，已經沒轍了，他在自毀前程！他無法看清這點，我看得很清楚，但他不願意聽我的。

麥克總是說他會幫忙收拾家裡，但是他都只是口頭說說。我叫他做的事情，他遲遲不做，推說他還沒準備好或時間不對。不然就是只做一半，把剩下的爛攤子留給家裡的其他人來收拾，我實在很受不了！

我的助理根本是在幫倒忙，她每次都拖到最後一刻才動手，做事又很散漫，我還得花時間糾正錯誤，我已經告訴她非改變不可，不然就換人來做，卻還是沒有用，我不知道該如何是好。

和拖延者生活或共事很辛苦：他們常遲到，無法堅持到底或履行承諾。他們的行為讓人發火，也令人費解，如果你做事講究條理又有效率，更是難以忍受。

氣人的是，拖延者常對他們做的事情（或沒做的事情）含糊其詞，讓你以為事情進展得比實際要好。拖延者要不是不想告訴你實情，就是無法告訴你實情，這可能讓你覺得受騙上當或遭到背叛，讓你們的關係陷入緊張與衝突。

你和他很容易陷入相互挫折的循環，一開始大家都抱持善意，但彼此的關係可能迅速惡化。衝突總是為了一個根本的問題：你想要拖延者做某件事情，但他不做。我們來看經常發生的情況：

第一階段：鼓勵

大家剛開始發現拖延者難以完成任務時，通常會鼓勵他：「我知道你可以做到。」「只要你動手，就會發現情況沒那麼糟。」如果你不是拖延者，你知道你需要有個計畫，並在最後期限之前落實計畫。即使那件事一開始令人感到不快，不完美，或令人害怕，你知道你必須做點事情才能啟動。所以當拖延者無法動手時，你可能會以為，在你清楚的思維和鼓勵下，他最終會明白你告訴他的道理並展開行動。

可惜，拖延者往往不把你的鼓勵當成支持，而是把它當成壓力，或解讀成你想要掌控他。你不能假設他會歡迎你的善意，尤其當你的鼓勵讓他懷疑自己的智慧、才幹或技能時更是如此。「你很聰明，一定會做得很好。」但是在內心深處，即使是最有才能的拖延者，也會覺得自己能力不足，那樣的鼓勵雖然立意良善，卻會加強他的不安全感。

拖延者或許會迎合你，表面說好，語帶感謝，答應你會採取行動，結果卻什麼也沒做。他看起來很好相處，但實際上不太甩你。有些拖延者會馬上反抗你的鼓勵，回應：「沒錯，但是……」先肯定你說的沒錯，接著搬出所有的理由，告訴你為什麼你說的話對他沒有效。「你說的沒錯，我只要先開個頭就行了，但是我還有很多事情得先做。」或「縮小這篇報告的範圍可能會比較容易著手，但是這樣一改，就整個變了。」不論拖延者是和善地接受你的說法，還是以「沒錯，但是……」來回你，或者乾脆拒絕你的幫忙，結果是你的鼓勵通常都無法讓拖延者展開行動。

第二階段：失望

當你想幫忙的心意顯然完全無效時，很容易因此感到失望。你花了很多心血想要幫助他，卻被當成耳邊風，這或許會讓你覺得，你已經做了所有的工作，但拖延者都不當一回事。

你可能會對自己感到失望，心想要是更努力幫助他，他就會有些進展。你應該更鼓舞他，想出更好的建議，在他需要幫忙時隨時伸出援手。你等於是把拖延者的不肯行動當成自己的職責。

這時，多數人會更努力地幫忙處理問題，給予更多的鼓勵和更好的建議，希望能讓拖延者動起來，也減輕自己的失落感。

但還是沒效。

拖延者會感覺到你的失望，因此覺得更糟。除了擔心面對任務外，現在他也擔心面對你。不久，拖延者會開始暗中怨恨你在他身上投入的心血，你變成他需要達到的另一個期許，另一個需要躲避的人。最後，他會開始遠離你，意圖撇開你的失望和你的幫忙。

第三階段：惱怒

失望過後，接踵而至的是惱怒。你開始把拖延者的無動於衷當成故意的，或衝著你來的。你的努力全都白費了，拖延者的消極回應變得不可理喻。

惱怒可能有幾個不同的來源。例如，你可能因為拖延者回絕你的幫助，依然毫無進度，一再拿同樣的理由來搪塞你，而覺得火冒三丈。不過，這時他可能也很憤怒，直接或間接叫你「少煩我」。如果他沒做的事情又影響到你的生活和利益，或是你覺得你正看著他自毀前程，冒著退學、革職、破產、懲罰或健康惡化的風險，你更可能因此感到挫敗。或許大罵拖延者把事情搞砸會讓你覺得好過一些，因為至少你做了點事情（雖然這只會讓事情更加惡化）而不是無助地站在一旁。

第四階段：僵持

此刻，你和拖延者之間陷入僵局。你堅決一定要讓拖延者行動，但拖延者則是堅決反抗。緊張局勢如天上的烏雲重重，雙方各自醞釀怨恨的情緒，衝突似乎一觸即發。長期而言，這樣的僵持可能摧毀原本令人滿意的婚姻關係、親子關係、友誼或合夥關係，導致關係破裂或雙方漸行漸遠。不幸的是，有時這種裂痕還會大到永遠無法修復。

與拖延者協商

如何和拖延者互動，依然維持良好的關係？有些方面的考量可以讓你和拖延者的日子都好過一些。首先，我們先找出一些需要迴避的做法，因為它們毫無效用。

哪些做法無效？

❖說「做就對了！」

這句話對拖延者來說是禁忌。當你說「做就對了」，是強調拖延者沒能力做別人似乎都能做的事情，這讓拖延者感覺更糟。

❖囉唆和監督

你不斷提醒拖延者該做什麼，或檢查他的進度時，他會覺得你在監督他而討厭你。他或許會隨口承諾來安撫你，但他很討厭你的監視（不管你的動機有多麼善意），他可能放慢速度以躲避你的監視或藉機唱反調。

❖ 責備、嘲笑、用極端或誇張的後果來威脅

你也許以為，讓拖延者感到羞恥，尤其是讓他當眾出糗，他們就會奮發向上。一個拖延者的父親在一次家庭聚會上說他兒子前途渺茫：「如果你在學校不多努力，就永遠找不到工作；沒有工作，你就無法養家；沒人喜歡失敗者——你將來就是！」這樣的說法並無法幫拖延者開始行動，只會羞辱已經自覺慚愧的人，進一步踐踏他們的信心，導致他們迴避你，迴避更多的事情。

❖ 幫他做

除了少數情況外，絕對不要自己幫拖延者完成事情。你可能很想接手把事情做完，尤其是看到拖延者不把事情做完會衍生重大後果的時候。但是你去拯救他，只會讓拖延問題變得更嚴重，讓他更期待最後一刻有人來拯救他。而且拖延者用這種挑釁的方式拉你下海時（他要拖到多誇張的程度，你才會出手相助？），你可能因此以後都必須幫他收拾爛攤子。

❖ 說「早就告訴你了吧！」

如果事情發展真的像你預料的那樣，或許你很想提醒拖延者你是對的，但是如果你一時衝動這樣說了，其實一點效果也沒有。不管他承不承認，拖延者早就知道你是對的，心情已經很差。如果你還說「早就告訴你了吧！」，那就像在傷口撒鹽一樣。你可能覺得這證明你是對的，卻會導致拖延者和你更加疏離。

有效的態度

可惜，世上沒有保證有效的方法可以應付拖延者，不過有些處事態度可以讓你們彼此的日子都好過一些。

❖ 培養成長心態

多數拖延者是以固定心態來看待結果和績效表現，也就是說，他們把智慧和才能看成是與生俱來的固定特質。這種觀念認為，他們在生活、學校、工作、運動場，甚至家裡做的每件事，都反映出他們有多聰明、多有才能。所以任務變成測試，有失敗的風險，導致很多人遲遲不肯做。固定心態導致我們迴避較大的挑戰（關於成長心態和固定心態，請參閱第二章）。對抗固定心態的思維，主張成長心態，可以為拖延者提供很大的幫助：讓他們知道生活貴在學習，任務是實踐和精進的機會，挑戰自我可能是一件有趣又刺激的事。

如果你的孩子面對學業時相當掙扎，你特別需要培養自己的成長心態，注意自己是否只在意成績，或只強調孩子的智力傾向。你應該讚美孩子的努力、認真或學到什麼。注意他現在做某件事比以前進步了多少。問他學校裡有什麼趣事，而不是只關心他的考試成績。如果他的課業不太好，幫他思考他學到的哪些東西可以幫他下次做得更好。這麼做可以幫你和拖延者都減輕只關心結果所帶來的壓力，更重視過程，也讓拖延者覺得沒必要以拖延的方式自我防衛。長期而言，重視過程更有可能衍生比較好的結果，學習的樂趣會強化學習的動力。

❖ 維持個人觀點

你很容易就忘了你和拖延者其實是兩個個體，而誤以為拖延者的問題是你自己的問題。你可能太在意拖延者的成功，彷彿你需要拖延者表現良好，才會覺得自己很好。但是你的配偶和孩子又不是你，他們的表現並不是衡量你是否為好伴侶或好父母的唯一標準。

凱洛被十六歲的兒子吉米弄得完全沒轍，她完全失去了個人觀點，覺得自己應該為孩子的行為承擔所有的責任。如果吉米在校成績不好，那表示她就不是一個好母親。可惜，這種觀念對他們兩人來說只會把事情弄得愈來愈糟。凱洛對兒子成績的過分關注，變成吉米的額外壓力，也讓兩人的關係緊繃。即使凱洛能強迫吉米每天念書一小時，但只有吉米自己才能吸收知識，融會貫通。切記，你對拖延者的影響力有限。你可以試著影響拖延者做你想做的事情，但你永遠無法逼他們採取行動。不管你喜不喜歡，他本身是一個獨立的個體。

❖ 注意神經認知的差異

拖延者的大腦運作方式很可能和你的截然不同，他的大腦可能有些執行功能障礙，例如規畫、組織或自我監督的能力較差。也許拖延者的工作記憶不佳或患有ＡＤＤ，無法阻止自己因小東西而分心。大腦的神經先天設計不同，拖延者也許不能像你那樣專注、追蹤、排序或規畫。與其以為拖延者不願配合、懶惰或有品格瑕疵，你可以先了解一下ＡＤＤ或ＥＤ的知識，以實際而非說教的方式給予拖延者需要的支持。你自己能夠看清楚必要的起始和完成步驟，並不表示患有ADD或ED的拖延者也知道或記得如何開始及有效完成任務。

❖合作態度

為了提供幫助並讓對方接受你的幫忙，你必須建立雙向合作的關係。這和囉唆、逼迫、懲罰或責罵完全不同。你和拖延者可以針對你的角色達成共識，之後你必須遵守那協定。詢問對方你可以提供什麼協助，只提供他要求的協助就好。你可以示範自己面對比較遠的期限時，如何投入複雜的任務，但是你必須以夥伴身分示範，而不是命令者。

❖策略要有彈性

策略沒產生預期的效果時，大家通常會固執地一再重複同樣的事情。其實嘗試和之前全然不同的方式可能比較有效。

凱洛試了很多方法讓吉米不再拖延作業，有時她會嘮叨：「別忘了週五的自然科考試。」「不要拖到來不及才開始寫報告。」吉米通常是擺臭臉回應，或假裝沒聽見。嘮叨沒用時，凱洛便改換利誘的方式：「如果你持續一個月每天都做一小時的作業，我就買 iPhone 給你。」這招還是沒用。接著，凱洛試圖以內疚感來影響吉米：「我和你爸為你付出這麼多，你就不能把作業做好嗎？」還是沒效。最後，凱洛開始威脅他：「你得學會自律，如果連簡單的數學都不會算，你將來怎樣過日子？」

凱洛沒發現的是，她的不同策略其實都是換湯不換藥，無論是嘮叨，還是威迫利誘，她都是在逼吉米採取行動，她做的每件事都是為了說服吉米做作業，結果除了造成衝突和怨恨以外，一無所獲。吉米要不是發火，就是擺臭臉不回應，凱洛覺得自己逐漸失去這個兒子。

失望之餘，凱洛嘗試一些新方法，決定不再逼吉米念書。她不再要求他做功課，而是對他說：「學會為自己做決定，是成長的一部分。你必須決定學業對你有多重要，以及它該如何融入你的生活。我希望我們的關係變得更融洽，而不是我一直嘮叨你做作業。」所以，凱洛不再提作業這件事，即使她最擔心的狀況發生了（吉米從來不打開課本），凱洛還是發誓，她不再叨唸，只關注他們親子關係的正向發展。

這個新的立場和以前截然不同。凱洛以新的立場，跨出毫無效果的掙扎，讓吉米過自己的生活。她發現自從她改變自己的行為後，她和吉米的關係變得更融洽，因此鬆了一口氣。吉米也逐漸開始做作業，雖然不是馬上改變，也不是沒人擔心，但他設法做到了，更重要的是，凱洛覺得自己終於開始挽回兒子的心了。

❖ 記住什麼是最重要的

想想在一個關係中，什麼對你來說是最重要的？沒人希望看到拖延導致孩子學業成績被當，配偶失了工作，有前途的員工遭到降級，或經理把部門搞得一團亂。但是和配偶或孩子鬧僵，繼續僱用對你生意毫無助益的員工，繼續為管理不當的管理者效勞是值得的嗎？你必須決定什麼對你最重要，以及在你和長期拖延者的關係中什麼是最要緊的。你應該把焦點放在重要的事情上，而不是一味想要消除拖延。

給父母的特殊技巧建議

記住以上的通則，接著我們來看你和拖延者互動時，哪些技巧可以避免麻煩的權力爭鬥或僵局。小孩有拖延習性時，最令人苦惱和失望，所以我們以下的建議是從親子關係談起。

❖ 幫孩子設定小目標

- ◆ 教孩子把任務拆解成幾個細項。
- ◆ 每件任務都可以分解成步驟。
- ◆ 每件任務都只能一步一步來。
- ◆ 設定簡短的工作時段，例如每次十或十五分鐘。
- ◆ 如果十五分鐘太長，就縮短為五分鐘。

❖ 協助孩子學習辨識時間

- ◆ 練習務實，不要過於理想化。
- ◆ 練習預測完成一項任務需要的時間。

- 從最後階段開始倒推，估計合適的起始時間。
- 看看已經占用的時間，思考還剩多少空檔可以利用。
- 教孩子使用計時器。（如果沒有，去買一個！）

❖ 設定清楚的限制和結果

- 確切該做什麼，沒做的後果又是什麼？
- 不是設定開始投入任務（例如家庭作業）的時間，而是決定任務必須在何時完成。
- 考慮寫下書面「約定」。
- 照實執行後果。

❖ 以適當的獎勵作為鼓勵

- 獎勵努力、創意和堅持，而不是結果。
- 獎勵採取的步驟，不單是獎勵完成最後一步而已。
- 完成目標和過程中的步驟時就給予獎勵。
- 把「藉口」轉化成「獎勵」，例如「你餓了，所以再寫十五分鐘報告就好，寫好就去吃點東西。」

❖切記這是誰的任務：工作是誰的？是孩子的，不是你的！

◆孩子不是你的延伸。

◆孩子的表現不是反映你的個人價值，你要管好自己的失望、好強、尷尬或嫉妒等情緒。

◆絕對不為孩子做他能自己完成的事。

◆不要救他！讓孩子自己嚐嚐苦果。（如果你有時決定幫孩子完成任務，可用「時間交易」的方式，讓孩子為你做事，以償還你為他付出的時間。）

❖尊重孩子對獨立自主的需要

◆在你可行的範圍內，盡量保持彈性，盡可能給孩子選擇。

◆謹慎決定你要的是什麼：證明自己是對的比較重要？還是維持親子關係，幫孩子以他自己的方式發展比較重要？

❖發現孩子或你自己身上有完美主義的傾向時，就加以打破

◆把錯誤拿出來討論，幽默大方地承認自己的錯誤。

◆注意不要誇大，承認凡人都有極限和缺點。

❖ 談論你自己和孩子的恐懼

- ◆ 恐懼是常見的經驗，有很多原因都會造成恐懼。
- ◆ 恐懼時還是可以採取行動。
- ◆ 勇氣並非毫無恐懼，而是征服恐懼。

❖ 以好奇的心態，而非判斷的心態，來聆聽孩子告訴你的事情

- ◆ 避免說出：「你為什麼不試試看？」或其他類似的說法，尤其不要語帶惱怒、不信任、高傲或其他類似的語調。
- ◆ 絕對不要對孩子或他的拖延問題表示貶低、羞辱、嘲笑或輕蔑（注意不要翻白眼）。
- ◆ 拖延背後其實有它的用處，不管這點多令人費解，你還是必須尊重。不帶預設立場，這比較容易幫孩子管控這種痛苦的感覺，克服阻力，採取行動。

❖ 檢查是否有以下的現象，需要專業的治療

- ◆ 憂鬱、過動症、躁鬱症、對立性反抗症。
- ◆ 焦慮症（包括社交恐懼症、恐慌症、強迫症）、睡眠失調（特別注意睡眠呼吸中止症）。

給老闆和伴侶的特殊技巧建議

如果你面對的拖延者是你的另一半或員工，上述有些技巧也一樣適用。和成年的拖延者互動時，最好從顧問的角度出發，而不是以指揮者的身分出現。給予支持和意見，幫他們變得更務實，不要替他們做決定，也不要判斷他們的品行。以下是一些最重要的應對方式。

❖講明限制、最後期限和後果

這方法最好雙方一起來做。如果任務沒在最後期限完成，你可以執行非懲罰性的後果。如果拖延者拒絕和你合作，你可以單方面設定最後期限和後果，照著執行。儘可能直接、冷靜和實事求是，不要因為受挫、怨恨或失望就衝動反應。找拖延者討論以前，先花點時間讓自己平靜下來。

❖協助拖延者腳踏實地

拖延者常設立不切實際的模糊目標，只思考他們想完成什麼，而不是在有限的時間和精力及種種干擾下可能達成什麼。目標模糊時，他們比較不可能堅持到底。注意以下這些態度：「沒問題，這不會花我多少時間。」或「那太複雜了，要花好幾年才能做好！」問一些幫拖延者克服這種傾向的問題，讓他們以更實際的觀點看待任務，例如：「這專案實際上需要做哪些事？」或「這週你有多少空檔？」這些問題會幫拖延者停下來思考他評估的情況是否實際。

❖幫拖延者設立中期的小目標

你可以幫拖延者想出幾個小目標，亦即在達成較大的最終目標以前，必須先完成的一系列步驟。拖延者往往會想著終點的目標，忘記中間需要經歷的步驟。你可以提醒拖延者中間的步驟（例如預留通勤時間），或幫他釐清任務是由哪些部分組成的，藉此提供寶貴的協助。

❖獎勵過程中的努力和進度

拖延者在達到最終目標以前，通常不覺得自己有完成任何東西，也就是說，他們從進度中得不到任何滿足感，難怪他們會感到洩氣。

任何進度都值得給予肯定和獎勵，努力也很重要，不只結果很重要而已，所以一定要肯定拖延者付出的心血。「你為簡報下了很多工夫。」「你花了很多心力在這上面，做得好！」

你也可以參與獎勵拖延者進度的活動，在他完成一個困難的步驟後，請他去吃飯。在她工作兩小時後，帶她去看場晚上的電影。讓拖延者休息片刻，陪他一起去散步（但別休息太久）。拖延者在達成最終目標以前，會開始重視和肯定自己做的事情。這是很寶貴的一課，因為工作讓他愈做愈起勁，不再令他洩氣。

❖你真的生氣時，直接告訴拖延者

拖延者的拖拉有時一定會讓你感到火大或失望，這時你應該讓他知道他的哪些行為讓你生氣，他的拖延對你有什麼影響。表達要清楚，但不要語帶指責。例如，你可以說：「你告訴我，你會整理一份名單，開會之前給我，結果卻沒做到，讓我們無法繼續做後續的其他事情。你沒做好分內的事，讓我很困擾。」間接表達怒火，例如挖苦、冷落對方、翻白眼之類的非言語的行為，嚴厲的語調等等，都對事情沒有幫助。

❖讓拖延者知道，他們本人遠比他們的表現重要

如果你真的想幫助拖延者，就讓他們知道，你除了重視他們的辦事能力，也重視其他的特質，例如慷慨大方、好奇心、幽默感，或對他人兩難處境的敏銳觀察。拖延者可能有烹飪的天賦、很有設計和配色眼光，或擅長修理故障的東西。

拖延者可以欣賞別人身上的這些特質，卻難以欣賞自己所擁有的，他們以自己完成的事情來評斷自己，覺得他們的價值只看自己的表現如何而定。你可以讓拖延者知道，你對他們的認識和尊重不僅限於他們的成敗，你甚至可以幫他們重新界定成敗的定義。

❖為自己想想

你必須自問一個重要的問題：如果拖延者無法完成任務，對你有什麼影響？有什麼後果會對你的生活造成嚴重的衝擊嗎？或是讓你陷入險境嗎？如果拖延者是你的事業夥伴，你可能會因為他的拖延而失去營收和流失客戶，變成外界訴訟的對象，或損及你的專業聲譽。如果你的配偶不

可靠，一事無成，你自己的生活可能受到牽累，必須妥協。

在這種情況下，你需要考慮如何照顧自己。如果你什麼方法都試了，他的拖延依舊讓你陷入風險，你可能必須採取單方面的行動：自己做那份工作，或僱用其他人來做。在極端情況下，你甚至需要終止你們之間的關係。當你覺得拖延者太靠不住時，或許必須和你的事業合夥人拆夥或解僱員工。如果拖延者的延遲對你造成的麻煩已經多到讓你難以承受，你可以決定和他切斷關係或離婚。儘管和曾經是你生活中重要的人結束關係可能很難，但有時候那是你最佳的選擇。

我們知道與拖延者生活和共事是一件困難的事，但那也可以是一個美好的經驗。

許多拖延者相當聰明，充滿創意，很多拖延者有強烈的獨立傾向，凡事都想自己來。他們都很在意自己做得夠不夠好，夠不夠強，夠不夠格。如果你可以記得，在拖延者的表面下，都有一個充滿不確定感，渴望被接納與被愛的脆弱者，或許你會比較容易接納這些為了個性瑕疵而掙扎的人。

後記

所以，拖延真的就像前面講過的蒲公英一樣，不是嗎？盤根錯節，難以完全根除。為了幫你解開拖延的糾結，我們從多方面探討大家拖延的原因，希望你能進一步檢視和你本身個案有關的心理根源。

但是就像前面說的，光是了解拖延的根源還不夠，你還必須做點事，防止它主導你的生活。為此，我們提出多種行動建議，我們希望你能把握機會做新的嘗試，體驗新的思考方式，對那些等待你完成的專案，實驗不同的方法。我們不是要建議你徹底改變，而是拔起這些盤根錯節的蒲公英，一次一棵，以免它們完全占據你的花園，如此才有空間栽種你喜歡的其他植物。

我們希望你在讀完本書並嘗試新行為後，比較不會受到拖延所擾，希望拖延不再是主導你生活的因素。不過我們也希望，你克服拖延的決心不至於讓你完全放棄娛樂和簡單的享受。我們想起一段墓誌銘是這樣寫的：

萬事辦妥，難免一死。

我們並未天真以為不再拖延就一定會快樂。快樂來自於按照你的價值觀享受人生，來自於和他人及你內心深處的聯繫，來自於接納真實自我，不管拖延是不是你生活的一部分，都如實地接納，就像花園裡雖有幾棵蒲公英，你依然樂在其中一樣。

附錄一

拖延——二十五年的研究

本書第一版出版時，是市面上第三本關於拖延的勵志書，當時這方面的研究幾乎付之闕如。後來拖延變成數百項社會心理學的研究焦點，神經心理學、行為經濟學、神經經濟學等其他相關領域也紛紛加入探索。心理學家一直很注意拖延者的人格特質，以及拖延者遲遲不做的任務有哪些特點。行為經濟學家試圖解釋，為什麼那麼多人延遲做好的經濟決定，遲遲不做儲蓄或及時付帳等等顯然對他們最有利的財務選擇。加拿大渥太華卡爾頓大學的拖延研究小組收集了最新的研究書目，大家可上網讀取。

二〇〇七年一月，卡加利大學哈斯凱因商學院的心理學家皮爾斯．史迪爾（Piers Steel）針對拖延的研究發表一份全面性的評論。他在整合數百份心理研究的結果後（多數研究的對象是大學生），提出可能增加拖延傾向的四個因素：

◆對自己是否有本事成功缺乏自信
◆預期任務的過程或結果都令人討厭
◆回報遙不可及，缺乏真實感或意義
◆難以自我約束，包括容易衝動或分心

史迪爾總結：「我們比較會去追求令人愉悅、更有可能達到的目標……最容易拖延那些令人討厭、回報時間遙不可及的事情。」

拖延者的特徵

❖自我約束力差

研究發現，和拖延最密切相關的人格特質顯而易見，那些特質本身就是拖延定義的一部分。在統計上，三種和拖延最密切相關的特質是：

一、**「意念與行為之間的落差」**：亦即無法照著自己的意念行動（儘管拖延者打算像其他人一樣努力地工作，甚至更努力）。

二、**「責任心」低落**：意指無法扛起自己的責任，難以落實計畫和堅持到底，除非工作本身很有吸引力，否則沒動力去完成。

三、**自律不足**：意指在規畫與組織方面缺乏自制力。

此外，和拖延密切相關的特徵是注意力分散（容易分心）和衝動（臨時起意拖延，缺乏目標）。這些特徵綜合起來，就成了史迪爾所謂的「自我約束失敗」，他發現這是和拖延最相關的因素。拖延者一再「偏重短期利益多於長期利益，這是自我約束失敗的關鍵。」

雖然自我約束可以幫我們忽略干擾和誘惑，卻難以做到和維持。自我約束也是罹患注意力缺失症和執行功能失調的人所面臨的核心難題，這也是為什麼這些症狀常和拖延密切相關。但是即使沒有注意力缺失症的人，也可能覺得自我約束很難。一項研究探索自我約束與獨立自主的關係，研究人員詢問大學生時發現，任務本身給人愈多的成就感（亦即學生做這件事時，感到愉悅和滿足），他們愈容易維持一致的進度。做某件事的動機不是那麼獨立自主時（例如是別人提議的，或難以了解做這件事的意義），學生愈有可能拖著不做。即使他們相信某件事對自己的未來很重要，也不會讓他們當下覺得很有成就感。「不管學生認為課程對達成未來的人生目標有多重要，如果他們不是真正對課程內容感興趣，他們還是可能拖延。所以，拖延看來是動機問題，當事人需要達到很高的自主門檻，才能克服這個問題。」你必須有很強的動機，才會去做你其實不太感興趣的事情，而且你很容易就找藉口，推託這些比較沒吸引力的事情。

自我約束的研究也提出另一個觀點：我們控制個人行為的能力很有限，當我們用了很大的自制力以後，這能力會很快耗盡。當你運用自制力處理一件困難的事情時，處理下一件難事的自制力就減少了。如果自制力是有限的資源，人一定會有失控的時候，尤其是你得應付接二連三的壓力、管理負面情緒、抵抗誘惑時更是如此。你必須有一段時間讓自制力放鬆一下，以養精蓄銳，面對下次的挑戰。隨時隨地都維持自制力很難做到，這點只要問正在減肥或戒酒的人就知道了！儘管「自我約束失敗」常隱含缺乏意志力、過度放縱、道德缺陷等評斷的意味，但是我們應該要記得，自我約束力差其實有很多種原因，其中沒有一種是和德行缺失有關。

❖擔憂、焦慮和情緒化

影響自我約束的人格特質還包括擔憂、焦慮和情緒化。史迪爾發現這些因素和拖延的相關性，不像上述的自我約束因素那麼大，不過它們還是和拖延有關。憂鬱的心情可能導致拖延，因為憂鬱造成的無精打采和缺乏活力會影響行動力。憂鬱也和自信低落有關，自信低落和自我懷疑都證實和拖延有關。害怕失敗（看起來是自信低落、焦慮和完美主義的混合體）也證實和拖延有關。拖延者對自己沒信心，懷疑自己沒能力達成目標，尤其受到評估的時候，很容易在遇到障礙時就選擇放棄。諷刺的是，拖延者總是自己製造障礙，有些研究人員把這種現象稱為「自我阻礙」。等太久才開始做一件事是「自我阻礙」的例子，在不可能的任務上花太多時間也是一例，拖延者比不拖延者更容易在可能失敗的事情上流連。

相反的，有些拖延者則是過於樂觀，憂慮太少。他們可能對於完成任務的時間過於樂觀，低估自己需要的時間。他們之中有的是所謂「社交活躍的樂觀分子」，他們熱中於社交娛樂，把要事先擱在一邊，個性外向，深信現在拖延無所謂，之後一定會成功。

關於完美主義和拖延的關係一直有一些爭議。多數臨床醫生發現拖延者可能也是完美主義者。不過，史迪爾綜觀所有拖延的研究後，他提出的結論是：完美主義不見得和拖延有關，即使有關，也很微弱。很少人表示完美主義是造成他們拖延的原因。在一些研究中，完美主義得分高的人在拖延方面的得分和非完美主義者一樣，甚至比較低分。史迪爾注意到這個發現和臨床的觀察相互矛盾，也和「失敗恐懼症是導致拖延的因素」（失敗恐懼症和完美主義有關）不一致。二

○○七年史迪爾發表對拖延研究的評論時，他的結論是完美主義者比較少拖延，因為他們做得較好，也避免延誤事情。當時這個結論獲得媒體的廣泛報導。

我們認為，臨床觀察和研究發現之所以不同，部分原因可能在於：臨床醫生接觸的是來諮詢問診的人，他們比較可能是肯尼士．萊斯博士（Kenneth Rice）所指的「適應不良的完美主義者」，史迪爾描述的似乎是「適應良好的完美主義者」，這些人知道他們對自己有很高的期許，相信他們的表現可以達到他們的標準，所以他們對自己的表現和生活很滿意。相對的，適應不良的完美主義者也對自己有很高的要求，但對自己的表現感到失望。他們自我責備、自我懷疑，過於在意犯錯，對自己的生活比較不滿意。他們在這種焦慮下，比較容易去找專業醫生尋求協助。

此外，史迪爾檢閱的研究大多是使用問卷，需要參試者發現自己是不是完美主義者。根據我們的經驗，多數拖延者都沒發現自己是完美主義者，所以他們回答問卷時，不太可能選反映出完美主義的項目。他們都說：「我不是完美主義者，我從來沒把任何事情做到完美。」這些拖延者沒發現，他們這樣的聲明其實就反映出他們完美主義的態度。我們深入探索時，一再發現完美主義在拖延者的心中活躍。

❖與拖延無關的人格特徵

有些人格特徵和拖延沒多大的關係或毫無關係。研究發現，「對控制的反叛」和拖延無關，不到五%的參試者表示兩者有關。其他和拖延無關的人格特徵包括「開放心態」（好奇心、創意和想像力、藝術賞析和審美觀）、「親和力」（合作、體諒他人、關心社會和諧、樂觀、誠實、值得信賴）、「尋求刺激」（拖延和冒險有微弱的關係）和「智慧」。

我們想在這裡提醒各位一點，從大批群眾的集體資料所得出的研究結論有統計的特性。例如，當史迪爾說反叛和拖延無關時，他是指對大部分的研究對象來說是如此。不過，他也小心指出，對有反叛問題的人來說，很多事情都變成一種反抗，拖延因此成為他表達反叛的方式。身為臨床醫生，我們覺得這點很重要。我們認識的人裡，就有人幾乎事事都反抗，包括刷牙（使用牙線就更不用說了，那就像報稅一樣，他拖了好幾年）。所以，如果你覺得任何要求都是在威脅你的獨立性，對你來說，反叛的確和拖延有關，統計結論不適用在每個人身上。

工作反感

許多研究把焦點放在工作的本質上，從這個角度來了解拖延問題。許多研究證實對工作的反感的確會引發拖延。在職場上，我們覺得工作自主性不夠、不懂做那件事有何意義、工作上得不到什麼回應，或是對工作感到挫敗、厭惡或無聊時，就會開始拖延。在學業上，學生發現作業很討厭、無聊或無趣時也會拖延。「我們愈不喜歡一件事時，就愈覺得那件事很費力或令人焦慮，愈容易拖延。」史迪爾的結論是：「有些人拖延可能是因為他們覺得生活瑣事和責任很煩。」

我們覺得這項有關工作性質的研究可能和人性比較有關。任務本身並非原本就很無聊或讓人焦慮。一個人討厭的事情，可能是另一人喜歡的事情。況且，很多人即使覺得任務很討厭，他們還是可以完成任務。所以，雖然我們覺得拖著討厭的事情不做很正常，但我們更感興趣的問題是：為什麼某些任務雖然很重要，不做的後果也很嚴重，偏偏某人就是覺得它很討厭，避而不做？對拖延者來說，討厭的任務變成迴避的任務，至於為什麼會這樣，目前為止研究人員尚未回答。

在關於工作反感和拖延的研究中，我們關注的另一個問題是：多數研究是找大學生做問卷調查，以了解他們為什麼拖延。這種方式產生的資料有兩方面的限制。第一，這些資料只限於特定人群，亦即大學生，他們和一般的拖延群眾可能相似，也可能不相似。從這些資料得出的結論不見得一定適用在更廣泛的人群上。第二，在了解這種潛意識的複雜動機時，問卷調查提供的幫助有限。例如，史迪爾發現，四五%的拖延大學生表示，他們「非常討厭」寫學期報告，但很多討厭學期報告的大學生確實寫了報告，也準時交了。所以，我們又回到「為什麼」這個問題。這個學生是因為缺乏寫作技巧，還是因為不是用母語寫作，所以害怕交出報告後遭到很多批評，拿到很低的分數嗎？或者，這個學生其實很有寫作天分，但他每篇報告都想拿A⁺，因為他覺得拿不到高分就是失敗？還是這個學生毫無頭緒，找不到合適的資料，不知道報告該怎麼闡述點子，因此覺得手足無措？所以，發現「工作反感」和拖延有關還需要更多的解釋，並無法有效幫拖延者排除對工作的反感。

思考對工作的反感時，潛意識的動機也很重要。或許學生知道他們為什麼「非常討厭」寫學期報告，或許他們並不知道。我們一再發現，即使學生清楚知道自己為什麼拖延，他們拖延的背後幾乎都一定還有其他重要的因素。我們在談神經科學與拖延那章提過，如今大家普遍知道，我們的思想大多是在無意間發生。大家常不知道自己心裡發生了什麼事，有些心理議題就這樣被遺忘或隱約的存在著，某些議題令人難以啟齒，我們乾脆否認它的存在。所以我們覺得，只靠參試者陳述自己喜歡和不喜歡什麼來解釋拖延的原因是錯的。史迪爾認為拖延者可能「只是」因為討厭生活上的許多要求，相反的，我們覺得事情沒那麼單純。我們認為，學生光是回答簡單的問卷調查，不見得就能發現干擾他們的成功恐懼和幸福恐懼。就像那個被針刺過一次後就避免握手的女子一樣（參見第七章），學生（和其他人）不見得會記得導致他們現在討厭任務的過往痛苦經驗。

拖延與健康

拖延者的多方面福祉都需要妥協，所以健康大受影響。拖延成性的大學生吃得較差，睡得較少、喝酒較多。學期結束時，拖延的學生比較可能掛病號，出現感冒、流感、胃痛等問題。在一般大眾中，拖延者表示壓力較大，健康問題比較嚴重，比較少展現健康的行為。沒「責任感」的人比較會做容易折壽的事，例如不太運動、膳食不均、抽菸、喝酒、吸毒、危險駕駛、危險性行為，暴力和自殺。覺得拖延只不過是笑話的人其實錯了：拖延也可能致命。

行為經濟學的貢獻

丹尼爾・卡尼曼（Daniel Kahneman）證明人不見得總是做出理性的經濟決定，因此榮獲二〇〇二年的諾貝爾經濟學獎。他的非理性經濟選擇理論已經變成行為經濟學的基礎（行為經濟學可說是心理學與經濟學結合的產物）。卡尼曼指出，心理動機決定一個人的經濟行為，並且「個人的選擇通常是以背景脈絡、不完整的推理和觀感為基礎，而不是基於理性的成本效益分析。」選擇的塑造方式是影響最終決定的主要因素，是決定拖延的重要因素，和選擇的實際價值或相對價值無關。

❖ 未來折現

一個和拖延密切相關的因素，是任務完成（或回報）距離現在的時間。如果任務完成時間點還很遙遠，你更有可能拖著不做，隨著期限的逼近，你採取行動的可能性愈大。在心理研究中，研究人員在鴿子、猴子、大學生的身上都發現這樣的現象。經濟學家想了解人為什麼會拖延重要的財務任務時（例如儲蓄退休老本），也研究過這種行為。經濟學家喬治・阿克洛夫（George Akerlof）認為，一般人容易過度強調當前事件的重要性，低估未來事件的重要性，他稱這種傾向為「未來折現」。即使當前的事情（檢查電子郵件）對你的個人福祉顯然沒有未來的事情（趕下個月的工作期限）那麼重要，你還是決定先做當下的事情，擱著未來的任務。當下的事件感覺更有價值，是因為它們似乎比較顯著鮮明，尤其和遙遠未來的暗淡事情相比時更是如此。當未來和當下一比相形失色時，就會出現拖延的行為。你想為了將來買房的頭期款存錢，但是現在買一台大螢幕電視以便觀賞決賽的立即誘惑勝出了。你想以季報數字讓老闆刮目相看，但是上網玩撲克牌的贏牌快感引誘你改天再準備季報。

的確，「把握眼前利益是人類天性」，即使眼前利益稍後需要付出代價亦在所不惜。例如，你選擇現在玩電玩，利益是當下即時獲得，沒做工作的代價是以後才發酵。有些行為可能需要馬上付出代價，回報稍後才獲得，例如你開始學外語時比較辛苦，但是後來你可以和外國人交談時則很開心。眼前的痛苦或歡樂比未來結果帶來的痛苦或歡樂更鮮明。如果一個行為需要我們馬上付出，通常容易拖著不做。如果當下就可以獲得利益，我們通常會馬上行動。

❖ 根據時間而非理性做選擇

另一個影響個人決定的因素是時間，儘管一項任務的重要性其實從頭到尾並未改變，但拖延者對任務重要性的評估會隨著時間而變，等最後期限逼近時，變化更是巨大。換句話說，偏好是受到時間的影響，而不是受到理性的影響。如果有個專案必須在下週一前完成，週四你可能還覺得它不太重要，但是到了週六晚上可能變得非常重要。因此，拖延者在評估任務重要性時通常前後不一，這種前後不一導致他很難穩定地朝未來的目標邁進。

❖非理性樂觀

有些人對於下次該做什麼，有比較務實的看法。對未來行為抱持「正確悲觀」的人知道，他們「在未來可能碰到自制方面的問題」。他們預期後來可能時間不多，知道事情的困難度不會隨著時間而變，所以最好趕快動手。「非理性樂觀者」沒料到事情拖到以後才做和現在就做一樣困難，他們沒想到以後再做也會遇到一樣多的麻煩，誤以為自己有充裕的時間，或事情留著以後再做比較容易。我們覺得，非理性樂觀和一個人在不同時間的自我連續感有關（參見第六章），也和維護個人美好自我形象的需求有關（參見第二章）。當然，我們總是得面對現實，那現實就是：兩週後你不會有任何的神奇改變，事情需要花時間才能完成，眼前的快樂可能以將來的痛苦作為代價。

行為經濟學家告訴我們，這些看待眼前與未來事件的方式，以及在這種時間框架內評估自己的方式，都是人類的天性。每個人都容易對未來打折扣，比較投入眼前的利益，做不理性的決定。不過，我們還是有辦法克服這種拖延的自然傾向。你可能發現自己容易低估未來某件事的價值，不斷提醒自己它的長期價值所在。你可以深入了解一項任務涉及哪些因素、何時到期、設定短期的中間目標，從而建立比較實際和鮮明的目標。你可以坦承，你現在和以後都想拖延，現在拖著不做，以後你也不會變成完全不拖拉的人。你可以馬上採取行動，朝目標邁進，讓目標變得更明確，更及時。

關於如何克服拖延的研究

有了上述發現，研究人員設計出幾種減少拖延的重要對策。由於工作反感是造成拖延的主因，想辦法減輕這種反感或許可以減少拖延。也許我們可以把煩悶的工作變得更有挑戰性或增加它的難度。或者，長期才能獲得報酬的任務可以「附加」或「融入」馬上令人滿足的事情，例如參加讀書小組（社交樂趣）為期末考做準備（長期目標）。第十四章提過的「報稅折磨團體」就是把反感與樂趣結合在一起的例子。

增加對成功的期望是減少拖延的另一個方法。看著別人成功完成任務也有幫助，因為你可以體驗「實際完成」的感覺。此外，改善某項任務所需的技術也會提升自信，從而減少拖延。我們和很多專家都建議「把大目標細分成幾個小步驟」，這個技巧可以增加體驗成就感的頻率，因為實現過程中的小目標可以視為成功。為中間的小目標設定期限也可以讓事情看起來更顯著。

史迪爾也提到「習得勤奮力」（learned industriousness），這是一種改變任務價值的過程，使努力本身產生自我強化的效果。這點呼應了杜薇克的研究（參見第二章），她強調內在動機是「成長心態」的一大要件，工作過程中獲得獎勵和快樂比結果還重要。對我們來說，這也是切斷自我價值和表現結果之間的關聯，我們覺得那是讓人掙脫拖延羈絆的關鍵。

有鑑於許多拖延者都容易分心、衝動、自制困難，史迪爾建議以刺激控制法（stimulus control），減少讓人分心的種種誘惑。這是指改變環境暗示以支持重要的目標，杜絕外界誘惑。關掉電子郵件或延遲開啟電子郵件，或許是阻斷常見誘惑的方法。在安靜的圖書館而非熱鬧的咖啡館念書，也是刺激控制法的例子。在第十四章「學會接受和拒絕」中，我們提出一些使用刺激控制法的建議。

另一個建議是養成慣例，以減少完成任務時需要做的決定次數（參見第十六章）。這個策略主要是基於以下的現象：一個任務需要做的決定愈多，愈有可能拖延。消除選擇點可以讓人毋須多想就照著慣例做，避免我們因為難以抉擇而耽擱。嚴格依循時間表做事也是這種「自動化」的例子。

最後，史迪爾指出，研究顯示設立目標的確可以減少拖延。設定每日目標和約定階段性的工作目標，都是有效減少拖延的工具。這就是建立短期漸進式行為目標以達成長期大目標的例子，這也是我們臨床看診二十五年一直強調的做法。

結論：誠實面對拖延背後的動機

我們很高興看到，我們的臨床觀念幾乎都獲得社會科學研究的證實。我們認為拖延和缺乏自信和自尊低落有關，這個核心觀點已經獲得證實。我們也主張拖延與害怕失敗有關，這個論點也得到了印證。我們建議許多克服拖延的方法，尤其是把任務細分成可管理的小步驟（每個人都認同這個對策），如今也有科學佐證。我們認為拖延者會低估完成任務所需要的時間，這也有相關研究的證明。我們建議過程中給予獎勵，而不是等候遙不可及、難以捉摸的結果，這點如今也獲得心理學家和經濟學家的一致認同。

這二十五年來，大家對拖延的複雜行為有了更多的了解，我們也期待未來出現更多的研究。不過，我們想再一次強調，最重要的研究需要你自己去做。誠實面對你拖延背後的動機，努力運用我們建議的技巧，了解什麼方法對你有效，那才是最重要的研究。

附錄二

管理拖延的技巧清單

1. 找出行為目標（可觀察、特定、具體的目標），而不是模糊概括的目標。

不是：「我要停止拖延。」

而是：「我要在九月一日以前打掃和整理車庫。」

2. 設定務實的目標。不要遠光太高不切實際，從小事著眼，挑選可接受的小目標，而非理想化的目標。一次只專注一個目標。

不是：「我絕不再拖延！」

而是：「我每天要花一小時算數學。」

3. 把目標細分成具體的小目標。每個小目標都比大目標容易達成，小目標累積起來就是大目標。

不是：「我打算寫報告。」

而是：「今晚我要花半小時設計表格，明天再花半小時填寫資料，後天根據資料花一小時寫報告。」

4. 務實的時間觀（而不是一廂情願的看待時間）。自問：這任務事實上需要花多少時間？我實際上能抽出多少時間？

不是：「明天我有充裕的時間可以做這件事。」
而是：「我最好看一下行事曆，了解我何時可以開始，上次花的時間比預期還多。」

5.開始就對了！不要想一口氣完成整個專案，先跨出一小步。
切記：「千里之行始於足下。」
不是：「我要一口氣把事情做完。」
而是：「我可以採取的第一步是什麼？」

6.善用接下來的十五分鐘。你可以忍受任何事情十五分鐘。你可以一次做十五分鐘，透過一次又一次的累積來完成一件事情，所以十五分鐘內能做的事情很重要。
不是：「我只有十五分鐘，何必麻煩？」
而是：「在接下來的十五分鐘，我可以先做這工作的哪一部分？」

7.為障礙和挫折做好心理準備。遇到第一個（或第二、第三個）障礙時，不要放棄。障礙只是需要解決的問題，不代表你個人的價值或能力。
不是：「教授不在辦公室，所以我沒辦法寫論文，我去看場電影好了。」
而是：「雖然教授不在，我可以在他回來之前先寫出論文大綱。」

8.可以的話，就把任務交派出去（或丟出去）。你真的是唯一能做這件事的人嗎？這件事真的需要做嗎？

切記：沒有人可以包辦一切事情，你也是。

不是：「我是唯一能把這件事做好的人。」

而是：「我會找這個任務的適當人選來負責，這樣我就可以去做更重要的事了。」

9.珍惜時間。學會拒絕，別接下額外或不必要的事情。你可以選擇不回應「急事」，這樣就有時間處理「要事」了。

不是：「我必須對任何需要我的人有求必應。」

而是：「工作時，我沒必要接聽電話。完成工作時，再聽留言和回電就好。」

10.注意藉口。不要以藉口作為拖延的理由，把藉口當成叫你只做十五分鐘的訊號，或者以藉口作為啟動下一步的獎勵。

不是：「我累了（沮喪／餓了／很忙／很煩／……），以後再做吧。」

而是：「我累了，所以我只寫報告十五分鐘，之後我就打個盹。」

11.獎勵過程中的進度，把焦點放在你付出的心血上，而不是結果上。注意不要有「非全有即

全無的」的思維，杯子可以是半空的，也可以是半滿的。

切記：即使是一小步也是進步。

不是：「尚未完成前，我無法開心。」

而是：「我已經跨出幾步，而且很努力，那感覺很好，現在我打算去看電影。」

12. 把拖延看成一種訊號。停下來自問：「拖延是要傳給我什麼訊息？」

不是：「我又在拖延，我恨自己。」

而是：「我又在拖延，我感覺如何？那意味著什麼？我可以學到什麼？」

◆切記：

- 你有權選擇，你可以拖延，也可以採取行動
- 即使你覺得不自在，你還是可以行動
- 歷史無法決定你當下要做什麼
- 你可以從學習、成長、挑戰自我中獲得快樂
- 你不一定要完美才有價值

拖延心理學（暢銷40週年紀念版）
為什麼我老是愛拖延？是與生俱來的壞習慣，還是身不由己？
Procrastination: Why You Do It, What to Do About It Now

作者	珍·博克（Jane B. Burka）、 萊諾拉·袁（Lenora M. Yuen）
譯者	洪慧芳
封面設計	郭彥宏
內頁排版	高巧怡、黃雅藍
行銷企劃	蕭浩仰、江紫涓
行銷統籌	駱漢琦
業務發行	邱紹溢
營運顧問	郭其彬
責任編輯	溫芳蘭
總編輯	李亞南
出版	漫遊者文化事業股份有限公司
地址	台北市103大同區重慶北路二段88號2樓之6
電話	(02) 2715-2022
傳真	(02) 2715-2021
服務信箱	service@azothbooks.com
網路書店	www.azothbooks.com
臉書	www.facebook.com/azothbooks.read
營運統籌	大雁文化事業股份有限公司
地址	新北市231新店區北新路三段207-3號5樓
電話	(02) 8913-1005
訂單傳真	(02) 8913-1056
四版五刷(1)	2024年4月
定價	台幣450元

ISBN 978-986-489-8152

＊本書原名：拖延心理學（暢銷35週年增修新版）

國家圖書館出版品預行編目 (CIP) 資料

拖延心理學/ 珍. 博克(Jane B. Burka), 萊諾拉. 袁(Lenora M. Yuen) 著 ; 洪慧芳譯. -- 四版. -- 臺北市 : 漫遊者文化事業股份有限公司出版 : 大雁文化事業股份有限公司發行, 2023.07

面； 公分

譯自 : Procrastination : why you do it, what to do about it now.

ISBN 978-986-489-815-2(平裝)

1.CST: 生活指導 2.CST: 成功法

177.2　　112008311

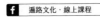